Helmut Schauer

LOGO

Jenseits der Turtle

Springer-Verlag Wien New York

Univ.-Prof. Dipl.-Ing. Dr. techn. Helmut Schauer
Institut für Praktische Informatik der Technischen Universität Wien

© 1988 by Springer-Verlag/Wien

Printed in Austria by Novographic,
Ing. Wolfgang Schmid, A-1230 Wien

Mit 344 Abbildungen

CIP-Titelaufnahme der Deutschen Bibliothek

Schauer, Helmut:
LOGO : jenseits der Turtle / Helmut Schauer. – Wien ; New
York : Springer, 1988
   ISBN 3-211-82017-5 (Wien . . .)
   ISBN 0-387-82017-5 (New York . . .)

ISBN 3-211-82017-5 Springer-Verlag Wien-New York
ISBN 0-387-82017-5 Springer-Verlag New York-Wien

Vorwort

Während die Vorzüge der Programmiersprache LOGO als leichter Einstieg für Kinder insbesondere in die Turtle-Geometrie hinlänglich bekannt sind, ist die Fülle von Anwendungsmöglichkeiten von LOGO im Bereich der Text- und Listenverarbeitung bis hin zur Künstlichen Intelligenz nahezu unentdeckt geblieben. Gerade der funktionale Charakter von LOGO, gepaart mit den mächtigen Listenoperationen, erlaubt jedoch oft reizvolle Lösungen komplexer Aufgabenstellungen. In dem vorliegenden Buch wird eine Brücke von einfachsten, spielerischen Anwendungen der Turtle-Geometrie bis hin zur näherungsweisen Integration von Differentialgleichungen, zur algebraischen Formelmanipulation oder zu einer Datenbank geschlagen, um nur einige der Anwendungsschwerpunkte zu erwähnen. Das Spektrum der Anwendungen gipfelt in der schrittweisen Entwicklung eines Expertensystems, das von einer pseudo-natürlichsprachlichen Schnittstelle über einen Inferenzmechanismus mit Prädikatenlogik bis zu Frage-, Erklärungs- und Lernkomponenten alle wesentlichen Aspekte wissensbasierter Systeme beinhaltet.

Trotz dieser ehrgeizigen Ansprüche gelingt es zumeist, die Aufgaben mit verblüffend einfachen Programmen zu lösen. Die Programmiersprache LOGO dient dabei als Denkwerkzeug zur Unterstützung der Problemlösung. Der intellektuelle Reiz liegt in erster Linie im Kreativen. Daß die erstellten Programme auch anwendbar sind, ist vornehmlich Bestätigung, in den wenigsten Fällen Selbstzweck. Wenn der eine oder andere Leser zu Ideen angeregt wird, die ihm ohne LOGO verschlossen blieben, so hat das Buch seine Schuldigkeit getan.

Der verwendete Sprachschatz von LOGO orientiert sich an den auf dem Markt verfügbaren LOGO-Systemen, wie LCSI-LOGO von Logo Computer Systems Inc., DR.LOGO von Digital Research oder IBM-LOGO, ohne jedoch systemspezifische Sprachelemente zu verwenden. Für Sprachkonzepte, wie zum Beispiel Propertylisten, die in einigen LOGO-Versionen – wie etwa dem LOGO-Writer von LCSI oder im Commodore-LOGO – nicht zur Verfügung stehen, werden einfache Prozeduren und Funktionen angegeben, welche die fehlenden Sprachelemente zu definieren gestatten.

Obwohl auch LOGO-Systeme mit deutschem Befehlssatz auf dem Markt erhältlich sind, werden ausschließlich die englischen Bezeichnungen verwendet. Es entspricht dies der im Laufe ungezählter Computer-Camps mit Kindern und LOGO-Kursen mit Lehrern vom Autor gemachten Erfahrung, daß die zumeist griffigeren und professioneller klingenden englischen Fachausdrücke für die Benutzer einprägsamer sind. Vorkenntnisse, insbesondere im Umgang mit Computern oder anderen Programmiersprachen, werden vom Leser nicht erwartet. Neugierde im Ausloten der eigenen intellektuellen

Fähigkeiten, Spaß am Lösen von Denksportaufgaben und Freude am Experimentieren mit abstrakten Strukturen sind hingegen wünschenswert.

Sämtliche im Text verwendeten Sprachelemente werden sowohl in ihrer syntaktischen Schreibweise als auch in ihrer semantischen Wirkung beschrieben und auch in einem Anhang systematisch zusammengefaßt. Die Grammatik von LOGO wird anhand von Syntaxdiagrammen erklärt, bei denen jeder Weg durch das Diagramm einem grammatikalisch richtigen LOGO-Befehl entspricht.

Viele Ideen zu den Programmbeispielen sind in Computer-Camps und Seminaren entstanden. Ich darf mich bei den Teilnehmern an diesen Veranstaltungen – Kindern, Studenten und Lehrern – an dieser Stelle für die zahllosen Anregungen und Diskussionen herzlich bedanken. Ganz besonderen Dank schulde ich meinen beiden Kollegen Dipl.-Ing. Dr. Gerald Futschek und Dipl.-Ing. Dr. Werner Staringer für die Hilfestellungen beim Entflechten manch krauser Gedankenverwicklungen. Daß aus den Fragmenten meiner Manuskripte letztendlich tatsächlich ein Buch entstanden ist, verdankt dieses ausschließlich dem ungebrochenen Durchhaltevermögen von Frau Raphaela Sigmund, die die Widerwärtigkeiten des Desktop-Publishing-Systems ebenso erfolgreich gemeistert hat, wie sie meine permanenten Änderungswünsche zügeln konnte. Möge der geneigte Leser das Vorhaben fortsetzen und die skizzierten Ideen mit jener Perfektion realisieren, die diesem Buch versagt bleiben mußte.

Wien, im August 1988   Helmut Schauer

Inhalt

Die Programmiersprache LOGO wurde am Massachusetts Institute of Technology (MIT) entwickelt. LOGO erlaubt mit einfachen Befehlen der "Turtle-Geometrie" insbesondere Anfängern und Kindern einen spielerischen Zugang zu kreativen Computeranwendungen. Die "Listenverarbeitung" von LOGO hingegen ermöglicht Anwendungen in der Textverarbeitung, Symbolverarbeitung und künstlichen Intelligenz. Nahezu alle LOGO-Systeme arbeiten die Programme interaktiv ab. LOGO-Interpreter sind für fast alle Heim- und Personalcomputer verfügbar.

1. TURTLE-GEOMETRIE

Grundidee der Turtle-Geometrie ist die Vorstellung, daß eine mechanische "Schildkröte" – die sogenannte "Turtle" – vom Computer ferngesteuert wird. Mit Hilfe eines an der Turtle befestigten Schreibstiftes lassen sich die Bewegungen der Turtle aufzeichnen. Am Bildschirm ist die Turtle meist durch eine Pfeilspitze symbolisiert, die die Richtung anzeigt, wohin die Turtle bewegt werden kann. In der Ausgangslage befindet sich die Turtle in der Mitte des Bildschirms und zeigt nach oben

Mit dem Befehl **FORWARD** (abgekürzt **FD**) kann die Turtle eine bestimmte Schrittanzahl geradeaus gesteuert werden:

Syntax:

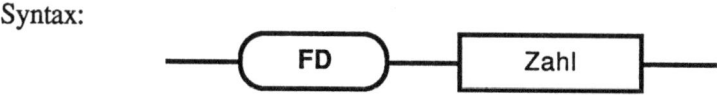

Wirkung: Die Turtle bewegt sich um die angegebene Anzahl von Schritten geradeaus (dadurch wird eine Strecke der angegebenen Länge gezeichnet).

Beispiel:

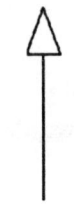

FD 100

Der Befehl **RIGHT** (**RT**) dreht die Turtle um den angegebenen Winkel nach rechts:

Syntax:

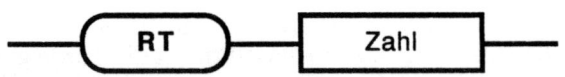

Wirkung: Die Turtle wird um die angegebene Gradanzahl nach rechts gedreht.

Beispiel:

RT 90

Die Turtle wird um 90 Grad nach rechts gedreht.

Durch eine sequentielle Folge dieser Befehle können einfache geometrische Figuren gezeichnet werden. Zum Beispiel zeichnet die Befehlsfolge

```
FD 100 RT 90
FD 100 RT 90
FD 100 RT 90
FD 100 RT 90
```

ein Quadrat der Seitenlänge 100.
(Mehrere Befehle dürfen auch nebeneinander in einer Zeile stehen.)

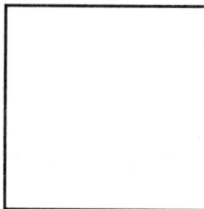

Die Befehlsfolge kann natürlich auch algorithmisch gesehen werden: Die Turtle zeichnet ein Quadrat, indem sie 100 Schritte geradeaus geht, sich danach um 90 Grad nach rechts dreht, dann wieder 100 Schritte geradeaus geht und so fort. Die allerletzte Drehung um 90 Grad ist zwar überflüssig, bewirkt jedoch, daß die Turtle wieder in die Ausgangslage zurückversetzt wird.

Die Befehlsfolge

```
FD 80 RT 120
FD 80 RT 120
FD 80 RT 120
```

zeichnet zum Beispiel ein gleichseitiges Dreieck der Seitenlänge 80.

(Da der Außenwinkel für die Drehung maßgeblich ist, muß die Turtle jeweils um 120 Grad gedreht werden, damit ein Innenwinkel von 60 Grad entsteht!)

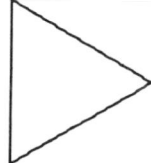

Da die Turtle beim Zeichnen eines Vielecks insgesamt um 360 Grad gedreht wird, muß die Summe aller Drehwinkel 360 sein!

Mit dem Befehl **CLEARSCREEN** (**CS**) kann die Zeichnung gelöscht und
die Turtle wieder in die Mitte des Bildschirms positioniert werden:

Syntax:

Wirkung: Der Bildschirm wird gelöscht und die Turtle in die Mitte positioniert (der Kopf der Turtle zeigt nach oben).

Bei allen bisherigen und auch den folgenden Beispielen wird angenommen,
daß vor Ausführung der Befehle der Bildschirm mittels CS gelöscht worden
ist.

Anstatt die Befehle FD 100 RT 90 zum Zeichnen eines Quadrats viermal
anzuschreiben, können sie auch mittels **REPEAT** wiederholt werden:

Syntax:

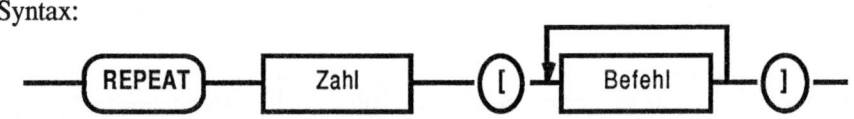

Wirkung: Die in eckige Klammern eingeschlossenen Befehle werden so oft
ausgeführt, wie es der angegebenen Zahl entspricht.

Beispiel:

REPEAT 4 [FD 100 RT 90]

zeichnet ein Quadrat der Seitenlänge 100.

Beispiel:

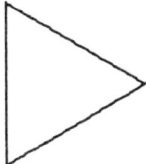

```
REPEAT 3 [FD 80 RT 120]
```

zeichnet ein gleichseitiges Dreieck der Seitenlänge 80.

Auf diese Weise können regelmäßige Vielecke gezeichnet werden:

Zum Beispiel zeichnet

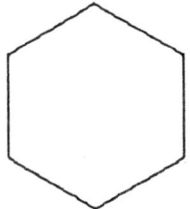

```
REPEAT 6 [FD 50 RT 60]
```

ein regelmäßiges Sechseck der Seitenlänge 50.

Durch die Befehle

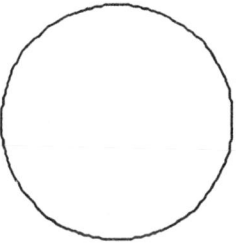

```
REPEAT 36 [FD 10 RT 10]
```

kann ein Kreis durch ein regelmäßiges 36-Eck angenähert werden.

Es kann aber auch ein Stern gezeichnet werden:

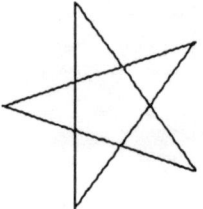

REPEAT 5 [FD 70 RT 144]

(Hier ist die Winkelsumme nicht 360 Grad, sondern ein Vielfaches davon!)
Dieses Pentagramm – im Volksmund auch Drudenfuß genannt – hat als "Stern
der Magier" okkulte Bedeutung.

Wiederholungen können auch ineinandergeschachtelt werden. Zum Beispiel
entstehen durch

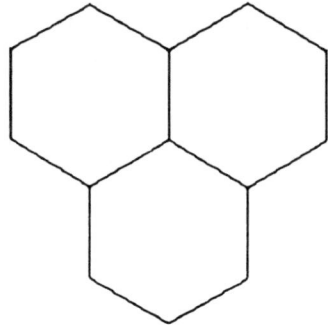

REPEAT 3 [REPEAT 6 [FD 50 RT 60] RT 120]

drei Sechsecke, die jeweils um 120 Grad gedreht sind

und

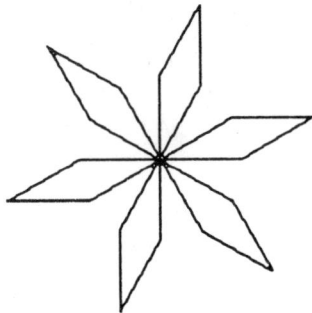

```
REPEAT 6 [REPEAT 2 [FD 40 RT 30 FD 40 RT 150] RT 60]
```

zeichnet eine "Blume".

Durch Veränderung des Wiederholungsfaktors und des zugehörigen Winkels können unterschiedliche "Blumen" gezeichnet werden:

```
REPEAT 12 [REPEAT 2 [FD 40 RT 30 FD 40 RT 150] RT 30]
```

```
REPEAT 18 [REPEAT 2 [FD 50 RT 30 FD 50 RT 150] RT 20]
```

Nicht unbedingt notwendig, aber mitunter recht brauchbar, ist der Befehl
BACK (**BK**)

Syntax:

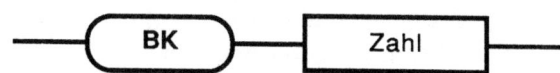

Wirkung: Die Turtle bewegt sich um die angegebene Anzahl von Schritten
zurück.

Beispiele:

```
REPEAT 36 [FD 60 BK 60 RT 10]
```

REPEAT 24 [FD 50 BK 40 RT 15]

Die Wirkung von BK kann ebenso durch FD mit negativer Schrittanzahl erzielt werden. Während zum Beispiel

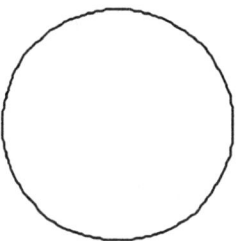

REPEAT 36 [FD 10 RT 10]

einen durch ein 36-Eck angenäherten Kreis zeichnet, wird durch

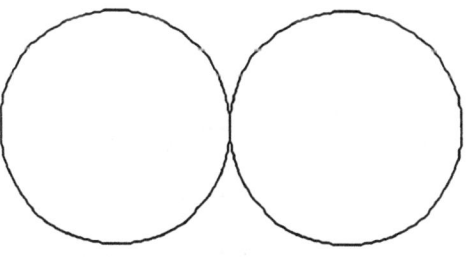

REPEAT 36 [FD -10 RT 10]

ein zweiter Kreis im Rückwärtsgang gezeichnet.

Auch der Befehl **LEFT** (**LT**) kann nützlich sein:

Syntax:

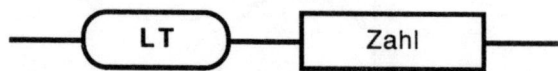

Wirkung: Die Turtle wird um die angegebene Gradanzahl nach links gedreht.

Beispiel:

        RT 45 REPEAT 6 [FD 20 RT 90 FD 20 LT 90]

Mit   REPEAT 8 [FD 40 BK 40 RT 90 FD 10 LT 90]   wird ein
"Kamm" gezeichnet.

Durch viermalige Wiederholung dieses "Kammes" entsteht ein "Schachbrett":

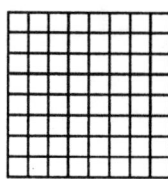

REPEAT 4 [REPEAT 8
          [FD 40 BK 40 RT 90 FD 10 LT 90] LT 90]

Die Wirkung von LT kann ebenso durch RT mit negativem Winkel erzielt werden. So kann zum Beispiel auch durch Angabe eines negativen Winkels ein Kreis linksherum gezeichnet werden:

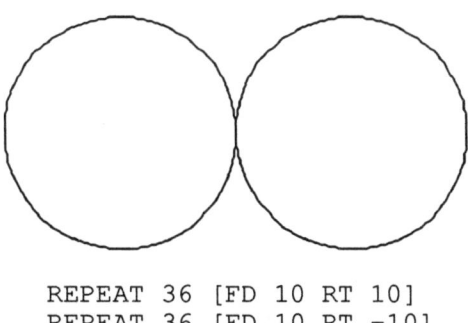

```
REPEAT 36 [FD 10 RT 10]
REPEAT 36 [FD 10 RT -10]
```

Die Wirkungen von LT und RT heben einander bei gleichem Winkel gegenseitig auf, die Befehle LT und RT sind daher zueinander invers.

Mit **PENUP** (**PU**) kann der Schreibstift gehoben und mit **PENDOWN** (**PD**) wieder gesenkt werden:

Syntax:

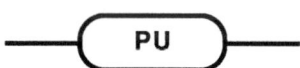

Wirkung: Hebt den Schreibstift – die Turtle zeichnet nicht mehr.

Syntax:

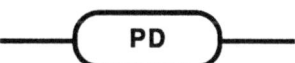

Wirkung: Senkt den Schreibstift – die Turtle zeichnet wieder.

Beispiel:

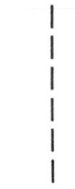

```
REPEAT 6 [FD 10 PU FD 5 PD]
```

Damit kann zum Beispiel auch ein "strichliertes" Quadrat gezeichnet werden:

```
REPEAT 4 [REPEAT 6 [FD 10 PU FD5 PD] RT 90]
```

Mit Hilfe von PENUP und PENDOWN können auch nicht zusammenhängende Figuren gezeichnet werden, zum Beispiel :

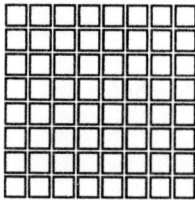

```
REPEAT 8 [REPEAT 8 [PD REPEAT 4 [FD 10 RT 90]
                    PU FD 12] BK 96 RT 90 FD 12 LT 90]
```

zum Zeichnen eines "Kanalgitters" oder

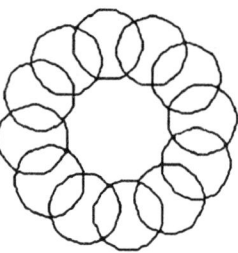

```
REPEAT 12 [PU FD 30 PD REPEAT 36 [FD 3 RT 10] RT 30]
```

um eine "Kette" zu zeichnen.

Auch die Befehle PU und PD sind zueinander invers.

Mit dem Befehl **HIDETURTLE** (**HT**) wird die Turtle unsichtbar, mit **SHOWTURTLE** (**ST**) wird sie wieder sichtbar.

Syntax:

Wirkung: Die Turtle verschwindet vom Bildschirm.

Syntax:

Wirkung: Die Turtle wird wieder sichtbar.

Die Befehle HT und ST sind ebenfalls zueinander invers.

Im oberen Teil des Bildschirms ist immer die Graphik sichtbar, im unteren Teil die letzten vier Befehlszeilen. Mit dem Befehl **FULLSCREEN** steht der gesamte Bildschirm für die Graphik zur Verfügung, mit **TEXTSCREEN** sieht man nur die Befehle und mit **SPLITSCREEN** wird der Bildschirm wieder in einen Graphik- und einen Textteil unterteilt:

Syntax:

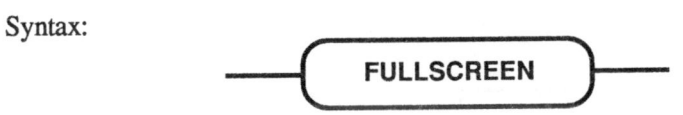

Wirkung: Am Bildschirm ist nur Graphik, kein Text sichtbar.

Syntax:

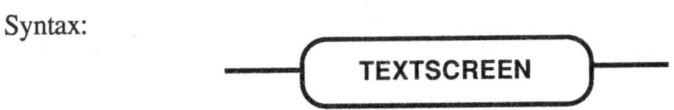

Wirkung: Am Bildschirm ist nur Text, keine Graphik sichtbar.

Syntax:

Wirkung: Am Bildschirm ist Text und Graphik sichtbar.

Wird die Turtle über einen Rand des Bildschirms hinausgesteuert, so kommt
sie am gegenüberliegenden Rand wieder in den Bildschirm hinein. Mit dem
Befehl **WINDOW** wird erreicht, daß die Turtle den Bildschirm verlassen
kann (der Bildschirm wirkt wie ein Fenster, durch das man die Turtle sehen
kann). Der Befehl **FENCE** bewirkt eine Fehlermeldung, sobald die Turtle
über den Rand des Bildschirms hinauszeichnet. Der Befehl **WRAP** stellt den
ursprünglichen Zustand wieder her:

Syntax:

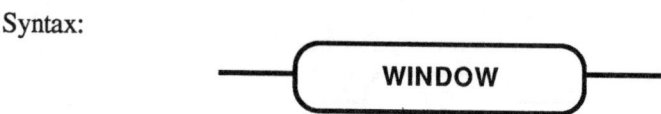

Wirkung: Die Turtle kann über den Rand des Bildschirms hinausgesteuert
werden.

Syntax:

Wirkung: Der Versuch, die Turtle über den Rand des Bildschirms hinauszusteuern, führt zu einer Fehlermeldung.

Syntax:

Wirkung: Wird die Turtle über einen Rand des Bildschirms hinausgesteuert,
so kommt sie am gegenüberliegenden Rand wieder in den Bildschirm hinein.

Beispiele:

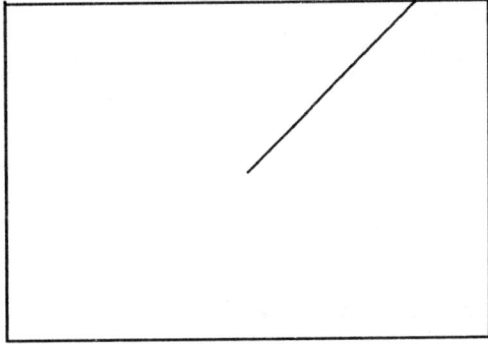

WINDOW RT 45 FD 1000

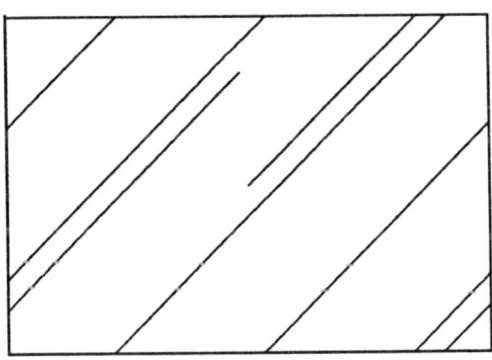

WRAP RT 45 FD 1000

2. PROZEDUREN

Anstatt die Befehle eines LOGO-Programms interaktiv auszuführen – die Befehle werden eingetippt und sofort ausgeführt –, können Programme auch als Prozeduren gespeichert und beliebig oft ausgeführt werden:

Syntax:

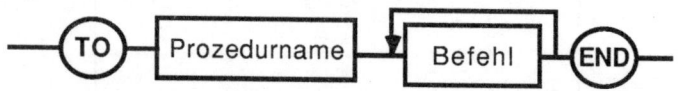

Wirkung: Die Befehlsfolge wird unter dem Prozedurnamen gespeichert.

Beispiel für die Definition der Prozedur DREIECK:

```
TO DREIECK
REPEAT 3 [FD 80 RT 120]
END
```

Um eine gespeicherte Prozedur aufzurufen, braucht nur ihr Name eingetippt zu werden:

Syntax:

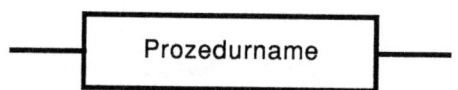

Wirkung: Die unter dem Prozedurnamen zuletzt definierte Befehlsfolge wird ausgeführt.

Beispiel:

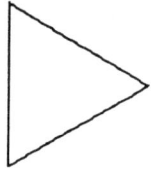

DREIECK

Die Prozedur DREIECK kann auch wiederholt aufgerufen werden, zum Beispiel durch das Programmstück

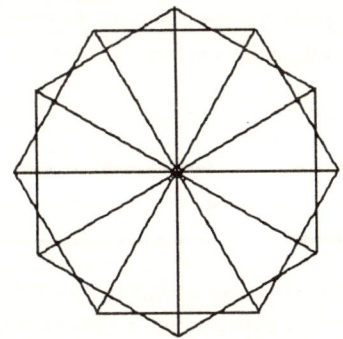

REPEAT 12 [DREIECK RT 30]

Die Definition einer Prozedur kann selbst wieder den Aufruf einer anderen Prozedur enthalten, zum Beispiel:

```
TO KREIS
REPEAT 36 [FD 10 RT 10]
END

TO BLUME
REPEAT 6 [KREIS RT 60]
END
```

Der Aufruf BLUME erzeugt das folgende Bild:

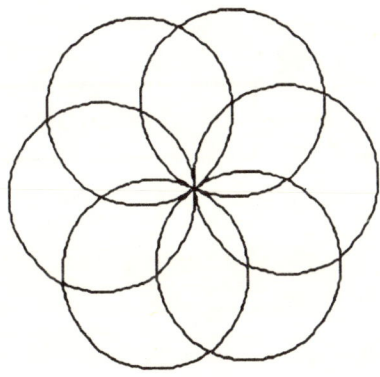

Prozeduren sind die "Bausteine", aus denen kompliziertere Programme zusammengesetzt werden können.

Um die Definition von Prozeduren zu verändern, können diese im "Editor" editiert werden. Der Editor ist ein Teil des LOGO-Systems, der durch den Befehl **EDIT** (**ED**) aufgerufen wird:

Syntax:

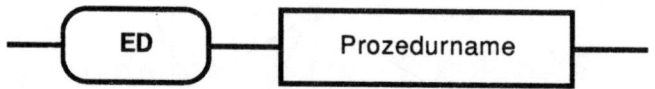

Wirkung: Die angegebene Prozedur wird in den Editor geladen.
Der Prozedurname beginnt mit einem Anführungszeichen unmittelbar vor dem Wort!

Nach dem Aufruf des Editors ist der Programmtext der jeweiligen Prozedur am Bildschirm sichtbar und kann mit Hilfe der Cursortasten durchsucht und verändert werden. Die Rückkehr in das LOGO-System erfolgt zumeist mittels einer Steuertaste. (Wie die Rückkehr genau erfolgt, hängt vom verwendeten LOGO-System ab.)

Beispiel:

```
ED "DREIECK
```

Mit Hilfe des Befehls **ERASE** (**ER**) können definierte Prozeduren wieder gelöscht werden.

Syntax:

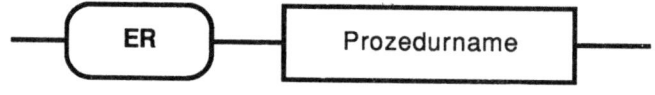

Wirkung: Die angegebene Prozedur wird gelöscht.

Beispiel:

```
ER "DREIECK
```

Speichern von Prozeduren auf Diskette

Die in LOGO definierten Prozeduren sind im Arbeitsspeicher gespeichert.
Sobald das Gerät ausgeschaltet wird, ist der Inhalt des Arbeitsspeichers
gelöscht. Um die Prozedurdefinition auch nach dem Löschen des Arbeitsspeichers wieder verfügbar zu haben, können Prozeduren auf Diskette gespeichert und mittels LOGO wieder in den Arbeitsspeicher geladen werden.

Syntax:

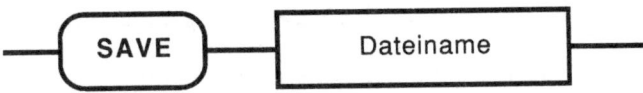

Wirkung: Speichert alle im Arbeitsspeicher enthaltenen Prozeduren unter
dem angegebenen Dateinamen auf Diskette

Syntax:

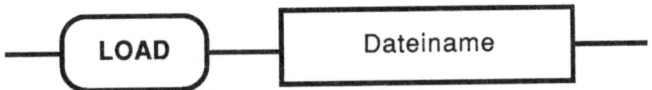

Wirkung: Ladet die unter dem angegebenen Dateinamen gespeicherten Prozeduren in den Arbeitsspeicher.

Beispiel: SAVE "VIELECKE
                    .
                    .
                    .
                 LOAD "VIELECKE

Welche Prozeduren gerade im Arbeitsspeicher geladen sind, kann mit Hilfe
des Befehls **POTS** (Abkürzung für Print Out Titles) am Bildschirm geschrieben werden.

Syntax:

Wirkung: Schreibt die Namen aller im Arbeitsspeicher definierten Prozeduren auf den Bildschirm.

Parameter

Größen, wie zum Beispiel die Seitenlänge des Dreiecks, die bei der Definition
der Prozedur offengelassen und erst beim Prozeduraufruf festgelegt werden,
heißen Parameter. Parameter werden innerhalb der Prozedurdefinition durch
einen Namen mit vorangestelltem Doppelpunkt gekennzeichnet:

Syntax:

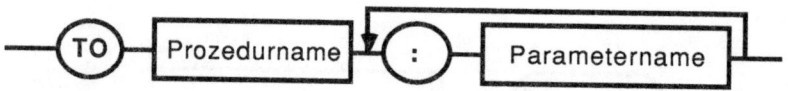

Wirkung: Überall dort, wo die Parameternamen in den Befehlen der Prozedurdefinition auftreten, werden sie beim Prozeduraufruf durch die aktuellen
Parameterwerte ersetzt.

Die aktuellen Parameterwerte werden beim Prozeduraufruf hinter dem Prozedurnamen angefügt.

Syntax:

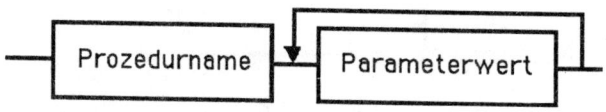

Die Anzahl der Parameter in der Prozedurvereinbarung muß mit der Anzahl
der Parameter im Prozeduraufruf übereinstimmen.

Beispiel:

```
TO DREIECK :X
REPEAT 3 [FD :X RT 120]
END
```

Der Aufruf DREIECK 100 zeichnet ein Dreieck der Seitenlänge 100:

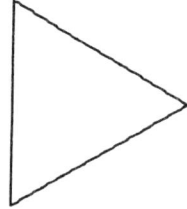

Der Aufruf   DREIECK 80   zeichnet ein Dreieck der Seitenlänge 80:

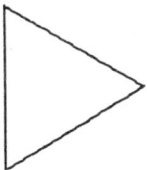

Parameter können auch innerhalb von Formeln mit den Operatoren +, −, *
(für die Multiplikation) und / (für die Division) zur Berechnung von
Zahlenwerten verwendet werden. Zum Beispiel kann bei der Definition eines
Kreises die Schrittanzahl aus dem Radius berechnet werden:

```
TO KREIS :R
REPEAT 36 [FD 2*3.1415926*:R/36 RT 10]
END
```

Beispiel für den Aufruf der Prozedur KREIS:

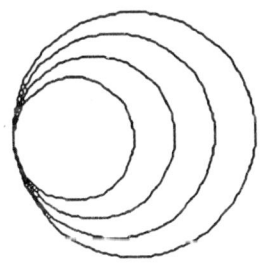

```
KREIS 30
KREIS 40
KREIS 50
KREIS 60
```

Die Definition eines regelmäßigen n-Ecks mit beliebiger Seitenlänge s zeigt
die Verwendung einer Prozedur mit zwei Parametern:

```
TO NECK :N :S
REPEAT :N [FD :S RT 360/:N]
END
```

Der Aufruf   `NECK 5 40`   zeichnet ein Fünfeck der Seitenlänge 40,

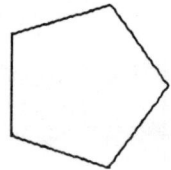

der Aufruf   `NECK 8 30`   hingegen ein Achteck der Seitenlänge 30:

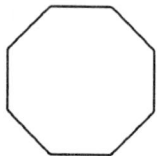

Natürlich können auch mehrere n-Ecke ineinander gezeichnet werden:

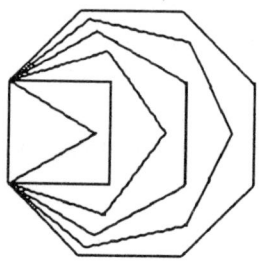

```
NECK 3 50
NECK 4 50
NECK 5 50
NECK 6 50
NECK 7 50
NECK 8 50
```

Die Befehle von LOGO haben in allen Fällen die Form von Prozeduraufrufen – entweder ohne Parameter (wie zum Beispiel `CS`) oder mit Parameter (wie zum Beispiel `FD 100` oder `RT 90`).

Die Definition von zusätzlichen Prozeduren erlaubt es, den Befehlsvorrat von LOGO zu erweitern.

Rekursion

Prozeduren, die sich entweder in ihrer eigenen Definition selbst aufrufen oder über andere Prozeduraufrufe indirekt wieder selbst aufrufen, heißen rekursiv. Enthält zum Beispiel die Prozedur zum Zeichnen eines Quadrats den Aufruf zum Zeichnen eines kleineren Quadrats, so entstehen ineinander-geschachtelte, immer kleiner werdende Quadrate:

Definition:

```
TO QUAD :X
REPEAT 4[FD :X RT 90]
QUAD :X-5
END
```

Der Aufruf   QUAD 100   erzeugt folgendes Bild:

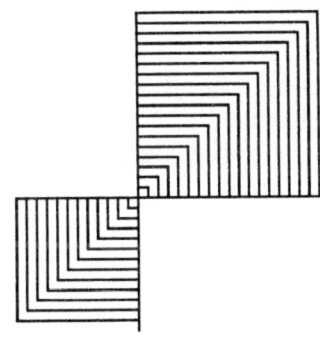

Leider hört die Prozedur nie auf, Quadrate zu zeichnen. Der Parameter X wird bei jedem Aufruf kleiner und früher oder später wird X negativ. Bei einem negativen Parameter zeichnet jedoch die Turtle die Quadrate im Rückwärtsgang!

Das Programm kann entweder von außen abgebrochen werden (je nach LOGO-System gibt es immer eine Möglichkeit, Programme durch Tasten-druck abzubrechen), oder wir brechen die Prozedur durch den Befehl **STOP** ab, sobald der Parameter negativ ist.

Syntax:

Wirkung: Die gerade aufgerufene Prozedur wird abgebrochen.

Syntax:

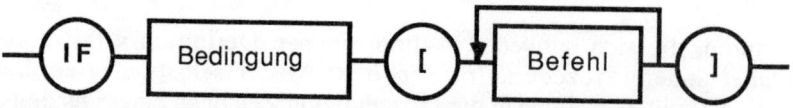

Wirkung: Die in eckigen Klammern eingeschlossenen Befehle werden nur
dann ausgeführt, wenn die Bedingung erfüllt ist.

Beispiel:

```
IF :X < 0 [STOP]
```

Mit Verwendung des STOP-Befehls kann die Prozedur QUAD folgendermaßen definiert werden:

```
TO QUAD :X
IF :X < 0 [STOP]
REPEAT 4 [FD :X RT 90]
QUAD :X-5
END
```

Die rekursive Folge von Prozeduraufrufen bricht ab, sobald der Parameter X
negativ ist. Der gleiche Effekt kann auch erreicht werden, indem der rekursive Aufruf von einer Bedingung abhängig gemacht wird:

```
TO QUAD :X
REPEAT 4 [FD :X RT 90]
IF :X > 5 [QUAD :X-5]
END
```

Eine typische Anwendung von rekursiven Prozeduren entsteht beim Zeichnen
von Spiralen: Eine Spirale wird gezeichnet, indem zuerst eine Strecke bestimmter Länge gezogen wird, danach um einen konstanten Winkel gedreht
wird und anschließend eine etwas kleinere Spirale gezeichnet wird:

```
TO SPI :X
IF :X < 0 [STOP]
FD :X RT 60
SPI :X-1
END
```

Der Aufruf   SPI 60   zeichnet die folgende Spirale:

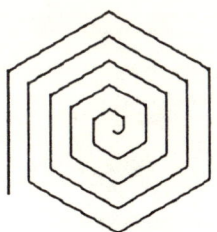

Mit Hilfe eines weiteren Parameters W, der in jedem Aufruf von SPI den Drehwinkel angibt, lassen sich zum Beispiel auch "fünfeckige" oder "achteckige" Spiralen zeichnen:

```
TO SPI :X :W
IF :X < 0 [STOP]
FD :X RT :W
SPI :X-1 :W
END
```

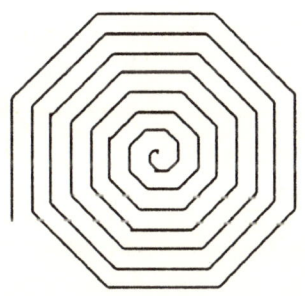

SPI 60 72   SPI 60 45

Wird der Winkel nahe einem Teiler von 360° gewählt, so entstehen die folgenden Spiralen

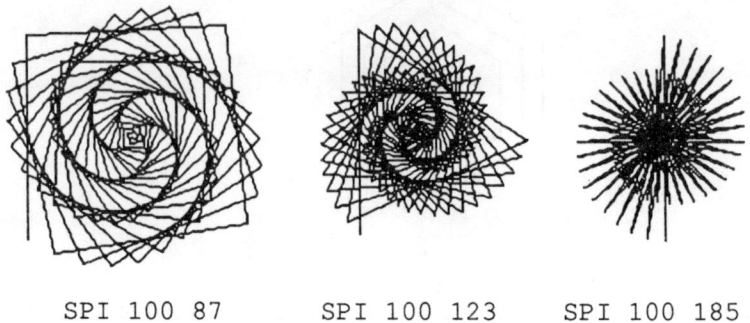

SPI 100 87　　　　SPI 100 123　　　SPI 100 185

Spiralen entstehen aber auch, wenn anstelle der Strecke der Winkel verändert wird. Eine Erhöhung des Winkels dreht die Spirale nach innen:

```
TO SPI :X :W
IF :W > 90 [STOP]
FD :X RT :W
SPI :X :W+1
END
```

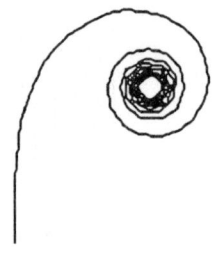

SPI 10 0

Eine Verringerung der Winkel hingegen dreht die Spirale nach außen:

```
TO SPI :X :W
IF :W < 0 [STOP]
FD :X RT :W
SPI :X :W-1
END
```

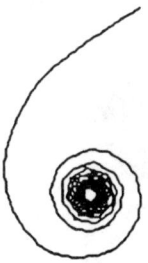

SPI 10 120

Da ein negativer Winkel eine Linksdrehung verursacht, können durch eine Veränderung der Abbruchbedingung, zum Beispiel auf

IF :W < -90 [STOP]

auch Doppelspiralen erzeugt werden:

SPI 5 90

Wird die Abbruchbedingung ganz weggelassen, so wandert die Turtle endlos auf dieser Doppelspirale hin und her.

Anstatt die Spirale aus bloßen Strecken aufzubauen, können natürlich auch beliebige andere, immer kleiner werdende Figuren spiralenförmig angeordnet werden:

```
TO SCHNECKE :X
IF :X < 0 [STOP]
KREIS :X RT 15
SCHNECKE :X-2
END
```

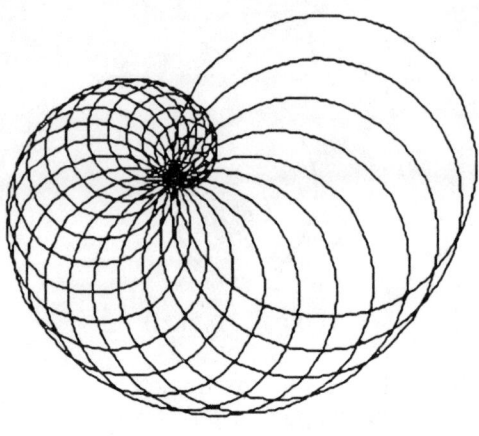

SCHNECKE 50

Auch eine "Schneeflocke" kann rekursiv definiert werden: Eine Schneeflocke
ist ein Stern, an dessen Spitzen wieder eine etwas kleinere Schneeflocke
hängt:

```
TO FLOCKE :X
IF :X < 5 [STOP]
REPEAT 6 [FD :X FLOCKE :X/3 BK :X RT 60]
END
```

FLOCKE 45

Unter der Annahme, daß die Flocke unendlich lang weiterwächst, ist ihr
Radius gleich

$$x\,(1 + 1/3 + 1/9 + \ldots) = x \sum_{n=0}^{\infty} (1/3)^n = 3\,x/2$$

In diesem Fall würden sich die Spitzen der Schneeflocke gerade berühren!
Da das Programm aber bei x < 5 abbricht, bleibt bei 6-strahligen Flocken
zwischen den Spitzen immer ein Abstand.

Durch Änderung des Wiederholungsfaktors im REPEAT-Befehl und der zugehörigen Drehung können auch andere als 6-strahlige Flocken gezeichnet werden. Allerdings besteht für mehr als 6 Strahlen die Gefahr, daß sich die rekursiven Flocken überlappen, wie im Fall der folgenden 8-strahligen Flocke:

```
TO FLOCKE :X
IF :X < 5 [STOP]
REPEAT 8 [FD :X FLOCKE :X/3 BK :X RT 45]
END
```

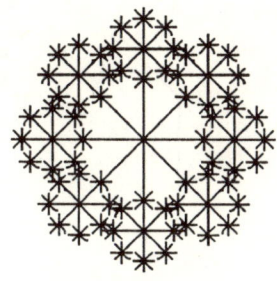

FLOCKE 45

Ganz ähnlich kann auch ein "binärer Baum" gezeichnet werden: Ein Baum besteht aus einem Stamm, aus dem nach links und nach rechts ein etwas kleinerer Baum wächst:

```
TO BAUM :X
IF :X < 1 [STOP]
FD :X LT 45 BAUM :X/2 RT 90
BAUM :X/2 LT 45 BK :X
END
```

BAUM 64

Wird zum Beispiel der linke Teilbaum halb so groß, der rechte Teilbaum dagegen um den Faktor 2/3 verkleinert gezeichnet, so wächst der Baum schief!

```
TO BAUM :X
IF :X < 1 [STOP]
FD :X LT 45 BAUM :X/2 RT 90 BAUM :X*2/3 LT 45 BK :X
END
```

BAUM 64

Bei rekursiv programmierten Graphiken ist es wichtig, daß die Turtle nach jedem Aufruf wieder in die gleiche Ausgangslage wie vor dem Aufruf zurückversetzt wird. In der obigen Definition wird zum Beispiel FD :X durch BK :X rückgängig gemacht. Ebenso werden die beiden Linksdrehungen um je 45 Grad durch die Rechtsdrehung um 90 Grad wieder wettgemacht.

Daß Figuren, wie Schnecken, Flocken und Bäume, die sich leicht rekursiv beschreiben lassen, auch in der Natur häufig vorkommen, liegt an der Regelmäßigkeit der Wachstumsgesetze. Oft wird in der Natur irgendeine Funktion "optimiert", zum Beispiel möglichst große Oberfläche, möglichst kurze Verbindungen oder möglichst hohe Stabilität bei minimalem Materialeinsatz – gleichzeitig entstehen durch zufällige Störungen Unregelmäßigkeiten, die oft den Reiz des natürlichen Wachstums ausmachen.

Ein Beispiel für eine **indirekte Rekursion** ist ein Kreis, in dem ein Dreieck eingeschrieben ist, in das ein Kreis eingeschrieben ist, in dem ein Dreieck ...

(Die Seitenlänge des eingeschriebenen Dreiecks ist das √3-fache des Kreisradius, der Radius des eingeschriebenen Kreises ist die Länge der Dreiecksseite gebrochen durch 2 √3):

```
PU FD 100 RT 90 PD
KREIS_MIT_DREIECK 100
```

Damit der Kreismittelpunkt in der Bildmitte ist, wurde die Turtle vor dem Zeichnen des ersten Kreises um den Kreisradius nach oben bewegt. Weiters wurde die Prozedur KREIS so abgeändert, daß der Anfangs- und Endpunkt in der Mitte einer Seite des 36-Ecks liegt:

```
TO KREIS_MIT_DREIECK :R
IF :R < 5 [STOP]
FD 3.1415926*:R/36 RT 10
REPEAT 35 [FD 2*3.1415926*:R/36 RT 10]
FD 3.1415926*:R/36 RT 60
DREIECK_MIT_KREIS :R*1.732050808
END

TO DREIECK_MIT_KREIS :X
REPEAT 3 [FD :X RT 120]
FD :X/2
KREIS_MIT_DREIECK :X/(2*1.732050808)
END
```

Anstatt einem Kreis ein Dreieck einzuschreiben, kann zum Beispiel auch ein Sechseck eingeschrieben werden. Die Seitenlänge des eingeschriebenen Sechseckes ist gleich dem Kreisradius; der Radius des dem Sechseck eingeschriebenen Kreises ist das √3/2-fache der Sechseckseite.

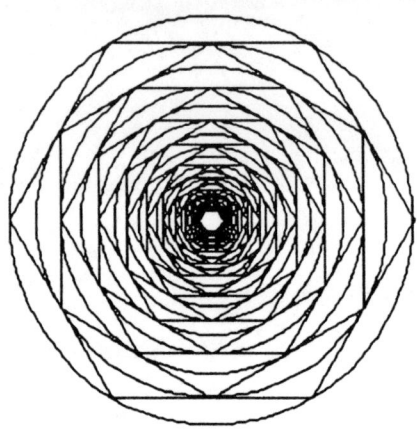

```
PU FD 100 RT 90 PD
KREIS_MIT_SECHSECK   100
```

```
TO KREIS_MIT_SECHSECK :R
IF :R < 5 [STOP]
FD 3.1415926*:R/36 RT 10
REPEAT 35 [FD 2*3.1415926*:R/36 RT 10]
FD 3.1415926*:R/36 RT 60
SECHSECK_MIT_KREIS :R
END

TO SECHSECK_MIT_KREIS :X
REPEAT 6 [FD :X RT 60]
FD :X/2
KREIS_MIT_SECHSECK :X/2*1.732050808
END
```

3. FUNKTIONEN

Zahlenwerte können in LOGO als Ergebnisse von Formeln berechnet werden, in denen auch Aufrufe von Funktionen vorkommen können. Mit Hilfe der Funktion **SQRT** kann zum Beispiel die Quadratwurzel einer Zahl berechnet werden.

Syntax:

Wirkung: Das Ergebnis ist die Quadratwurzel einer positiven Zahl.

Damit kann zum Beispiel die im vorigen Beispiel benötigte Wurzel aus 3 vom Programm berechnet werden.

Im folgenden Beispiel wird die Quadratwurzel von 2 verwendet, um die Länge der Diagonale in einem Quadrat zu berechnen:

```
TO LATERNE :X
REPEAT 4 [FD :X RT 90]
RT 45 FD :X*SQRT 2
LT 75 FD :X
LT 120 FD :X
LT 75 FD :X*SQRT 2
END
```

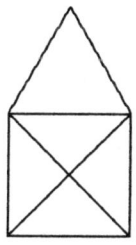

LATERNE 60

Standardfunktionen

Außer der Quadratwurzel können in LOGO die folgenden Funktionen in arithmetischen Ausdrücken verwendet werden[1].

Syntax:

Wirkung: Der Funktionswert ist der Sinus des angegebenen Winkels.

Syntax:

Wirkung: Der Funktionswert ist der Cosinus des angegebenen Winkels.

Syntax:

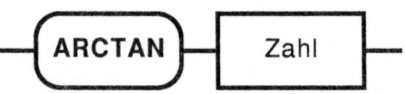

Wirkung: Der Funktionswert ist der Arkustangens des angegebenen Winkels.

Syntax:

Wirkung: Der Funktionswert ist die Exponentialfunktion der angegebenen Zahl.

Syntax:

Wirkung: Die Funktion ist der Natürliche Logarithmus der angegebenen Zahl.

---

[1]Nicht alle der beschriebenen Standardfunktionen sind in allen LOGO-Versionen verfügbar.

Syntax:

Wirkung: Der Funktionswert ist der ganzzahlige Anteil der angegebenen Zahl.

Syntax:

Wirkung: Der Funktionswert ist die gerundete Zahl.

Syntax:

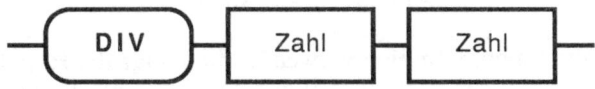

Wirkung: Der Funktionswert ist der ganzzahlige Quotient der Division des ersten durch den zweiten Parameter.

Syntax:

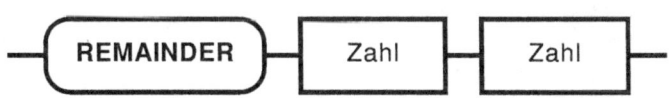

Wirkung: Der Funktionswert ist der Rest, der bei der ganzzahligen Division des ersten durch den zweiten Parameter verbleibt.

Syntax:

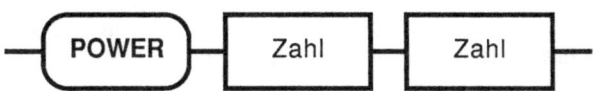

Wirkung: Der Funktionswert ist die Potenz des ersten Parameters "hoch" dem zweiten Parameter.

Mit den Winkelfunktionen SIN und COS läßt sich zum Beispiel der "Baum
des Pythagoras" zeichnen, in dem Hypotenusen- und Kathetenquadrate eines
rechtwinkeligen Dreiecks so angeordnet werden, daß jedes Kathetenquadrat
wieder als Hypotenusenquadrat interpretiert wird:

PYTHAGORAS 30 38

Die folgende Programmdefinition verwendet die Länge der Hypotenuse C und
den Winkel ALPHA des rechtwinkeligen Dreiecks als Parameter. In den
rekursiven Aufrufen werden daher die Längen der Katheten :C*COS
:ALPHA beziehungsweise :C*SIN :ALPHA als die neue Hypotenusenlänge
übergeben:

```
TO PYTHAGORAS :C :ALPHA
REPEAT 4 [FD :C RT 90]
IF :C < 10 [RT 90 FD :C STOP]
FD :C LT :ALPHA
PYTHAGORAS :C*COS :ALPHA :ALPHA
PYTHAGORAS :C*SIN :ALPHA :ALPHA
RT :ALPHA
FD :C LT 90
END
```

Durch die Änderung des Winkels ALPHA können auch symmetrische beziehungsweise entartete Bäume gezeichnet werden:

PYTHAGORAS 30 45

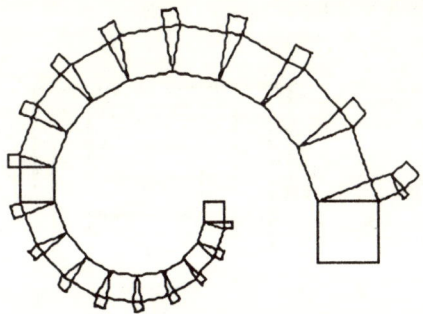

PYTHAGORAS 30 20

Hübsche Effekte lassen sich auch durch Wiederholen des Aufrufes erzielen:

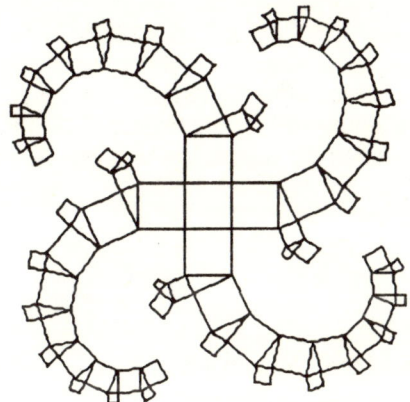

REPEAT 4 [PYTHAGORAS 23 26]

Mit dem **PRINT**-Befehl (**PR**) können die Ergebnisse von Funktionen am Bildschirm geschrieben werden.

Syntax:

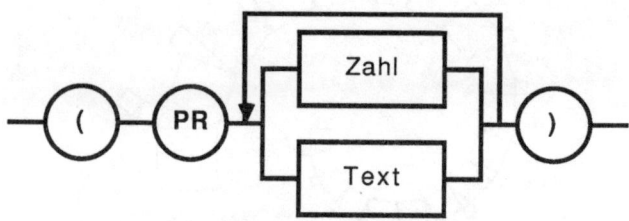

Wirkung: Alle angegebenen Zahlenwerte (können auch Ergebnisse von arithmetischen Ausdrücken sein) und Texte werden nebeneinander in eine Zeile geschrieben. Danach erfolgt ein Zeilenwechsel.

Beispiel: Wirkung

```
(PR "X= SQRT 3)                    X= 1.73205
```

Da der PRINT-Befehl eine beliebige Anzahl von Parametern zuläßt, wird er zur Gänze in runde Klammern eingeschlossen. Wird nur ein einziger Parameter verwendet, so können die Klammern weggelassen werden.

Beispiele: Wirkung

```
PR SQRT 3                          1.73205
PR "LOGO                           LOGO
```

Ein Text beginnt mit einem Apostroph und endet mit dem nächsten Leerzeichen, oder er ist – wenn er aus mehreren Wörtern besteht – in eckige Klammern eingeschlossen.

Syntax:

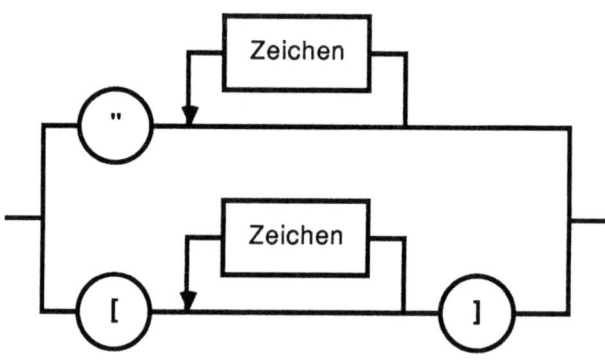

Beispiel:
```
(PR [DIE WURZEL AUS DREI IST] SQRT 3)
```

Wirkung:
```
DIE WURZEL AUS DREI IST 1.73205
```

Wie aus der Syntax ersichtlich ist, kann ein Text auch leer sein, das heißt, aus keinem einzigen Zeichen bestehen. So bewirkt zum Beispiel der Befehl PR [] die Ausgabe einer Leerzeile.

Um auch Leerzeichen innerhalb eines Textes darstellen zu können, ohne den Text zu beenden, können diese durch einen voranstehenden Backslash (\) gekennzeichnet werden. Zum Beispiel druckt PR "*\ \ \ * zwei Sterne, die durch drei Leerzeichen getrennt sind.

Ein Aufruf der Prozedur MULT

```
TO MULT :X :Y
(PR :X "MAL :Y "= :X*:Y)
END
```

der Form

```
MULT 3 4    liefert den Text    3 MAL 4 = 12
```

Ebenso bewirkt der Aufruf der Prozedur UMFANG

```
TO UMFANG :R
(PR [EIN KREIS MIT DEM RADIUS] :R
    [HAT DEN UMFANG] 2*3.1415926*:R)
END
```

zum Beispiel mit dem Parameter 10

```
UMFANG 10
```

die Ausgabe von

```
EIN KREIS MIT DEM RADIUS 10 HAT DEN UMFANG 62.8319
```

Mit dem **TYPE**-Befehl können Zahlen und Texte nebeneinander in einer Zeile ausgegeben werden.

Syntax:

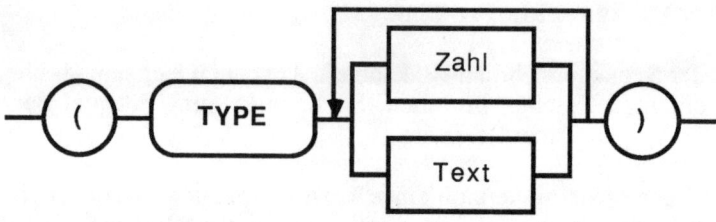

Wirkung: Wie bei PRINT, nur: im Gegensatz zum PRINT-Befehl erfolgt danach kein Zeilenwechsel.

Mit dem Programmstück

```
REPEAT :N [TYPE "*] PR []
```

werden zum Beispiel N Sternchen nebeneinander gedruckt und anschließend die Zeile gewechselt.

Mit der folgenden Prozedur DIVISION wird das Ergebnis einer Division auf N Stellen genau berechnet.

Der Aufruf DIVISION 22 7 30 liefert die ersten 30 Ziffern von 22/7 (einen Näherungswert für π):

```
TO DIVISION :X :Y :N
IF :N = 0 [PR [] STOP]
TYPE DIV :X :Y
DIVISION 10*REMAINDER :X :Y :Y :N-1
END

DIVISION 22 7 30
314285714285714285714285714285
```

Mit Hilfe der Funktionen **XCOR** und **YCOR** können die x- und y-Koordinaten der momentanen Position der Turtle im Programm weiterverarbeitet werden (der Ursprung des Koordinatensystems liegt in der Mitte des
Bildschirms):

Syntax:

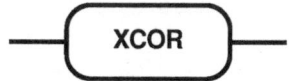

Wirkung: Das Ergebnis ist die Entfernung der Turtle rechts von der Bildschirmmitte (in der linken Bildschirmhälfte ist das Ergebnis negativ).

Syntax:

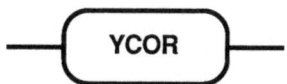

Wirkung: Das Ergebnis ist die Entfernung der Turtle oberhalb von der Bildschirmmitte (in der unteren Bildschirmhälfte ist das Ergebnis negativ).

Die folgende Prozedur schreibt zum Beispiel die Koordinaten der Eckpunkte
eines regelmäßigen n-Ecks der Seitenlänge s auf den Bildschirm (ohne das n–
Eck zu zeichnen):

```
TO ECKEN :N :S
PU
REPEAT :N [(TYPE "( XCOR ", YCOR ") ) FD :S RT 360/:N]
PD
END

ECKEN 5 50
(0,0) (0,50) (47.55283,65.45085) (76.94209,25) (47.55283,
-15.45085)
```

Der Aufruf   ECKEN 6 50   liefert zum Beispiel die folgenden
Koordinaten:

```
(0,0) (0,50) (43.3013,75.0) (86.6026,50.0)
(86.6026,0.0) (43.3013,-25.0)
```

Die Funktion   **HEADING**   liefert als Funktionswert den Winkel, den die
Turtle gerade von der y-Achse (Richtung nach oben) abweicht:

Syntax:

Wirkung: Der Funktionswert ist die Richtung, die die Turtle gerade mit der
positiven y-Achse einschließt.

Mit den Funktionen   XCOR,   YCOR   und   HEADING   kann zum Beispiel
überprüft werden, ob die Turtle an den Rändern eines Rechtecks anstößt.
Gegebenenfalls kann die Turtle wie ein Billardball reflektiert werden:

```
TO REFLEXION :X :Y
IF  XCOR >   :X [LT 2*HEADING]
IF  XCOR < -:X [LT 2*HEADING]
IF  YCOR >   :Y [LT 180+2*HEADING]
IF  YCOR < -:Y [LT 180+2*HEADING]
FD 1
END
```

Mit der Prozedur   BILLARD   wird ein Rechteck der Seitenlängen 2x und
2y gezeichnet und die Turtle aus dem Mittelpunkt unter dem Winkel w gestartet:

```
TO BILLARD :X :Y :W
RAHMEN :X :Y
RT :W
REPEAT 1000 [FD 1 REFLEXION :X :Y]
END
```

```
TO RAHMEN :X :Y
CS PU FD :Y RT 90 FD :X RT 90 PD
REPEAT 2 [FD 2*:Y RT 90 FD 2*:X RT 90]
PU LT 90 BK :X LT 90 BK :Y PD
END
```

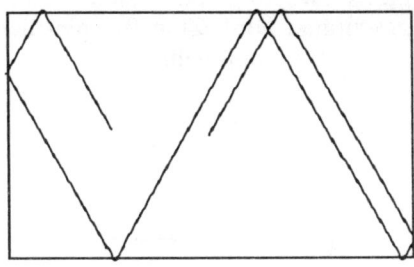

BILLARD 100 60 30

Ein in LOGO als **RANDOM**-Funktion eingebauter Zufallszahlengenerator liefert zufällig eine ganze Zahl zwischen Null und seinem Parameter.

Syntax:

Wirkung: Der Aufruf RANDOM :N liefert eine ganze Zahl, die zufällig zwischen Null und :N-1 liegt.

Mit der Funktion RANDOM kann die Turtle "zufällig" über den Bildschirm wandern:

```
TO RANDOMWALK
CS REPEAT 1000 [FD 5 RT 90 - RANDOM 180]
END
```

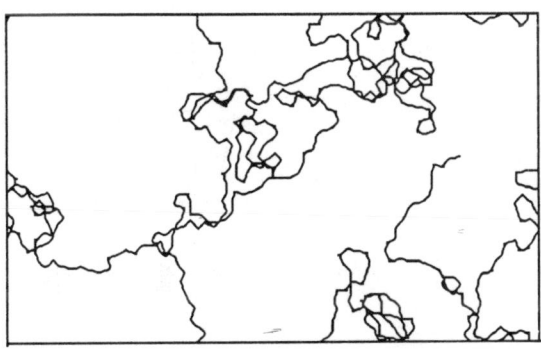

RANDOMWALK

Der Charakter der Zufallsbewegung ändert sich, wenn die Variationsbreite
des Drehwinkels eingeschränkt wird. Zum Beispiel liefert eine Halbierung
dieses Winkels von 180° auf 90° im Befehl

```
RT 45 - RANDOM 90
```

eine "glattere" Spur

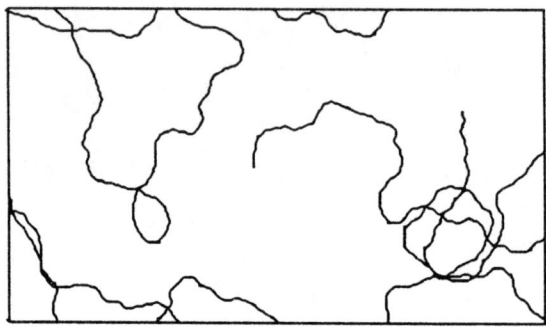

**während jede Unsymmetrie – etwa eine Bevorzugung der Rechtsdrehung im
Befehl**

```
RT 60 - RANDOM 90
```

zu Schlingen führt:

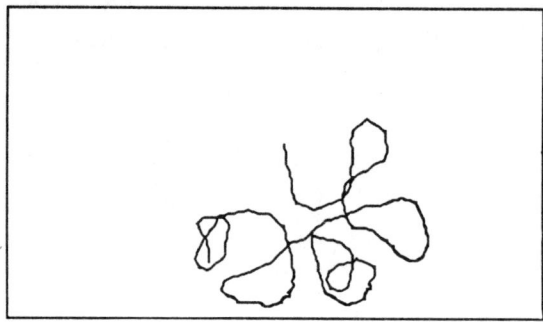

Mit der Prozedur ZUFPOS kann die Turtle "zufällig" irgendwohin positioniert werden:

```
TO ZUFPOS
PU RT RANDOM 360 FD RANDOM 100 PD
END
```

Die folgende Prozedur HIMMEL zeichnet einen "Sternenhimmel", indem die Sterne zufällig groß und zufällig positioniert sind:

```
TO HIMMEL
ZUFPOS
STERN RANDOM 30
HIMMEL
END

TO STERN :X
REPEAT 5 [FD :X RT 144]
END
```

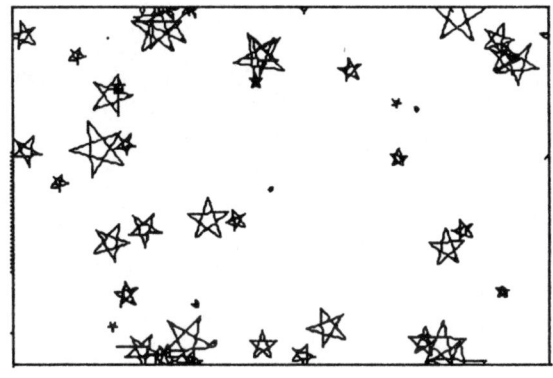

HIMMEL

Definition von Funktionen

Zusätzlich zu den Standardfunktionen von LOGO können neue Funktionen – ähnlich wie Prozeduren – definiert werden. Funktionen unterscheiden sich von Prozeduren nur dadurch, daß sie einen Funktionswert liefern. Dieser Funktionswert wird in der Funktionsdefinition berechnet und mit dem **OUTPUT**-Befehl (**OP**) an die Stelle des Funktionsaufrufes zurückgeliefert.

Syntax:

Wirkung: Der Funktionswert wird an die Stelle des Funktionsaufrufes zurückgeliefert. Gleichzeitig wird die Funktion abgebrochen.

Der OUTPUT-Befehl wirkt außerdem wie ein STOP-Befehl, das heißt, die
Funktion wird nach Durchführung des OUTPUT-Befehls abgebrochen .

Beispiel:

```
TO ABS :X
IF :X < 0 [OP -:X]
OP :X
END
```

Die Funktion ABS berechnet den Absolutbetrag ihres Parameters: ist dieser
kleiner als Null, so ist das Ergebnis gleich dem Negativwert des Parameters,
in allen anderen Fällen ist der Funktionswert gleich dem Wert des Parameters.

Der Aufruf einer Funktion kann überall dort erfolgen, wo der entsprechende
Funktionswert benötigt wird – zum Beispiel innerhalb eines arithmetischen
Ausdrucks oder an Stelle eines Parameters beim Aufruf einer Prozedur.

Mit Hilfe der Funktion ABS kann zum Beispiel die Prozedur REFLEXION
vereinfacht werden:

```
TO REFLEXION :X :Y
IF (ABS XCOR) > :X [LT 2*HEADING]
IF (ABS YCOR) > :Y [LT 180+2*HEADING]
END
```

Die folgende Funktion SQR berechnet das Quadrat ihres Parameters:

```
TO SQR :X
OP :X*:X
END
```

Die Funktion SQR kann verwendet werden, um die momentane Entfernung
der Turtle vom Punkt mit den Koordinaten X und Y zu berechnen:

```
TO ABSTAND :X :Y
OP SQRT (SQR :X-XCOR) + (SQR :Y-YCOR)
END
```

Mit der Funktion ABSTAND können zum Beispiel die Längen der Diago-
nalen in einem regelmäßigen Fünfeck experimentell bestimmt werden:

```
TO PENTAGON :X
REPEAT  5 [FD :X RT 72   PR ABSTAND 0 0]
END
```

In jedem Eckpunkt des Fünfecks wird der Abstand zum Ursprung berechnet und gedruckt:

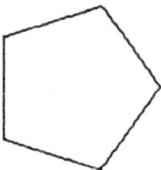

```
PENTAGON 50
50
80.9017
80.9017
50
9.28187N15
```

Selbstverständlich können auch Funktionen im herkömmlichen mathematischen Sinn definiert werden, zum Beispiel die Funktion

$$f(x) = \frac{\sin x}{x}$$

```
TO F :X
IF :X = 0 [OP 1]
OP (SIN :X*180/PI)/:X
END
```

Durch die Abfrage :X = 0 wird vermieden, daß eine Division durch Null eine Fehlermeldung auslöst!

Zur Umwandlung von X vom Winkelmaß in das Gradmaß ist eine Funktion PI definiert, die konstant den Wert 3.1415926 liefert:

```
TO PI
OP 3.1415926
END
```

Mit einer einfachen Prozedur TAB kann eine Tabelle der Funktionswerte
einer beliebigen Funktion f (x) im Intervall von a bis b mit der Schrittweite s
ausgegeben werden:

```
TO TAB :A :B :S
IF :A > :B [STOP]
(PR :A F :A)
TAB :A+:S :B :S
END
```

Mit der obigen Definition für F liefert der Aufruf   TAB 0 2*PI 0.5   die
folgende Tabelle:

```
0 1
0.5 0.95885
1 0.84147
1.5 0.665
2 0.45465
2.5 0.23939
3 0.04704
3.5 -0.10022
4 -0.1892
4.5 -0.21723
5 -0.19178
5.5 -0.12828
6 -0.04657
```

Ebenso können die Funktionswerte auch durch ein Balkendiagramm gezeichnet werden:

```
TO DIAGRAMM :A :B :S
IF :A > :B [STOP]
BALKEN 10*:S 100*F :A
DIAGRAMM :A+:S :B :S
END

TO BALKEN :X :Y
FD :Y RT 90
FD :X RT 90
FD :Y RT 90
FD :X
BK :X RT 90
END
```

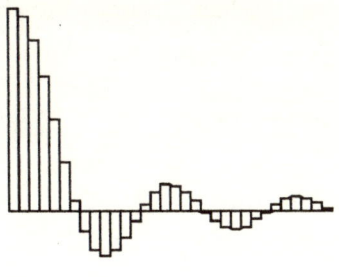

DIAGRAMM 0 5*PI 0.5

Um den Kurvenverlauf der Bildschirmgröße anzupassen, wurde die Schrittweite mit dem Faktor 10 und der Funktionswert mit 100 multipliziert.

Funktionen können – ebenso wie Prozeduren – auch rekursiv vereinbart
werden. Die folgende Funktion FAK zum Beispiel berechnet n Faktorielle
aus der rekursiven Definition n! = n * (n – 1)! und dem Anfangswert 1! = 1:

```
TO FAK :N
IF :N < 2 [OP 1]
OP :N*FAK :N-1
END
```

```
TAB 1 12 1

1  1
2  2
3  6
4  24
5  120
6  720
7  5040
8  40320
9  362880
10 3628800
11 39916800
12 479001600
```

Ebenso können die Fibonacci-Zahlen[2] rekursiv berechnet werden:

```
TO FIBO :N
IF :N < 3 [OP :N]
OP (FIBO :N-1) + (FIBO :N-2)
END


TAB 1 12 1

1 1
2 2
3 3
4 5
5 8
6 13
7 21
8 34
9 55
10 89
11 144
12 233
```

Da die Fibonacci-Zahlen immer neu berechnet werden, anstatt einfach die letzten beiden Ergebnisse zu addieren, entstehen für hohes n sehr lange Rechenzeiten. Viel rascher kann die Fibonacci-Folge tabelliert werden, wenn die Folge von vorne nach hinten berechnet wird und die beiden letzten Glieder als Parameter übergeben werden.

```
TO TABFIBO :N :MAX :ALT :NEU
IF :N >:MAX [STOP]
(PR :N :NEU)
TABFIBO :N+1 :MAX :NEU :ALT +:NEU
END
```

---

[2]Diese Folge wurde vom italienischen Mathematiker Leonardo von Pisa, genannt Fibonacci, im Jahre 1202 zur Lösung der "Kaninchenaufgabe" verwendet. Das n-te Glied der Folge gibt die Gesamtanzahl von Kaninchenpärchen zu Beginn des n-ten Monates unter der Voraussetzung an, daß jedes Kaninchenpärchen – nachdem es ein Alter von 2 Monaten erreicht hat und danach jeden weiteren Monat – ein junges Kaninchenpärchen zur Welt bringt und die Zucht im ersten Monat mit einem neugeborenen Pärchen beginnt. Es ergibt sich die Folge 1, 1, 2, 3, 5, 8, 13, ... in der ab dem dritten Glied jedes weitere Glied aus der Summe der beiden vorhergehenden Glieder berechnet werden kann!

Der Aufruf   `TABFIBO 1 18 11`   liefert die folgende Tabelle:

```
1  1
2  2
3  3
4  5
5  8
6  13
7  21
8  34
9  55
10 89
11 144
12 233
13 377
14 610
15 987
16 1597
17 2584
18 4181
```

Auf ähnliche Weise kann auch die Berechnung der Faktoriellen beschleunigt werden:

```
TO TABFAK :N :MAX :NFAK
IF :N > :MAX [STOP]
(PR :N :NFAK)
TABFAK :N+1 :MAX :N*:NFAK
END
```

Funktionen können nicht nur Zahlen, sondern auch Texte als Ergebnis liefern. Die folgende Funktion MUENZE liefert zum Beispiel zufällig den Text KOPF oder ADLER:

```
TO MUENZE
IF (RANDOM 1) = 0 [OP "KOPF]
OP "ADLER
END
```

Mit Hilfe des PRINT-Befehles kann – wie durch REPEAT 5 (PR MUENZE) – der Funktionswert gedruckt werden:

```
KOPF
ADLER
KOPF
KOPF
ADLER
```

Von besonderer Bedeutung sind Funktionen, die den Text TRUE oder FALSE liefern. Diese können nämlich anstelle von Bedingungen aufgerufen werden, zum Beispiel:

```
TO GERADE :N
IF (REMAINDER :N 2) = 0 [OP "TRUE]
OP "FALSE
END
```

Das Ergebnis der Funktion GERADE kann selbstverständlich wie jeder andere Text gedruckt werden, zum Beispiel durch

```
PR GERADE 7
FALSE
```

Etwas eleganter kann die Funktion GERADE auch gleich so definiert werden:

```
TO GERADE :N
OP (REMAINDER :N 2) = 0
END
```

Unter Verwendung der Funktion GERADE kann zum Beispiel X hoch N (für ganzzahliges und nichtnegatives N) leicht berechnet werden:

```
TO POTENZ :X :N
IF :N = 0 [OP 1]
IF GERADE :N [OP SQR POTENZ :X :N/2]
OP :X*POTENZ :X :N-1
END
```

Da für gerades n $x^n = (x^{n/2})^2$ gilt, kann die Berechnung von x^n in diesem Fall auf die Berechnung des Quadrates von $x^{n/2}$ zurückgeführt werden. Selbstverständlich liefert die Funktion POTENZ auch ohne dieser Abfrage das richtige Ergebnis, da $x^n = x*x^{n-1}$ in jedem Fall gilt. Der Rechenaufwand steigt allerdings in diesem Fall linear mit n, im Gegensatz zu einem logarithmischen Anstieg bei Berücksichtigung der Abfrage. Durch eine zusätzliche Abfrage

```
IF :N < 0 [OP POTENZ (1/:X) (-:N)]
```

ist die Funktion auch für negatives ganzzahliges n anwendbar!

Da als Ergebnis einer Bedingung in LOGO immer der Text TRUE oder FALSE weiterverarbeitet wird, können auch Bedingungen selbst wieder Parameter von Funktionen sein.

Die Funktion NICHT liefert zum Beispiel genau das Komplement ihres Parameters:

```
TO NICHT :X
IF :X [OP "FALSE]
OP "TRUE
END
```

Mit Hilfe der Funktion NICHT kann zum Beispiel das Problem des "betrunkenen Gefängniswärters" funktional gelöst werden:

Ein Gefängniswärter sperrt um Mitternacht alle n Zellen seines Gefängnisses auf, danach der Reihe nach jede zweite Zelle wieder zu, anschließend sperrt er jede dritte Zelle und so fort. Die folgende Funktion OFFEN liefert als Ergebnis genau dann "TRUE, wenn die i-te Zelle nach n Durchgängen offen ist:

```
TO OFFEN :I :N
IF :N = 0 [OP "FALSE]
IF SPERRT :I :N [OP NICHT OFFEN :I :N-1]
OP OFFEN :I :N-1
END
```

Wenn der Wärter überhaupt nicht durchgegangen ist (n = 0), sind alle Zellen geschlossen (OP "FALSE). Wird die i-te Zelle beim n-ten Durchgang gesperrt (SPERRT :I :N), dann ist das Ergebnis genau das umgekehrte, wie beim n-1-ten Durchgang (OP NICHT OFFEN :I :N-1). Andernfalls, wenn nicht gesperrt wird, bleibt das Ergebnis dasselbe wie beim n-1-ten Durchgang (OP OFFEN :I :N-1).

Ob die i-te Zelle beim n-ten Durchgang gesperrt wird oder nicht, hängt davon ab, ob i durch n teilbar ist. Die Funktion SPERRT prüft daher ähnlich der Funktion GERADE, ob der Rest der Division von i durch n gleich Null ist:

```
TO SPERRT :I :N
OP (REMAINDER :I :N) = 0
END
```

Daß diese Aufgabenstellung Tradition hat, beweist die Tatsache, daß schon Carl Friedrich GAUSS (1777–1855) erkannt hat, daß für $n \geq i$ die i-te Türe genau dann offen ist, wenn die Anzahl der Teiler von i ungerade ist. Das ist aber genau dann der Fall, wenn i eine Quadratzahl ist!

Ebenso wie die Funktion NICHT können auch die "logischen" Funktionen
UND oder ODER vereinbart werden:

```
TO UND :X :Y
IF :X [OP :Y]
OP "FALSE
END
```

Die Funktion UND liefert genau dann als Ergebnis "TRUE , wenn beide Parameter den Wert TRUE haben.

```
TO ODER :X :Y
IF :X [OP "TRUE]
OP :Y
END
```

Die Funktion ODER liefert dann als Ergebnis "TRUE, wenn mindestens einer
der beiden Parameter den Wert TRUE hat.

Diese Funktionen können in Bedingungen aufgerufen werden, zum Beispiel
überprüft

```
IF UND (:A < :X) (:X <:B) ...
```

ob x zwischen a und b liegt (a < x < b).

```
IF NOT ODER (:A > :X) (:X > :B) ...
```

hingegen liefert dann TRUE, wenn a ≤ x ≤ b gilt.

In LOGO sind die logischen Funktionen bereits standardmäßig definiert und
können durch **NOT, AND** und **OR** aufgerufen werden:

Syntax:

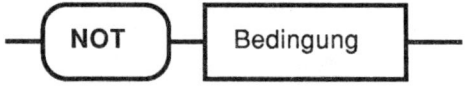

Wirkung: Der Funktionswert ist TRUE, wenn die Bedingung nicht erfüllt ist,
andernfalls FALSE.

Syntax:

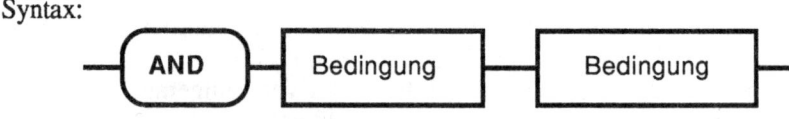

Wirkung: Der Funktionswert ist genau dann TRUE, wenn beide Bedingungen
erfüllt sind, andernfalls FALSE.

Syntax:

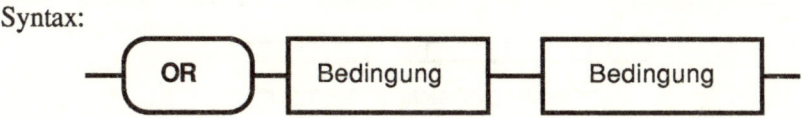

Wirkung: Der Funktionswert ist TRUE, wenn zumindest eine der beiden Bedingungen erfüllt ist, andernfalls FALSE.

Beispiel: Türme von Hanoi

Eine beliebte Denksportaufgabe verlangt, daß ein Turm, der aus mehreren verschieden großen Scheiben besteht, von links nach rechts transportiert wird, wobei jedoch jede Scheibe einzeln bewegt werden muß und niemals eine größere über eine kleinere Scheibe gelegt werden darf. Die Scheiben dürfen außer links und rechts nur noch in der Mitte gestapelt werden.

Die folgende Bildfolge zeigt die Lösung mit drei Scheiben:

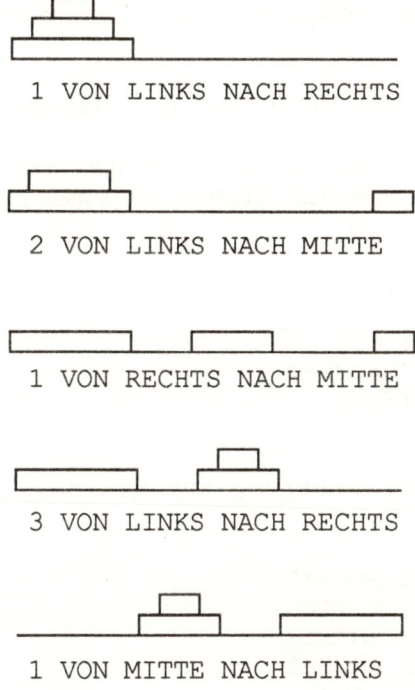

1 VON LINKS NACH RECHTS

2 VON LINKS NACH MITTE

1 VON RECHTS NACH MITTE

3 VON LINKS NACH RECHTS

1 VON MITTE NACH LINKS

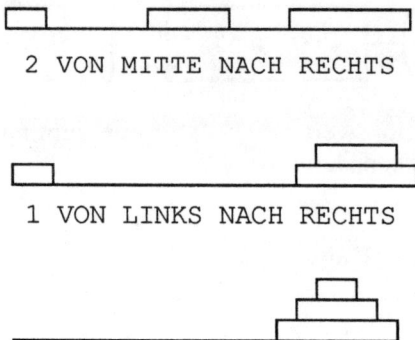

Die Methode, wie ein Turm mit n Scheiben von X nach Y bewegt werden kann, wobei Scheiben auf Z zwischengelagert werden dürfen, kann folgendermaßen beschrieben werden:

Bewege zuerst die n–1 oberen Scheiben von X nach Z und verwende – wenn nötig – Y als Zwischenlager.
Lege die n-te Scheibe von X nach Y.
Bewege danach die n–1 Scheiben von Z nach Y und verwende – wenn nötig – X als Zwischenlager.

Selbstverständlich ist diese Methode nur für n > 0 anwendbar.

Das folgende Programm BEWEGE druckt eine Anleitung zur Bewegung eines Turms mit n Scheiben nach dieser Methode von X nach Y und verwendet Z als Zwischenspeicher:

```
TO BEWEGE :N :X :Y :Z
IF :N = 0 [STOP]
BEWEGE :N-1 :X :Z :Y
(PR :N "VON :X "NACH :Y)
BEWEGE :N-1 :Z :Y :X
END
```

Ein Aufruf   BEWEGE 3 "LINKS "RECHTS "MITTE   liefert die folgende "Anleitung":

```
1 VON LINKS NACH RECHTS
2 VON LINKS NACH MITTE
1 VON RECHTS NACH MITTE
3 VON LINKS NACH RECHTS
1 VON MITTE NACH LINKS
2 VON MITTE NACH RECHTS
1 VON LINKS NACH RECHTS
```

4. TEXTVERARBEITUNG

Eine besondere Bedeutung hat die Funktion **READCHAR** (**RC**), weil sie die Eingabe eines Zeichens ermöglicht.

Syntax:

Wirkung: Funktionsergebnis ist das nächste von der Tastatur eingegebene Zeichen.

Intern werden die Zeichen im sogenannten ASCII-Code (American Standard Code for Information Interchange) durch eine Zahl zwischen Null und 255 dargestellt.

Mit der Funktion **ASCII** wird ein Zeichen in die entsprechende Zahl umgewandelt.

Syntax:

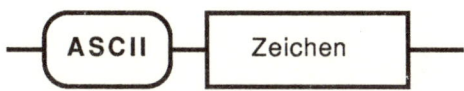

Wirkung: Funktionswert ist der ASCII-Code des jeweiligen Zeichens.

Mittels PR ASCII RC kann der ASCII-Code eines beliebigen von der Tastatur eingegebenen Zeichens gedruckt werden. Umgekehrt kann mit der Funktion **CHAR** der ASCII-Code wieder in das zugehörige Zeichen zurückverwandelt werden.

Syntax:

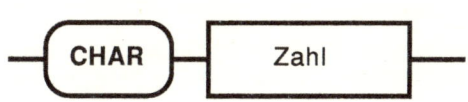

Wirkung: Funktionswert ist das Zeichen, dessen ASCII-Code der jeweiligen Zahl entspricht.

Da die Funktionen ASCII und CHAR zueinander invers sind, gilt für jede ganze Zahl :X mit $0 \leq :X \leq 255$

```
(ASCII CHAR :X) = :X
```

und für jedes Zeichen :Z

```
(CHAR ASCII :Z) = :Z.
```

Mit dem folgenden Programm TABASCII kann eine Tabelle des ASCII-Codes gedruckt werden:

```
TO TABASCII :A :B
IF :A > :B [STOP]
(PR :A CHAR :A)
TABASCII :A+1 :B
END
```

Durch den Aufruf TABASCII 33 64 wird die folgende Tabelle gedruckt:

```
33 !                              49 1
34 "                              50 2
35 #                              51 3
36 $                              52 4
37 %                              53 5
38 &                              54 6
39 '                              55 7
40 (                              56 8
41 )                              57 9
42 *                              58 :
43 +                              59 ;
44 ,                              60 <
45 -                              61 =
46 .                              62 >
47 /                              63 ?
48 0                              64 @
```

Achtung: Die Ausgabe von speziellen Steuerzeichen kann bei manchen Computersystemen verblüffende Wirkungen am Bildschirm erzeugen, die nur schwer wieder rückgängig gemacht werden können!

Die Funktion CODE wandelt einen eingelesenen Buchstaben in einen "Geheimcode" um, der entsteht, indem der zyklisch im Alphabet um 3 Stellen weiter stehende Buchstabe ausgegeben wird:

```
TO CODE :X
IF :X < "X [OP CHAR (ASCII :X) + 3]
OP CHAR (ASCII :X) - 23
END
```

Der Aufruf

```
PR CODE "A
```

druckt zum Beispiel den Buchstaben D, durch den Aufruf

```
PR CODE RC
```

kann der Code für ein eingelesenes Zeichen gedruckt werden.

Mit Hilfe der Eingabefunktion RC kann die Turtle auch durch Tastendruck gesteuert werden. Die folgende Prozedur TURTLE erlaubt es zum Beispiel, die Turtle mit der "Geschwindigkeit" v über den Bildschirm zu bewegen:

```
TO TURTLE :X :V
FD :V
IF (ASCII :X) = 11 [LT 15 TURTLE RC :V]
IF (ASCII :X) = 13 [RT 15 TURTLE RC :V]
IF  :X = "+ [TURTLE RC :V+1]
IF  :X = "- [TURTLE RC :V-1]
END
```

Nach dem Aufruf TURTLE RC 5 bewegt sich die Turtle mit jedem Tastendruck um 5 Schritte weiter. Mit den Tasten + und – kann die Schrittweite erhöht beziehungsweise erniedrigt werden. Mit den Cursortasten kann die Turtle nach links beziehungsweise nach rechts gesteuert werden. (Achtung: Die ASCII-Codes für die Cursortasten können bei unterschiedlichen Computersystemen abweichen!)

Die Funktion **KEYP** erlaubt die Abfrage, ob eine Taste gedrückt wurde oder nicht, – entsprechend ist der Funktionswert von KEYP TRUE oder FALSE.

Syntax:

Wirkung: Der Funktionswert ist TRUE, wenn ein noch nicht verarbeitetes Zeichen im Eingabepuffer steht, andernfalls FALSE.

Beispielsweise kann mit Hilfe der Funktion KEYP die Turtle "automatisch" geradeaus laufen, solange keine Steuertaste gedrückt wird:

```
TO TURTLE :X :V
FD :V
IF KEYP [TURTLE RC :V ]
IF (ASCII :X) = 11 [LT 15 TURTLE RC :V]
IF (ASCII :X) = 13 [RT 15 TURTLE RC :V]
IF :X = "+ [TURTLE RC :V+1]
IF :X = "- [TURTLE RC :V -1]
END
```

Nach dem Aufruf TURTLE RC 5 kann die Turtle mit einer beliebigen Taste "gestartet" werden.

Die Funktion **WORD** erlaubt es, ein Wort aus zwei Bestandteilen zusammenzusetzen.

Syntax:

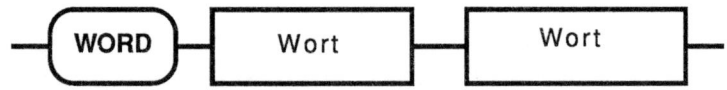

Wirkung: Der Funktionswert ist das aus den beiden Parametern zusammengesetzte Wort. Die Parameter können Zeichen oder selbst Wörter sein.

Der Befehl

```
PR WORD "MILCH  "KUH
```

druckt zum Beispiel das Wort MILCHKUH.

Der Befehl

```
(PR "MILCH "KUH)
```

druckt im Gegensatz dazu die beiden Wörter MILCH und KUH, getrennt durch ein Leerzeichen.

Mit Hilfe der Funktion WORD kann zum Beispiel eine Dezimalzahl in das Dualsystem (Basis 2) umgewandelt werden:

```
TO DUAL :X
IF :X < 2 [OP :X]
OP WORD (DUAL DIV :X 2) (REMAINDER :X 2)
END
```

Auf ähnliche Weise kann eine Dezimalzahl in das Sedezimalsystem (Basis 16) umgewandelt werden:

```
TO SEDEZ :X
IF :X < 16 [OP HEX :S]
OP WORD (SEDEZ DIV :X 16)(HEX REMAINDER :X 16)
END
```

Anstelle der Basis 2 für das Dualsystem wird für das Sedezimalsystem die Basis 16 verwendet. Da im Sedezimalsystem die Buchstaben A bis F für die Zahlenwerte 10 bis 15 verwendet werden, liefert die Funktion HEX das dem Zahlenwert entsprechende Zeichen:

```
TO HEX :X
IF :X < 10 [OP :X]
OP CHAR ((ASCII "A) + :X-10)
END
```

Der Aufruf

```
PR SEDEZ 1234
```

liefert zum Beispiel das Wort `4D2`.

Der Aufruf

```
PR DEZI "4D2
```

liefert zum Beispiel die Zahl `1234`.

Soll ein Wort aus mehr als zwei Bestandteilen zusammengesetzt werden, so kann der gesamte Aufruf von WORD in runde Klammern eingeschlossen werden.

Syntax:

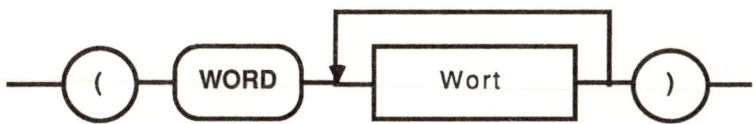

Wirkung: Der Funktionswert ist das aus beliebig vielen Parametern zusammengesetzte Wort. Die Parameter können Zeichen oder selbst Wörter sein.

```
PR (WORD "ALPEN "OST "RAND)
```

zum Beispiel druckt den Text `ALPENOSTRAND`.

Mit Hilfe der Funktion **RC** und **WORD** kann ein ganzes Wort von der Tastatur eingelesen werden:

```
TO READWORD
OP RW RC
END

TO RW :X
IF (ASCII :X) = 13 [OP " ]
IF :X = " [OP " ]
OP WORD :X RW RC
END
```

Der Aufruf

```
PR READWORD
```

druckt zum Beispiel das eingegebene Wort wieder aus. (Das Wort wird durch ein Leerzeichen oder die RETURN-Taste abgeschlossen.)

Wird RC durch CODE RC ersetzt, so kann das eingegebene Wort in den "Geheimcode" umgewandelt werden.

Mittels der Funktion READWORD kann auch ein Dialog mit dem Computer geführt werden, zum Beispiel:

```
TO DIALOG
PR [WILLST DU EINEN STERN ZEICHNEN? ]
IF READWORD = "JA [STERN 60 STOP]
PR "SCHADE
END
```

Wenn das eingelesene Wort aus Ziffern besteht, so kann es auch als Zahl weiterverarbeitet werden, zum Beispiel:

```
TO FRAGE :X :Y
(PR  [WIEVIEL IST] :X "MAL :Y "?)
IF READWORD = :X*:Y [PR "RICHTIG STOP]
PR "FALSCH
END
```

Der Aufruf kann auch mit zufällig gewählten Parametern erfolgen, zum **Beispiel**

```
FRAGE RANDOM 10 RANDOM 10
```

Selbstverständlich kann das Programm auch so ergänzt werden, daß es im Fall einer falschen Antwort die Frage wiederholt

```
TO FRAGE :X :Y
(PR   [WIEVIEL IST] :X "MAL :Y "?)
IF READWORD = :X*:Y [PR "RICHTIG STOP]
PR[FALSCH, PROBIER'S NOCHMAL]
FRAGE :X :Y
END
```

oder die richtige Antwort bekanntgibt:

```
TO FRAGE :X :Y
(PR   [WIEVIEL IST] :X "MAL :Y "?)
IF READWORD = :X*:Y [PR "RICHTIG STOP]
(PR "FALSCH, :X "MAL :Y "IST :X*:Y)
END
```

Mit den Funktionen **FIRST** und **LAST** kann das erste beziehungsweise letzte Zeichen eines Wortes herausgegriffen werden.

Syntax :

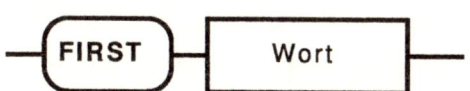

Wirkung: Der Funktionswert ist das erste Zeichen des Wortes.

Syntax :

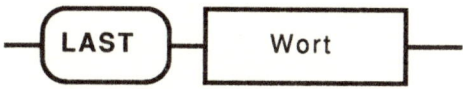

Wirkung: Der Funktionswert ist das letzte Zeichen des Wortes.

Zum Beispiel druckt

```
PR FIRST "LOGO
```

den Buchstaben L,

```
PR LAST "LOGO
```

den Buchstaben O.

Die Funktion **BUTFIRST (BF)** und **BUTLAST (BL)** liefern den Rest des Wortes mit Ausnahme des ersten beziehungsweise des letzten Zeichens.

Syntax:

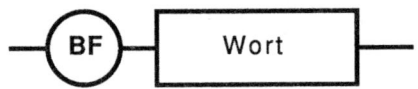

Wirkung: Der Funktionswert ist das Wort ohne das erste Zeichen.

Syntax :

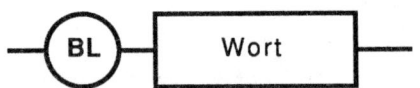

Wirkung: Der Funktionswert ist das Wort ohne das letzte Zeichen.

Entsprechend liefert

```
BF "LOGO
```

das Wort "OGO

```
BL "LOGO
```

hingegen "LOG.

Die folgende Funktion VERKEHRT dreht zum Beispiel die Zeichen eines Wortes um:

```
TO VERKEHRT :X
IF :X = " [OP " ]
OP WORD LAST :X VERKEHRT BL :X
END
```

Der Befehl PR VERKEHRT "NEGER druckt zum Beispiel das Wort REGEN. Durch doppelte Anwendung von VERKEHRT wird die ursprüngliche Reihenfolge wieder hergestellt:

```
PR VERKEHRT VERKEHRT "NEGER
```

druckt NEGER

(Die Funktion VERKEHRT ist zu sich selbst invers!)

Die Funktion VERKEHRT wurde so programmiert, daß das Ergebnis aus dem letzten Zeichen (LAST :X) und dem umgedrehten Rest (BL :X) zusammengesetzt wird.

Selbstverständlich kann die Funktion auch so definiert werden, daß das erste Zeichen (FIRST :X) hinten an den umgedrehten Rest (BF :X) angefügt wird:

```
TO VERKEHRT :X
IF :X = " [OP "]
OP WORD VERKEHRT BF :X FIRST :X
END
```

Es soll eine Funktion PALINDROM :X programmiert werden, die das Ergebnis "TRUE genau dann liefert, wenn das Wort X von vorne und von hinten gelesen gleich ist. (Ein solches Wort – wie zum Beispiel das Wort RADAR – wird als **Palindrom** bezeichnet.)

Natürlich kann das Wort :X mit dem verkehrten Wort verglichen werden:

```
TO PALINDROM :X
OP :X = VERKEHRT :X
END
```

Es kann aber auch jeweils der erste mit dem letzten Buchstaben verglichen werden:

```
TO PALINDROM :X
IF :X = " [OP "TRUE]
IF (BF :X) = " [OP "TRUE]
IF (FIRST :X) = (LAST :X) [OP PALINDROM BF BL :X]
OP "FALSE
END
```

Die Funktionen FIRST, LAST, BF und BL lassen sich auf Zahlen ebenso anwenden wie auf Wörter.

Die folgende Funktion INC :X erhöht (= inkrementiert) zum Beispiel eine Dualzahl X um Eins:

```
TO INC :X
IF :X =" [OP 1]
IF LAST :X = 0 [OP WORD BL :X "1]
OP WORD INC BL :X "0
END
```

Falls die letzte Ziffer Null ist, so wird diese durch Eins ersetzt. Andernfalls wird die letzte Ziffer Null gesetzt und der vordere Anteil um Eins erhöht (inkrementiert). Reicht die Stellenanzahl nicht aus (:X ="), so wird vorne eine Ziffer 1 angehängt (OP 1). Würde statt dessen der leere Text (OP) geliefert, so entstünde ein "Modulo"-Zähler, der nach der größten Zahl wieder auf Null zurückgesetzt würde.

Zur Überprüfung, ob bei der Speicherung oder Übertragung einer Dualzahl ein Bit gestört wurde, wird häufig ein zusätzliches Prüfbit verwendet. Dieses Prüfbit – auch Paritybit genannt – wird zum Beispiel so gesetzt, daß die Anzahl der Einser im gesamten Wort ungerade wird (man spricht dann von ungerader Parität).

Zum Beispiel wird zur Zahl 01101001 ein Prüfbit 1 hinzugefügt, zur Zahl 01101101 hingegen ein Prüfbit 0. Später kann überprüft werden, ob die Anzahl der Einser gerade ist oder – durch Störung eines einzelnen Bits – ungerade geworden ist. Auf diese Weise können Fehler erkannt werden, die nur ein einzelnes Bit betreffen. (Falls mehrere Bits gestört sein können, ist diese Methode nicht anwendbar.)

Die folgende Funktion PARITAET :X liefert als Ergebnis Null, wenn die Anzahl der Einser von X gerade ist, und Eins, wenn die Anzahl der Einser ungerade ist.

(Weil bei einer Dualzahl die Anzahl der Einser gleich der Ziffernsumme ist, berechnet die Funktion PARITAET :X die Ziffernsumme modulo 2.)

```
TO PARITAET :X
IF :X = " [OP "0]
IF (FIRST :X) = PARITAET BF :X [OP "0]
OP "1
END
```

Mit

```
WORD :X PARITAET :X
```

kann an ein Wort X ein Prüfbit angefügt werden, mit

```
IF (PARITAET :X) = 1 …
```

kann überprüft werden, ob die Parität stimmt.

Eine solche Prüfziffer kann auch für Dezimalzahlen als Ziffernsumme modulo 10 berechnet werden.

Zur Berechnung der Ziffernsumme einer Dezimalzahl X kann die folgende Funktion SUM :X verwendet werden:

```
TO SUM :X
IF :X = " [OP 0]
OP (FIRST :X) + (SUM BF:X)
END
```

Die Prüfziffer ist die letzte Ziffer dieser Ziffernsumme. Mit

```
WORD :X LAST SUM :X
```

wird die Prüfziffer an die Zahl X angehängt. Mit der Abfrage

```
IF (LAST SUM BL :X) = LAST :X …
```

kann überprüft werden, ob die Prüfziffer stimmt.

Interessant ist es auch, die Anzahl der Zeichen in einem Wort W zu berechnen:

```
TO ANZ :W
IF :W = " [OP 0]
OP 1 + ANZ BF :W
END
```

Ist das Wort leer (:W = "), so ist das Ergebnis Null, sonst ist der Funktionswert um 1 größer als die Anzahl der Zeichen im restlichen Wort (BF :W).

Der Aufruf

```
PR ANZ "LOGO
```

liefert zum Beispiel das Ergebnis 4.

In den meisten LOGO-Versionen steht für die Berechnung der Anzahl der
Zeichen eines Wortes standardmäßig die Funktion **COUNT** zur Verfügung.

Syntax:

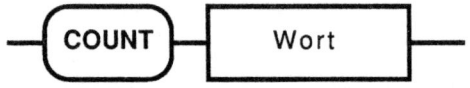

Wirkung: Der Funktionswert ist die Anzahl der Zeichen des jeweiligen
Wortes.

Um ein nachträgliches Hinzufügen von führenden Ziffern zu erschweren,
werden Geldbeträge oft mit sogenannten Scheckschutzsternen versehen, zum
Beispiel

```
                        *****123
oder                    ***12345
```

Die Funktion SCHECKSCHUTZ füllt die Zahl Z so mit Scheckschutzsternen
auf, daß das Ergebnis aus N Zeichen besteht:

```
TO SCHECKSCHUTZ :N :Z
IF :N > COUNT :Z [OP SCHECKSCHUTZ :N WORD "* :Z]
OP :Z
END
```

Der Aufruf

```
PR SCHECKSCHUTZ 8 123
```

zum Beispiel druckt die Zahl 123 in der gewünschten Form:

```
*****123
```

Anstelle von Sternen können selbstverständlich auch beliebige andere Zeichen
eingesetzt werden. Durch Einfügen der entsprechenden Anzahl von Leer-

zeichen zum Beispiel können Zahlen entsprechend ihrem Stellenwert unter-
einander gedruckt werden:

```
TO FORMAT :N :Z
IF :N > COUNT :Z [OP FORMAT :N WORD "\ :Z]
OP :Z
END
```

Damit kann die Tabelle der Faktoriellen formschön ausgegeben werden:

```
TO TAB :A :B :S
IF :A > :B [STOP]
(PR FORMAT 2 :A FORMAT 10 FAK :A)
TAB :A+:S :B :S
END
```

```
TAB 1 12 1
   1          1
   2          2
   3          6
   4         24
   5        120
   6        720
   7       5040
   8      40320
   9     362880
  10    3628800
  11   39916800
  12  479001600
```

Um auch nicht-ganze Zahlen ihrem Stellenwert entsprechend drucken zu
können, kann mit der Funktion GANZ der ganzzahlige Anteil abgetrennt
werden:

```
TO GANZ :Z
IF :Z = " [OP " ]
IF (FIRST :Z) = ". [OP " ]
OP WORD FIRST :Z GANZ BF :Z
END
```

und in der Funktion FORMAT der Aufruf COUNT :Z durch
COUNT GANZ :Z ersetzt werden:

```
TO FORMAT :N :Z
IF :N > COUNT GANZ :Z [OP FORMAT :N WORD "\ :Z]
OP :Z
END
```

Mit der Prozedur TABPOT

```
TO TABPOT :X :Y :N :MAX
IF :N>:MAX [STOP]
(PR FORMAT 2 :N FORMAT 6 :X FORMAT 3 :Y)
TABPOT :X*2 :Y/2 :N+1 :MAX
END
```

wird zum Beispiel eine Tabelle der positiven und negativen Potenzen[1] von 2 erstellt durch den Aufruf:

```
TABPOT 1 1 0 16

 0       1   1
 1       2   0.5
 2       4   0.25
 3       8   0.125
 4      16   0.0625
 5      32   0.03125
 6      64   0.01563
 7     128   0.00781
 8     256   0.00391
 9     512   0.00195
10    1024   0.00098
11    2048   0.00049
12    4096   0.00024
13    8192   0.00012
14   16384   0.00006
15   32768   0.00003
16   65536   0.00002
```

Oft möchte man auch überprüfen, ob ein bestimmtes Zeichen in einem Wort enthalten ist (diese Überprüfung ist zum Beispiel für das beliebte Galgenspiel "Hangman" unentbehrlich!). Die folgende Funktion ENTHALTEN liefert das Ergebnis TRUE genau dann, wenn das Zeichen X im Wort W enthalten ist:

```
TO ENTHALTEN :X :W
IF :W = " [OP "FALSE]
IF :X = FIRST :W [OP "TRUE]
OP ENTHALTEN :X BF :W
END
```

---

[1] Anmerkung: Bei manchen LOGO-Versionen kann eine höhere als 5-stellige Genauigkeit erzielt werden.

Falls das Wort W leer ist, (:W = "), so kann X nicht in W enthalten sein (OP "FALSE). Ist zufällig X gleich dem ersten Zeichen, von W (:X = FIRST :W), so ist das Ergebnis TRUE (OP "TRUE). Falls keiner der beiden Sonderfälle zutrifft, so wird überprüft, ob X im Rest von W (BF :W) enthalten ist (OP ENTHALTEN :X BF :W).

Der Aufruf

```
PR ENTHALTEN "O "LOGO
```

liefert zum Beispiel das Ergebnis TRUE,

```
PR ENTHALTEN "A "LOGO
```

druckt hingegen FALSE.

In manchen LOGO-Versionen steht für die Überprüfung, ob ein Zeichen in einem Wort enthalten ist, die Funktion **MEMBERP** standardmäßig zur Verfügung.

Syntax:

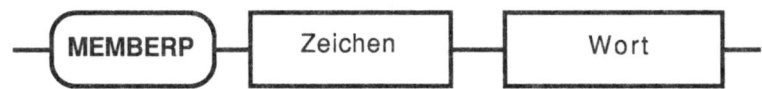

Wirkung: Der Funktionswert ist TRUE, falls das Zeichen im Wort enthalten ist, FALSE, falls das Zeichen im Wort nicht enthalten ist.

Mit Hilfe der Funktion MEMBERP können auch Mengenoperationen programmiert werden. Faßt man die Zeichen eines Wortes als Menge auf, so überprüft zum Beispiel die Funktion MEMBERP, ob ein Element in einer Menge enthalten ist oder nicht.

Durch den Aufruf

```
MEMBERP :X "0123456789
```

wird zum Beispiel überprüft, ob das Zeichen X eine Ziffer ist. Anschaulicher kann diese Überprüfung als Funktion ZIFFER programmiert werden:

```
TO ZIFFER :X
OP MEMBERP :X "0123456789
END
```

Mit dieser Funktion kann zum Beispiel die Eingabe einer ganzen Zahl als Funktion READNUMBER (ähnlich READWORD) so programmiert werden, daß die Eingabe mit dem ersten Zeichen beendet wird, das keine Ziffer ist:

```
TO READNUMBER
OP RN RC
END


TO RN :X
IF ZIFFER :X [OP WORD :X RN RC]
OP "
END
```

Die Vereinigung von zwei Zeichenmengen X und Y kann gebildet werden, indem alle Elemente von Y, die nicht in X enthalten sind, an X angefügt werden:

```
TO VEREINIGUNG :X :Y
IF :Y = " [OP :X]
IF MEMBERP FIRST :Y :X [OP VEREINIGUNG :X BF :Y]
OP WORD VEREINIGUNG :X BF :Y FIRST :Y
END
```

Der Aufruf

```
PR VEREINIGUNG "TISCH "TUCH
```

liefert das Ergebnis TISCHU.

Der Durchschnitt zweier Zeichenmengen X und Y wird aus jenen Zeichen von X gebildet, die auch in Y enthalten sind:

```
TO DURCHSCHNITT :X :Y
IF :Y = " [OP "]
IF MEMBERP FIRST :Y :X
[OP WORD DURCHSCHNITT :X BF :Y FIRST :Y]
OP DURCHSCHNITT :X BF :Y
END
```

Der Aufruf

```
PR DURCHSCHNITT "TISCH "TUCH
```

liefert zum Beispiel das Ergebnis TCH.

Damit X Teilmenge von Y ist, müssen alle Elemente von X in Y enthalten sein:

```
TO TEILMENGE :X :Y
IF :X = " [OP "TRUE ]
IF MEMBERP FIRST :X :Y [OP TEILMENGE BF :X :Y]
OP "FALSE
END
```

Der Aufruf

```
PR TEILMENGE "NEGER "REGENBOGEN
```

liefert zum Beispiel das Ergebnis   TRUE.

Die folgende Funktion DISJUNCT überprüft, ob ein Wort aus verschiedenen Buchstaben besteht:

```
TO DISJUNCT :X
IF :X = " [OP "TRUE]
IF MEMBERP FIRST :X BF :X [OP "FALSE]
OP DISJUNCT BF :X
END
```

Der Aufruf

```
PR DISJUNCT "APFEL
```

liefert das Ergebnis TRUE,

der Aufruf

```
PR DISJUNCT "LOGO
```

hingegen FALSE.

Gelegentlich möchte man gerne wissen, ob ein Wort X vor einem anderen Wort Y in alphabetischer Reihenfolge kommt oder nicht. Die folgende Funktion VOR bewerkstelligt diese Überprüfung:

```
TO VOR :X :Y
IF :X = " [OP "TRUE]
IF :Y = " [OP "FALSE ]
IF (FIRST :X) = (FIRST :Y) [OP VOR BF :X BF :Y]
OP (FIRST :X) < (FIRST :Y)
END
```

Der Aufruf

```
PR VOR "ANTON "BERTA
```

liefert zum Beispiel das Ergebnis TRUE,

```
PR VOR "21 "123
```

hingegen liefert das Ergebnis FALSE.

(Das ist auch der Grund dafür, warum streng zwischen einem numerischen Vergleich – zum Beispiel durch < und > – und einem alphanumerischen Vergleich unterschieden wird.)

In vielen LOGO-Versionen ist ein alphanumerischer Vergleich, wie er durch die Funktion VOR erfolgt, standardmäßig durch die Funktion **BEFOREP** vorgesehen.

Syntax:

Wirkung: Der Funktionswert ist TRUE, wenn der erste Parameter in lexikographischer Reihenfolge vor dem zweiten Parameter zu stehen kommt, andernfalls FALSE.

Ebenso kann mit einer Funktion **EMPTYP** überprüft werden, ob ein Wort leer ist.

Syntax:

Wirkung: Der Funktionswert ist TRUE, wenn das Wort leer ist.

Ein Aufruf EMPTYP :X ist somit gleichbedeutend mit :X = " .

Auch der Zugriff zu einem Zeichen mit einer bestimmten Nummer kann leicht als Funktion programmiert werden:

```
TO ELEMENT :N :W
IF : N = 1 [OP FIRST :W]
OP ELEMENT :N-1 BF :W
END
```

Die gleiche Wirkung hat die eingebaute Funktion **ITEM**. Diese liefert jenes Zeichen eines Wortes, dessen Nummer angegeben wird.

Syntax:

Wirkung: Der Funktionswert ist jenes Zeichen, dessen Position innerhalb des Wortes der angegebenen Nummer entspricht.

Zum Beispiel liefert   `ITEM 3 "ABCDE`   den Buchstaben `C`.

Die folgende Funktion HEX liefert die dem Wert X entsprechende Sedezimalziffer. (Die Addition von 1 zu X erlaubt es, die Ziffer Null an erster Stelle anzuordnen.)

```
TO HEX :X
OP ITEM :X+1 "0123456789ABCDEF
END
```

5. LISTENVERARBEITUNG

Ähnlich wie ein Wort aus Zeichen besteht, besteht eine Liste aus Wörtern. Zum Beispiel ist

```
[ROT GELB BLAU]
```

eine Liste aus drei Wörtern. Listen werden in LOGO in eckigen Klammern eingeschlossen.

Die meisten Funktionen, die auf Wörter angewendet werden können, gelten sinngemäß auch für Listen.

Zum Beispiel liefert

FIRST [ROT GELB BLAU]	das Wort ROT
LAST [ROT GELB BLAU]	das Wort BLAU
BF [ROT GELB BLAU]	die Liste [GELB BLAU]
BL [ROT GELB BLAU]	die Liste [ROT GELB]
ITEM 2 [ROT GELB BLAU]	das Wort GELB
COUNT [ROT GELB BLAU]	den Wert 3
MEMBERP "GELB [ROT GELB BLAU]	den Wert TRUE

Im folgenden sind Syntax und Wirkung dieser Funktionen für Listen zusammengestellt:

Syntax:

Wirkung: Der Funktionswert ist das erste Element der Liste.

Syntax:

Wirkung: Der Funktionswert ist das letzte Element der Liste.

Syntax:

Wirkung: Der Funktionswert ist jene Liste, die verbleibt, wenn von der ursprünglichen Liste das erste Element entfernt wurde.

Syntax:

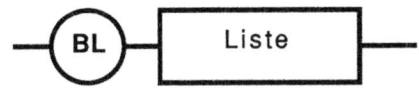

Wirkung: Der Funktionswert ist jene Liste, die verbleibt, wenn von der ursprünglichen Liste das letzte Element entfernt wurde.

Syntax:

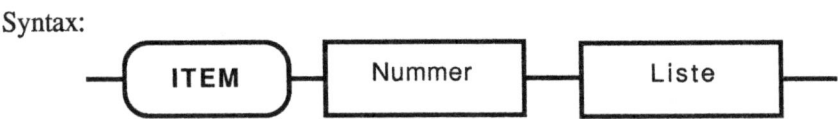

Wirkung: Der Funktionswert ist das Element der Liste mit der angegebenen Nummer.

Syntax:

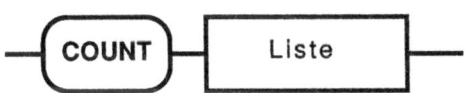

Wirkung: Der Funktionswert ist die Anzahl der Elemente in der Liste.

Syntax:

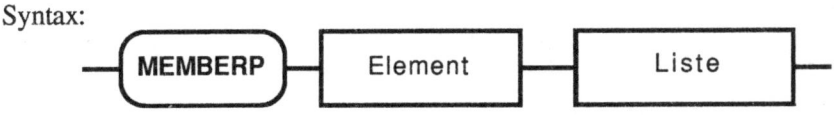

Wirkung: Der Funktionswert ist TRUE, wenn das Element in der Liste enthalten ist, andernfalls FALSE.

Die Verwendung von Listen soll zunächst an einigen Beispielen illustriert werden:

Beispiel: Zahlwörter

Zum Beispiel kann mit Hilfe der folgenden Funktion das zu einer Ziffer gehörige Zahlwort ermittelt werden.

```
TO ZIFFER :X
OP ITEM :X+1 [NULL EINS ZWEI DREI VIER FUENF SECHS
SIEBEN ACHT NEUN]
END
```

Der Aufruf `PR ZAHL 7`   druckt zum Beispiel den Text `SIEBEN`.

Die folgende Funktion `ZAHL :X` ermittelt aus einer mehrstelligen Zahl `X` den entsprechenden Text, zum Beispiel soll `ZAHL 123` den Text `EINHUNDERTDREIUNDZWANZIG` ausgeben.

```
TO ZAHL :X
IF :X=0 [OP "NULL]
IF :X=1 [OP "EINS]
IF :X < 1000 [OP 3STELLIG :X]
OP (WORD 3STELLIG DIV :X 1000 "TAUSEND
          3STELLIG REMAINDER :X 1000)
END


TO 3STELLIG :X
IF :X < 100 [OP 2STELLIG :X]
OP (WORD EINER FIRST :X "HUNDERT 2STELLIG BF :X)
END


TO 2STELLIG :X
IF :X=0 [OP " ]
IF :X < 10 [OP EINER :X]
IF (LAST :X)=0 [OP ZEHNER FIRST :X]
IF :X < 20
  [OP ITEM :X-10 [ELF ZWOELF DREIZEHN VIERZEHN
   FUENFZEHN SECHZEHN SIEBZEHN ACHTZEHN NEUNZEHN]]
OP (WORD EINER LAST :X "UND ZEHNER FIRST :X)
END


TO EINER :X
OP ITEM :X
   [EIN ZWEI DREI VIER FUENF SECHS SIEBEN ACHT NEUN]
END
```

```
TO ZEHNER :X
OP ITEM :X [ZEHN ZWANZIG DREISSIG VIERZIG FUENFZIG
            SECHZIG SIEBZIG ACHTZIG NEUNZIG]
END
```

Beispiel: Römische Zahlen

Um arabische in römische Zahlen umwandeln zu können, empfiehlt sich die
Verwendung einer Liste, deren einzelne Elemente jeweils das römische
Symbol und den zugehörigen Zahlenwert – fortlaufend nach Zahlenwerten
sortiert – enthalten:

```
TO "ZIFFERN
OP [[M 1000][CM 900][D 500][CD 400][C 100][XC 90]
    [L 50][XL 40][X 10][IX 9][V 5][IV 4][I 1]]
END
```

Daß auch aus zwei Buchstaben zusammengesetzte Symbole in dieser Liste aufscheinen, erleichtert die Programmierung der Umwandlung erheblich.

Um die nachfolgenden Programme übersichtlicher zu machen, werden
außerdem zwei Funktionen SYMBOL und WERT definiert, die jeweils das erste
beziehungsweise letzte Wort des ersten Listenelementes liefern:

```
TO SYMBOL :L
OP FIRST FIRST :L
END
```

```
TO WERT :L
OP LAST FIRST :L
END
```

Die Umwandlung einer arabischen Zahl z in die römische Darstellung ist jetzt
denkbar einfach. Drei Fälle sind zu unterscheiden (z ganzzahlig und nicht
negativ vorausgesetzt):

1) Wenn z den Wert Null hat, so ist das Ergebnis der Umwandlung das leere
   Wort (im römischen Zahlensystem gibt es keine Null!).

2) Wenn z kleiner ist als der erste Wert unserer Ziffernliste, wird die
   Umwandlung mit der um das erste Element verkürzten Ziffernliste
   vorgenommen.

3) Andernfalls ist das Ergebnis ein Wort, das mit dem ersten Symbol der
   Ziffernliste beginnt und an das sich die Darstellung der um den zugehörigen Wert verringerten Zahl im römischen Zahlensystem anschließt.

```
TO ROEMISCH :Z  :L
IF :Z = 0 [OP " ]
IF :Z < WERT :L [OP ROEMISCH  :Z BF :L]
OP WORD SYMBOL :L ROEMISCH :Z - WERT :L :L
END
```

Mit dem folgenden Testprogramm wird die Umwandlung aus zufällig gewählten Zahlen erprobt:

```
TO TESTROEMISCH :Z
(PR :Z "= ROEMISCH :Z  ZIFFERN)
TESTROEMISCH RANDOM 2000
END
```

Die Umwandlung einer römischen Zahl in das arabische Zahlsystem ist etwas schwieriger. Hier werden vier Fälle unterschieden:

1) Wenn die römische Zahl das leere Wort ist, dann ist das Ergebnis Null.

2) Wenn die Ziffernliste leer ist, dann ist die römische Zahl falsch aufgebaut, oder sie enthält unerlaubte Zeichen.

3) Wenn die römische Zahl mit dem ersten Symbol der Ziffernliste beginnt, so ist das Ergebnis der zugehörige Wert, erhöht um den Wert der restlichen römischen Zahl.

4) Andernfalls wird die römische Zahl mit der restlichen Ziffernliste umgewandelt.

Daß in der folgenden Funktion noch zwei weitere Fälle dazukommen, liegt daran, daß der Vergleich, ob die römische Zahl mit dem ersten Symbol der Ziffernliste beginnt, ein oder zwei Zeichen umfassen kann:

```
TO ARABISCH :R :L
IF :R = " [OP 0]
IF :L = [] [(PR :R [IST FALSCH]) OP 0]
IF (FIRST :R) = SYMBOL :L
   [OP (WERT :L) + ARABISCH BF :R :L]
IF (BF :R) = " [OP ARABISCH :R  BF :L]
IF (WORD FIRST :R FIRST BF :R) = SYMBOL :L
   [OP (WERT :L) + ARABISCH BF BF :R :L]
OP ARABISCH :R BF :L
END
```

Da die beiden Umwandlungen zueinander invers sind, muß jede Rückwandlung einer zuvor in das römische Zahlensystem umgewandelten Zahl wieder die ursprüngliche Zahl ergeben! Eine Erweiterung des Testprogrammes erleichtert diese Überprüfung:

```
TO TESTROEMISCH :Z
(PR :Z [=] ROEMISCH :Z ZIFFERN [=]
  ARABISCH (ROEMISCH :Z ZIFFERN) :ZIFFERN)
TESTROEMISCH RANDOM 2000
END
```

Achtung! Auf diese Weise werden keine "falschen" römischen Zahlen getestet!

Beispiel: Diagramme

Selbstverständlich können die Elemente einer Liste auch Zahlen sein. Eine solche Zahlenliste kann zum Beispiel dann zweckdienlich sein, wenn eine beliebige Anzahl von Parametern erforderlich ist.

Die folgende Prozedur zum Beispiel zeichnet ein Balkendiagramm, in dem die Höhe der Balken den Werten der Listenelemente entspricht:

```
TO DIAGRAMM :L
IF :L = [] [STOP]
BALKEN 20 FIRST :L
DIAGRAMM BF :L
END

TO BALKEN :X :Y
FD :Y RT 90
FD :X RT 90
FD :Y RT 90
FD :X
BK :X RT 90
END
```

Der Aufruf

```
DIAGRAMM [50 70 60 90 75 40]
```

liefert das folgende Balkendiagramm:

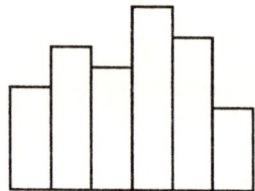

Um anstelle eines Balkendiagramms ein Kreisdiagramm zu zeichnen, in dem die Fläche der Sektoren zu den Parameterwerten proportional ist, muß die Summe aller Parameterwerte berechnet werden. Die folgende Funktion SUMME berechnet diese Summe:

```
TO SUMME :L
IF :L = [] [OP 0]
OP (FIRST :L) + SUMME BF :L
END
```

Die folgende Prozedur zeichnet das gewünschte Kreisdiagramm:

```
TO TORTE :R :L
SEKTOR :R :L SUMME :L
END

TO SEKTOR :R :L :S
IF :L=[] [STOP]
FD :R RT 90
REPEAT (FIRST :L)*360/:S [FD :R*PI/180 RT 1]
LT 90 BK :R
SEKTOR :R BF :L :S
END
```

Der Aufruf

```
TORTE 60 [50 70 30 80 30 40]
```

liefert das folgende Bild:

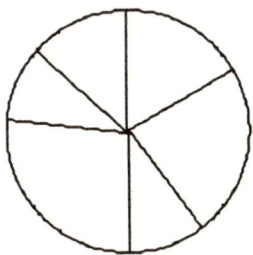

Konstruieren von Listen

Zur Eingabe einer Liste dient die Funktion **READLIST (RL)**.

Syntax:

Wirkung: Eine Textzeile, die aus mehreren Wörtern bestehen kann und durch RETURN abgeschlossen ist, wird von der Tastatur eingelesen.

Das Gegenstück zur Funktion WORD ist die Funktion **SENTENCE (SE)**. Diese dient zum Zusammensetzen zweier oder mehrerer Elemente zu einer einzigen Liste.

Syntax:

Wirkung: Der Funktionswert ist die aus den beiden Elementen zusammen-gesetzte Liste. Die Elemente können Wörter oder selbst wieder Listen sein.

Zum Beispiel liefert der Aufruf SE "ROT "GELB die Liste [ROT GELB]. Ebenso liefert der Aufruf SE [ROT GELB] "BLAU die Liste [ROT GELB BLAU].

Sollen mehrere Listen zu einer einzigen Liste zusammengefügt werden, so
kann der Aufruf in runde Klammern gesetzt werden.

Syntax:

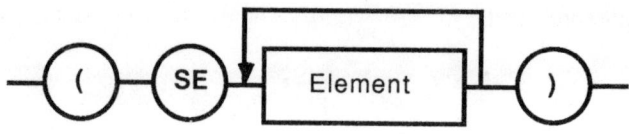

Zum Beispiel liefert (SE "ROT "GELB "BLAU) ebenfalls die Liste
[ROT GELB BLAU].

Mit der Funktion **LIST** kann aus zwei Elementen eine Liste gebildet werden.

Syntax:

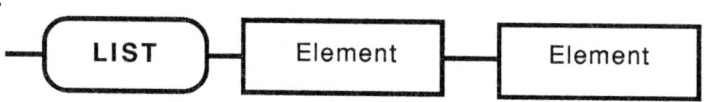

Wirkung: Der Funktionswert ist die aus den beiden Elementen zusammengesetzte Liste.

Zum Beispiel liefert der Aufruf LIST "ROT "GELB die Liste
[ROT GELB].

Im Unterschied zur Funktion SENTENCE bleibt die Listenstruktur jedoch
erhalten, wenn die einzelnen Elemente selbst Listen sind:

LIST [ROT GELB] "BLAU liefert das Ergebnis [[ROT GELB] BLAU].

Wird der Aufruf in runde Klammern eingeschlossen, so können beliebig viele
Elemente zu einer Liste zusammengefügt werden.

Syntax:

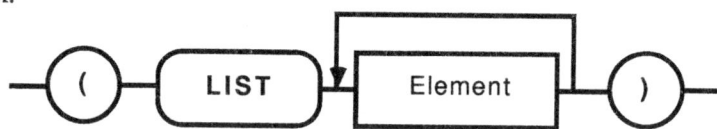

Wirkung: Der Funktionswert ist die aus allen Elementen zusammengesetzte
Liste.

Zum Beispiel liefert der Aufruf LIST ([ROT] [GELB] [BLAU]) die
Liste [[ROT] [GELB] [BLAU]].

Ebenso wie bei Texten kann mit der Funktion **EMPTYP** überprüft werden, ob
eine Liste leer ist.

Syntax:

Wirkung: Der Funktionswert ist TRUE, wenn die Liste leer ist.

Falls X eine Liste ist, ist ein Aufruf EMPTYP :X gleichbedeutend mit
:X = []. Falls X ein Wort ist, bedeutet jedoch EMPTYP :X dasselbe wie
:X = ".

Die Funktion EMPTYP ist daher universell auf Wörter wie auf Listen
anwendbar.

Zur Überprüfung, ob ein Parameter ein Wort oder eine Liste ist, dient die
Funktion **LISTP**.

Syntax:

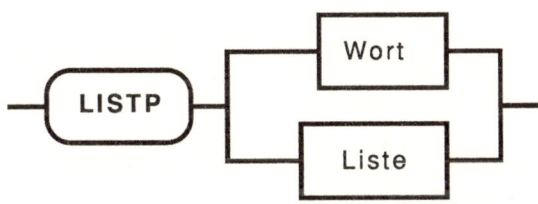

Wirkung: Der Funktionswert ist genau dann TRUE, wenn die Funktion LISTP
auf eine Liste angewendet wird.

So liefert zum Beispiel LISTP [HUND] den Wert TRUE, LISTP "HUND
hingegen den Wert FALSE. Auch auf die leere Liste angewandt liefert LISTP
den Wert TRUE.

Damit kann zum Beispiel eine Prozedur geschrieben werden, die die Gesamtanzahl der Wörter einer beliebig geschachtelten Liste zählt:

```
TO ANZ :X
IF EMPTYP :X [OP 0]
IF LISTP :X [OP (ANZ FIRST :X)+(ANZ BF :X)]
OP 1
END
```

Der Aufruf

```
ANZ [[DIE HEXE][REITET][AUF EINEM [ALTEN BESEN]]]
```

liefert zum Beispiel das Ergebnis 7.

Manche LOGO-Befehle benötigen eine Liste als Parameter. Der Befehl
SETPOS zum Beispiel setzt die Turtle auf einen Punkt mit jenen x- und y-
Koordinaten, die als Parameterliste übergeben werden.

Syntax:

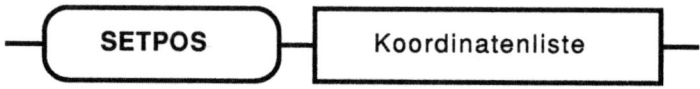

Wirkung: Die Turtle wird auf jenen Punkt positioniert, der die in der Koordinatenliste angegebenen x- und y-Koordinaten hat.

```
SETPOS [80 50]
```

beispielsweise bewegt die Turtle auf den Punkt mit den Koordinaten

```
X=80 und Y=50.
```

Auch mit dem Befehl SETPOS können – etwas anders als mit FD und RT –
geometrische Figuren gezeichnet werden. Zum Beispiel zeichnet die folgende
Prozedur ein Quadrat der Seitenlänge X:

```
TO QUAD :X
SETPOS LIST 0 :X
SETPOS LIST :X :X
SETPOS LIST :X :0
SETPOS LIST 0 0
END
```

Beispiel: Kurvenzeichnen

Mit Hilfe von SETPOS kann auch der Graph einer Funktion F :X gezeichnet werden, indem der Funktionswert durch kurze gerade Strecken angenähert wird. Die Prozedur STRECKE zeichnet den Funktionsverlauf von der momentanen Position der Turtle bis zum Intervallende MAX mit einer Schrittweite S:

```
TO STRECKE :X
IF :X > :MAX [STOP]
SETPOS LIST :X F :X
PD STRECKE :X+:S
END
```

Um die Turtle in die richtige Anfangsposition zu setzen und die Prozedur STRECKE mit den Parametern MAX und S zu versorgen, wird eine Rahmenprozedur KURVE definiert:

```
TO KURVE :X :MAX :S
PU STRECKE :X PD
END
```

Folgendes Bild entsteht durch den Aufruf einer Funktion F

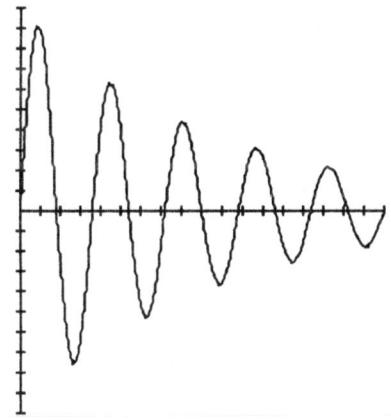

mittels Aufruf   ACHSEN [100 180 100]
                    KURVE 0 180 2

```
TO F :X
OP 100*(EXP -:X/100)*SIN 10*:X
END
```

Zum Zeichnen der Achsen wurde die Prozedur ACHSEN verwendet, die eine
Liste mit den Längen der Achsen abarbeitet:

```
TO ACHSEN :L
IF :L =[] [STOP]
REPEAT (FIRST :L)/10
        [FD 10 LT 90 FD 2 BK 4 FD 2 RT 90]
SETPOS [0 0]
RT 90
ACHSEN BF :L
END
```

Manche LOGO-Befehle erlauben eine Liste von Prozedurnamen als
Parameter. Der **EDIT**-Befehl (**ED**) zum Beispiel kann auch mehrere Prozeduren gleichzeitig in den Editor laden.

Syntax:

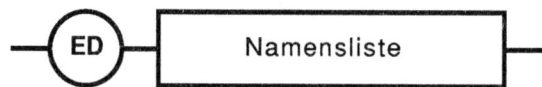

Wirkung: Alle in der Liste angegebenen Prozeduren und Funktionen werden
gemeinsam in den Editor geladen.

Zum Beispiel gestattet der Befehl

```
ED [TORTE SEKTOR SUMME]
```

das Editieren aller Prozeduren, die für das Kreisdiagramm benötigt werden.

Ebenso erlaubt es der **ERASE**-Befehl (**ER**), mehrere Prozeduren auf einmal
zu löschen:

Syntax:

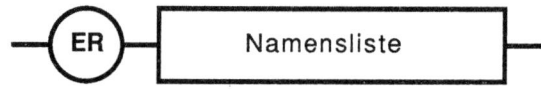

Wirkung: Alle in der Liste angegebenen Prozeduren und Funktionen werden
gelöscht.

An manchen Stellen eines LOGO-Programms treten Listen von Befehlen auf,
zum Beispiel die in eckige Klammern eingeschlossenen Befehlslisten, die
durch REPEAT wiederholt werden oder deren Ausführung nach IF von einer

Bedingung abhängt. Mit dem **RUN**-Befehl können Befehlslisten ausgeführt werden.

Syntax:

Wirkung: Alle in der Liste enthaltenen Befehle werden der Reihe nach ausgeführt.

Die folgende Prozedur erlaubt zum Beispiel die Auswahl eines Programms aus einem Menü:

```
TO MENUE :L
PR [WELCHES PROGRAMM SOLL AUSGEFUEHRT WERDEN?]
DRUCK 1 :L
PR [BITTE DIE GEWUENSCHTE NUMMER EINGEBEN:]
RUN (LIST ITEM READNUMBER :L)
END
```

Die Prozedur DRUCK dient dabei zum numerierten Ausdruck der einzelnen Listenelemente:

```
TO DRUCK :N :L
IF :L = [] [STOP]
(PR :N FIRST :L)
DRUCK :N+1 BF :L
END
```

Der Aufruf MENUE [STERN DREIECK QUADRAT] bewirkt den folgenden Ausdruck am Bildschirm:

```
WELCHES PROGRAMM SOLL AUSGEFUEHRT WERDEN?
1 STERN
2 DREIECK
3 QUADRAT
BITTE DIE GEWUENSCHTE NUMMER EINGEBEN:
```

Auf Grund der eingegebenen Nummer wird die Prozedur aus der Liste ausgewählt und ausgeführt. (Die Funktion LIST ist notwendig, um aus dem Prozedurnamen eine Befehlsliste zu machen. Die runden Klammern sind deswegen notwendig, weil die Funktion LIST zwei Parameter hat.)

Mit dem Befehl RUN können auch Ergebniswerte berechnet werden, zum
Beispiel druckt der Befehl

```
PR [3*4]
```

den Text   3*4,

```
PR RUN [3*4]
```

hingegen das Ergebnis 12!

Mit Hilfe von RUN können auch Formeln, die als Parameter übergeben
werden, ausgewertet werden. Die folgende Prozedur KURVE zeichnet zum
Beispiel jenen Kurvenverlauf, der durch Auswertung des Parameters Y
entsteht:

```
TO KURVE :X :MAX :S :Y
PU STRECKE :X PD
END

TO STRECKE :X
IF :X > :MAX [STOP]
SETPOS LIST :X RUN :Y
PD STRECKE :X+:S
END
```

Der folgende Aufruf zeichnet zum Beispiel die Funktion 30 sin 3x + 60 cos x
im Intervall von –180 bis 180 Grad:

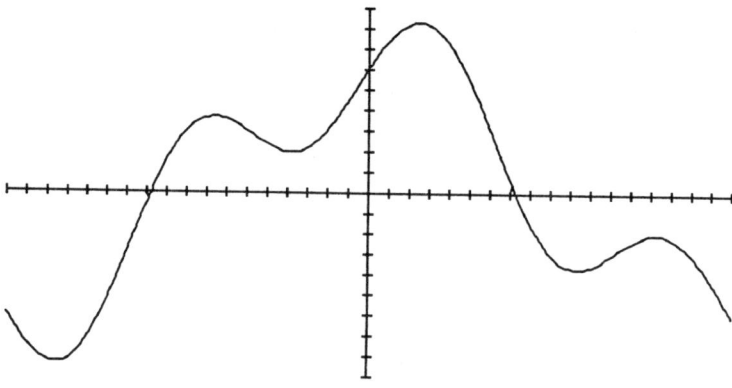

```
ACHSEN [90 180 90 180]
KURVE -180 180 2 [30*(SIN 3*:X)+60*COS :X]
```

Werden nicht nur die y-, sondern auch die x-Koordinaten jedes Kurven-
punktes auf Grund einer Formel berechnet, so lassen sich Kurven in Para-
meterdarstellung zeichnen:

```
TO KURVE :X :Y :P
IF :P < 0 [STOP]
SETPOS LIST RUN :X RUN :Y
KURVE :X :Y :P-1
END
```

Der Aufruf

```
KURVE [50*SIN :P] [50*COS :P] 500
```

zum Beispiel zeichnet einen Kreis mit dem Radius 50:

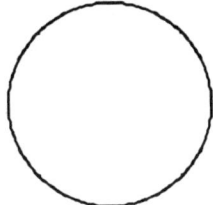

Der Aufruf

```
KURVE [60*SIN :P][40*COS :P] 360
```

zeichnet eine Ellipse mit den Achsen 60 und 40:

```
KURVE [60*SIN 3*:P] [60*COS 2*:P + 135] 2000
```

zeichnet eine Lissajoussche Figur:

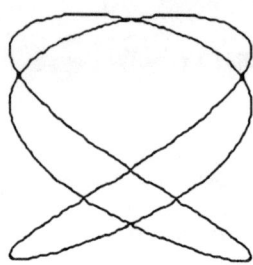

Durch den Aufruf

```
ACHSEN [100 100 100 100]
KURVE [80*POWER COS :P 3] [80*POWER SIN :P 3] 360
```

wird eine Asteroide mitsamt den Achsen gezeichnet:

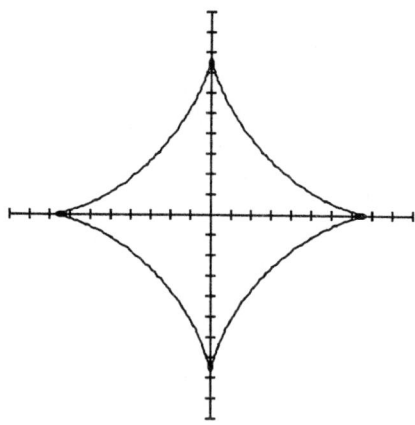

Die gemeine Zykloide, die durch Abrollen des Punktes eines Kreises auf einer Geraden entsteht, kann durch

```
ACHSEN [100 200]
KURVE [20*:P*PI/180 -20*SIN :P][20 -20*COS :P] 300
```

beschrieben werden:

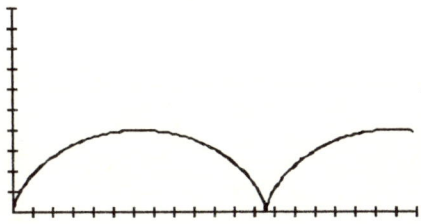

Durch Verlängerung der Parameter entsteht eine verlängerte Zykloide:

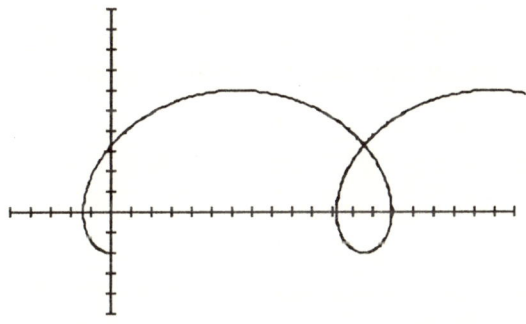

```
ACHSEN [100 200 50 50]
KURVE [20*:P*PI/180 - 40*SIN :P]
      [20 - 40*COS :P] 400
```

Ebenso können Epizykloiden als Rollkurven eines Kreises auf einem anderen gezeichnet werden:

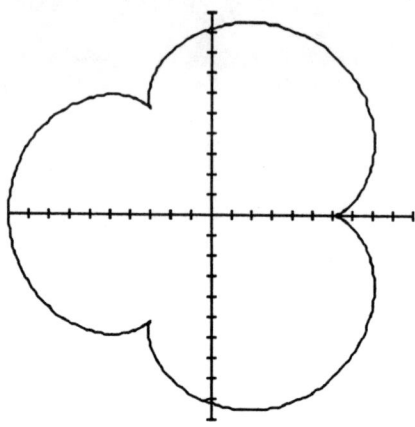

```
ACHSEN [100 100 100 100]
KURVE [80*(COS:P)- 20*COS 4*:P]
      [80*(SIN:P)- 20*SIN 4*:P] 600
```

In der obigen Epizykloide ist das Verhältnis der beiden Radien 3 (R=60, r=20), in der folgenden Epizykloide ist das Radienverhältnis 7 (R=70, r=10):

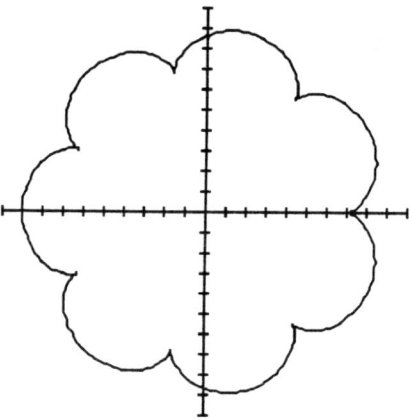

```
ACHSEN [100 100 100 100]
KURVE [80*(COS:P)- 10*COS 8*:P]
      [80*(SIN:P)- 10*SIN 8*:P] 600
```

Eine Sonderform der Epizykloide ist die Kordioide (R=r):

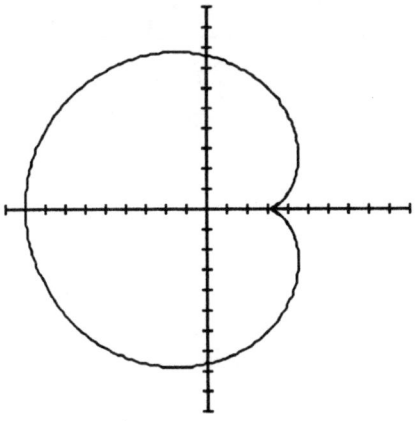

```
ACHSEN [100 100 100 100]
KURVE [30*(2*(COS:P)- COS 2*:P)]
       [30*(2*(SIN:P)- SIN 2*:P)] 500
```

Erweitern von Listen

Die Funktionen **FPUT** und **LPUT** dienen zum Anfügen eines Elementes vorne beziehungsweise hinten an eine Liste.

Syntax:

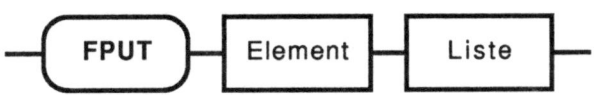

Wirkung: Der Funktionswert ist jene Liste, die entsteht, wenn an die ursprüngliche Liste ein Element vorne angefügt wird. Das Element kann ein Name oder selbst eine Liste sein.

Zum Beispiel:

```
FPUT "ROT [GELB BLAU]       liefert die Liste  [ROT GELB BLAU]
FPUT [ROT] [[GELB] [BLAU]]  liefert die Liste
                                  [[ROT] [GELB] [BLAU]]
FPUT FIRST :L BF :L         liefert wieder die ursprüngliche Liste L.
```

Syntax:

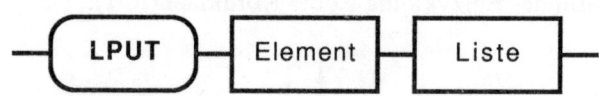

Wirkung: Der Funktionswert ist jene Liste, die entsteht, wenn an die ursprüngliche Liste das Element hinten angefügt wird.

Zum Beispiel:

```
LPUT "BLAU [ROT GELB]  liefert die Liste [ROT GELB BLAU]
LPUT LAST :L BL :L      liefert die ursprüngliche Liste L
```

Mit dem PRINT-Befehl können auch Listen ausgegeben werden (die eckigen Klammern werden allerdings nicht gedruckt).

```
PR [ROT GELB BLAU]
```

zum Beispiel druckt den Text

```
ROT GELB BLAU
```

Die einzelnen Elemente der Liste werden dabei nebeneinander in einer Zeile ausgegeben.

Beispiel: PASCALsches Dreieck

Das nach dem französischen Mathematiker Blaise Pascal benannte Pascalsche Dreieck hat die Form

```
                1
               1 1
              1 2 1
             1 3 3 1
            1 4 6 4 1
           1 5 10 10 5 1
          1 6 15 20 15 6 1
         1 7 21 35 35 21 7 1
        1 8 28 56 70 56 28 8 1
       1 9 36 84 126 126 84 36 9 1
```

Es entsteht, indem in jede Zeile die Summen je zweier benachbarter Elemente der darüber stehenden Zeile gesetzt werden.

Werden die Zahlenwerte einer Zeile in einer Liste L gespeichert, so kann mit
der Funktion NEXT aus einer Zeile die nächste berechnet werden:

```
TO NEXT :Z
IF (BF :Z) = [] [OP [1]]
OP FPUT (FIRST :Z) + (FIRST BF :Z) NEXT BF :Z
END
```

Die Prozedur PASCAL druckt die ersten N Zeilen des Pascalschen Dreiecks,
wobei am Beginn jeder Zeile eine entsprechende Anzahl Leerzeichen eingefügt wird:

```
TO PASCAL :N :Z
IF :N = 0 [STOP]
DRUCKE.ZENTRIERT 80 :Z
PASCAL :N-1 FPUT 1 NEXT :Z
END
```

Durch den Aufruf PASCAL 10 [1] entsteht der oben gezeigte Ausdruck.

Um einen in einer Liste enthaltenen Text zentriert auszugeben, kann mit Hilfe
der folgenden Funktion LNX die Anzahl der Zeichen dieses Textes ermittelt
werden:

```
TO LNX :Z
IF :Z = [] [OP 0]
OP (COUNT FIRST :Z)+1+LNX BF :Z
END
```

Die Prozedur DRUCKE.ZENTRIERT fügt so viele Leerzeichen ein, daß der
Text in die Mitte einer N Zeichen langen Zeile plaziert wird:

```
TO DRUCKE.ZENTRIERT :N :L
(PR BLANKS DIV (:N-LNX :L) 2 :L)
END
```

Um die entsprechende Anzahl von Leerzeichen zu erzeugen, wird die Funktion BLANKS verwendet:

```
TO BLANKS :N
IF :N = 0 [OP " ]
OP WORD "\  BLANKS :N-1
END
```

Die Aufruffolge

```
DRUCKE.ZENTRIERT 24 [DAS]
DRUCKE.ZENTRIERT 24 [IST EIN]
DRUCKE.ZENTRIERT 24 [ZENTRIERTER TEXT]
```

zum Beispiel druckt diese Listen in der gewünschten zentrierten Form:

```
                        DAS
                      IST EIN
                 ZENTRIERTER TEXT
```

Beispiel: Auszählreim

Eine bestimmte Anzahl von Kindern ist im Kreis aufgestellt. Beim Aufsagen eines Reimes wird – mit dem ersten Kind beginnend – mit jeder Silbe des Reimes zum nächsten Kind übergegangen. Jenes Kind, das der letzten Silbe zugeordnet ist, scheidet aus, und das Auszählen wird mit den restlichen Kindern wiederholt.

Gesucht sind die Namen der Kinder in der Reihenfolge ihres Ausscheidens. Obwohl das Ergebnis nur von der Anzahl der Silben und nicht vom Reim selbst abhängt, ist es anschaulich, die einzelnen Silben des Reimes in einer Liste zu speichern, zum Beispiel:

```
[AM DAM DES DIESE MALE PRES DIESE MALE PUMPERNES AM
DAM DES]
```

Ebenso können die Namen der Kinder – in der Reihenfolge ihrer Aufstellung – als Liste gespeichert werden, zum Beispiel:

```
[ANTON BERTA CAESAR DORA EMIL]
```

Anstatt beim Aufsagen einer Silbe auf das nächste Kind zu zeigen, ist es programmiertechnisch einfacher, jeweils das erste Kind an das Ende der Liste zu stellen. Das vorderste Kind der Liste ist dann immer das gerade betrachtete.

Beim Aufsagen einer Silbe sind drei Fälle zu unterscheiden:

1) Die Liste der Kinder ist leer – in diesem Fall ist die Aufgabe gelöst und die leere Liste das Ergebnis.

2) Die letzte Silbe des Reimes ist erreicht – in diesem Fall ist das vorderste
Kind der Sieger und scheidet aus, danach folgen die restlichen Kinder in
der Reihenfolge ihres Ausscheidens.

3) Andernfalls wird das Aufsagen der nächsten Silbe mit dem nächsten Kind
wiederholt.

In der folgenden Funktion bedeutet REIM den gesamten Reim, S die Liste der
noch aufzusagenden Silben und K die Liste der Kinder:

```
TO SIEGER :S :K
IF :K = [] [OP []]
IF :S = [] [OP FPUT FIRST :K SIEGER :REIM BF :K]
OP SIEGER BF :S LPUT FIRST :K BF :K
END
```

Durch ein Rahmenprogramm kann die Funktion SIEGER mit ihren Parametern versorgt werden:

```
TO AUSZAEHLEN :REIM :KINDER
(PR "AUS :KINDER " WIRD SIEGER :REIM :KINDER)
END
```

Aus ANTON BERTA CAESAR DORA EMIL wird durch den Aufruf

```
AUSZAEHLEN [AM DAM DES DIESE MALE PRES DIESE MALE
            PUMPERNES AM DAM DES]
           [ANTON BERTA CAESAR DORA EMIL]
```

das Ergebnis:

```
CAESAR DORA EMIL ANTON BERTA
```

Beispiel: Zufallssätze

Mittels der Funktion ZUFEL kann aus einer beliebigen Liste L zufällig ein
Element herausgegriffen werden:

```
TO ZUFEL :L
OP ITEM (RANDOM COUNT :L)+1 :L
END
```

Der Aufruf PR ZUFEL [ROT GELB BLAU] druckt zum Beispiel zufällig
eine der drei Farben.

Unter Verwendung der Funktion ZUFEL können auch zufällig zusammengesetzte "Sätze" erzeugt werden. Zum Beispiel druckt die Prozedur ZUFSATZ
"zufällig" einen Satz der Form HANS SINGT SCHOEN:

```
TO ZUFSATZ
(PR ZUFEL [ANNA HANS MARIA]
    ZUFEL [TANZT SPIELT SINGT]
    ZUFEL [LAUT LEISE LUSTIG SCHOEN])
END
```

Da die Elemente einer Liste selbst wieder Listen sein können, können die
Elemente eines solchen Zufallssatzes auch aus mehreren Wörtern bestehen.
Diese müssen allerdings zusätzlich in eckigen Klammern eingeschlossen sein:

```
TO ZUFSATZ
(PR ZUFEL [[DAS BOESE RUMPELSTILZCHEN]
           [DIE WITWE BOLTE]
           [DER GESTIEFELTE KATER]]
    ZUFEL [[STAMPFT MIT DEM FUSS]
           [GEHT]
           [SPRINGT]]
    ZUFEL [[AUF DEN BODEN]
           [IN DEN KELLER]
           [HOCH IN DIE LUFT]])
END
```

Mit Hilfe der Funktion ZUFEL kann zum Beispiel beim Üben des Einmaleins
im Programm FRAGE anstelle der Antwort RICHTIG oder FALSCH ein
zufälliger Text gedruckt werden:

```
TO FRAGE :X :Y
(PR [WIEVIEL IST ] :X "MAL :Y "?)
IF READWORD = :X*:Y
    [PR ZUFEL [STIMMT OK [SEHR GUT]] STOP]
PR ZUFEL [NEIN  [LEIDER FALSCH] UNSINN]
END
```

Sortieren einer Liste

Nehmen wir an, die Elemente einer Liste L sind bereits in alphabetisch steigend sortierter Reihenfolge angeordnet, zum Beispiel

[ANTON BERTA EMIL FRIEDRICH]

und es soll ein neues Element X an der richtigen Stelle eingefügt werden.

Dabei sind drei Fälle zu unterscheiden:

1) Falls die Liste L leer ist, besteht die Ergebnisliste nur aus dem Element X.

2) Falls X vor dem ersten Element der Liste L in alphabetischer Reihenfolge liegt, dann muß X vorne an die Liste L angefügt werden.

3) Andernfalls ist das Ergebnis eine Liste, an die – beginnend mit dem ersten Element von L – unter Hinzufügung des Elementes X an der richtigen Stelle der Rest der Liste L angehängt wurde.

Die folgende Funktion INSERT :X :L liefert als Funktionswert eine Ergebnisliste, in der das Element X an der richtigen Stelle in die sortierte Liste L eingefügt wurde, und befolgt dabei genau die oben angegebenen Regeln:

```
TO INSERT :X :L
IF :L =[] [OP (LIST :X)]
IF BEFOREP :X FIRST :L [OP FPUT :X :L]
OP FPUT FIRST :L INSERT :X BF :L
END
```

Der Aufruf   PR INSERT DORA [ANTON BERTA EMIL FRANZ]
liefert zum Beispiel das Ergebnis: ANTON BERTA DORA EMIL FRANZ

Auf Grund einer ganz ähnlichen Überlegung kann auch das Element X aus der Liste L entfernt werden – vorausgesetzt, es ist überhaupt in der Liste enthalten.

Für das Entfernen eines Elementes X aus einer Liste L sind die folgenden drei Fälle zu unterscheiden:

1) Falls die Liste L leer ist, ist das Element X offensichtlich nicht vorhanden.

2) Falls das erste Element von L zu entfernen ist, so ist das Ergebnis die restliche Liste.

3) Andernfalls ist das Ergebnis eine Liste, an die – beginnend mit dem ersten Element der ursprünglichen Liste L – nach Entfernung des Elementes X der Rest der Liste L angefügt ist.

```
TO DELETE :X :L
IF :L = [] [OP []]
IF :X = FIRST :L [OP BF :L]
OP FPUT FIRST :L DELETE :X BF :L
END
```

Die Funktion INSERT kann nun verblüffend einfach zum Sortieren einer unsortierten Liste verwendet werden. Hier genügt die Unterscheidung von zwei Fällen:

1) Falls die unsortierte Liste leer ist, so ist auch die sortierte Liste leer.

2) Andernfalls genügt es, das erste Element der unsortierten Liste an der richtigen Stelle der sortierten Restliste einzufügen.

Die folgende Funktion SORT befolgt diese Regeln und liefert als Ergebnis die sortierte Liste:

```
TO SORT :L
IF :L = [] [OP []]
OP INSERT FIRST :L SORT BF :L
END
```

Zum Beispiel liefert der Aufruf

```
PR SORT [KATZE MAUS ESEL AFFE]
```

den Ausdruck

```
AFFE ESEL KATZE MAUS
```

Wenn in der unsortierten Liste mehrere gleiche Elemente enthalten sind, so bleibt deren Reihenfolge erhalten – ein solches Sortierverfahren wird als stabil bezeichnet.

Durch eine zusätzliche Abfrage auf Gleichheit in der Funktion INSERT können mehrfach auftretende gleiche Elemente entfernt werden!

```
TO INSERT :X :L
IF :L =[] [OP [] ]
IF :X = FIRST :L [OP BF :L]
IF BEFOREP :X FIRST :L [OP FPUT :X :L]
OP FPUT FIRST :L INSERT :X BF :L
END
```

Die Funktion ist eine Kombination aus INSERT und DELETE!

Um fallend anstelle von steigend zu sortieren, kann in der Funktion INSERT entweder FIRST gegen LAST, BF gegen BL und FPUT gegen LPUT vertauscht werden,

```
TO INSERT :X :L
IF :L = [] [OP []]
IF BEFOREP :X LAST :L [OP LPUT :X :L]
OP LPUT LAST :L INSERT :X BL :L
END
```

oder – noch einfacher – es werden die Parameter der Vergleichsfunktion
vertauscht:

```
TO INSERT :X :L
IF :L = [] [OP []]
IF BEFOREP FIRST :L :X [OP FPUT :X :L]
OP FPUT FIRST :L INSERT :X BF :L
END
```

Während im ersten Fall die Reihenfolge gleicher Elemente umgestülpt wird,
bleibt sie in der zweiten Variante erhalten.

Große Datenmengen können rascher nach dem sogenannten Quicksort-Ver-
fahren sortiert werden. Dabei wird eine unsortierte Liste Z in zwei Teillisten
X und Y zerlegt, deren Elemente jeweils kleiner beziehungsweise größer als
ein Grenzelement G sind. Sobald die Liste Z leer ist, wird jede der Teillisten
sortiert und wieder zu einer einzigen Liste zusammengesetzt:

```
TO QUICK :X :G :Y :Z
IF :Z = [] [OP (SE SORT :X (LIST :G) SORT :Y)]
IF BEFOREP FIRST :Z :G
    [OP QUICK FPUT FIRST :Z :X :G :Y BF :Z]
OP QUICK :X :Z FPUT FIRST :Z :Y BF :Z
END
```

Die Funktion SORT hat nur noch die Aufgabe, den Aufruf von QUICK mit
leeren Listen X und Y und einem entsprechenden Grenzelement G zu versorgen:

```
TO SORT :L
IF :L = [] [OP []]
OP QUICK [] FIRST :L [] BF :L
END
```

Als Grenzelement kann der Einfachheit halber das erste Element der Liste
verwendet werden.

Nach einem ähnlichen Prinzip können die Elemente einer Liste auch in eine
"zufällige" Reihenfolge gebracht werden.

Die Funktion SHUTTLE bringt die Elemente ihres Parameters völlig "durcheinander":

```
TO SHUTTLE :L
IF :L = [] [OP []]
OP RNDM.LIST [] [] :L
END
```

```
TO RNDM.LIST :X :Y :Z
IF (BF :Z) = [] [OP (SE SHUTTLE :X :Z SHUTTLE :Y)]
IF 0 = RANDOM 2
   [OP RNDM.LIST FPUT FIRST :Z :X :Y BF :Z]
OP RNDM.LIST :X FPUT FIRST :Z :Y BF :Z
END
```

Wiederholte Aufrufe von PR SHUTTLE [ESEL HUND KATZE HAHN] liefern zum Beispiel die Ergebnisse

```
HUND ESEL HAHN KATZE
KATZE ESEL HUND HAHN
ESEL HAHN KATZE HUND
ESEL HUND HAHN KATZE
ESEL KATZE HAHN HUND
HUND ESEL KATZE HAHN
KATZE HAHN HUND ESEL
```

Zugriffsfunktionen

Auch ein Datum, das aus Tag, Monatsnummer und Jahreszahl zusammengesetzt ist, kann zum Beispiel als Liste dargestellt werden. So würde der Tag der ersten Mondlandung, der 21. Juli 1969, in der Form

```
[21 7 1969]
```

angeschrieben werden.

Mit den Funktionen TAG, MONAT und JAHR kann zu den einzelnen Komponenten eines Datums zugegriffen werden:

```
TO TAG :X
OP FIRST :X
END
```

```
TO MONAT :X
OP FIRST BF :X
END
```

```
TO JAHR :X
OP LAST :X
END
```

Die Verwendung solcher Zugriffsfunktionen macht die Programme weit übersichtlicher als ein Zugreifen mittels FIRST, LAST oder ITEM. Zum Beispiel kann mit der folgenden Funktion DATUM eine Datumsliste zu einem Satz zusammengesetzt werden:

```
TO DATUM :X
OP (SE WORD TAG :X ". MONAT.BEZ :X JAHR :X)
END
```

Die Funktion MONAT.BEZ hilft zur Ermittlung der gewünschten Monatsbezeichnung:

```
TO MONAT.BEZ :X
OP ITEM MONAT :X [JAN FEB MAERZ APRIL MAI JUNI
                  JULI AUG SEPT OKT NOV DEZ]
END
```

PR DATUM [21 7 1969] druckt zum Beispiel den Text

```
21. JULI 1969
```

Mit der folgenden Funktion GUELTIG kann überprüft werden, ob ein Datum dieses Jahrhunderts "gültig" ist:

```
TO GUELTIG :X
IF (TAG :X) < 1 [OP "FALSE]
IF (MONAT :X) < 1 [OP "FALSE]
IF (MONAT :X) > 12 [OP "FALSE]
IF (JAHR :X) < 1900 [OP "FALSE]
IF (JAHR :X) > 1999 [OP "FALSE]
IF (TAG :X) > (ULTIMO :X) [OP "FALSE]
OP "TRUE
END
```

Die Funktion ULTIMO dient zur Berechnung der Anzahl der Tage des jeweiligen Monates:

```
TO ULTIMO :X
OP ITEM MONAT :X ANZ.TAGE JAHR :X
END
```

Die Funktion ANZ.TAGE liefert die Liste der Anzahl der Tage jedes Monats eines Jahres unter Berücksichtigung von Schaltjahren:

```
TO ANZ.TAGE :JAHR
IF (REMAINDER :JAHR 4) = 0
[OP [31 29 31 30 31 30 31 31 30 31 30 31]]
OP [31 28 31 30 31 30 31 31 30 31 30 31]
END
```

Die Funktion ANZ.TAGE kann auch zur Berechnung der fortlaufenden Nummer eines Tages des jeweiligen Jahres verwendet werden:

```
TO NUMMER :X
IF (MONAT :X) = 1 [OP TAG :X]
OP (TAG :X)+NUMMER (LIST
                (ITEM (MONAT :X)-1 ANZ.TAGE JAHR:X)
                (MONAT :X-1)
                (JAHR :X))
END
```

Mit Hilfe der Funktion NUMMER können zum Beispiel auch Differenzen zwischen zwei Datumsangaben leicht berechnet werden:

```
TO DIFFERENZ :X :Y
IF (JAHR :X) < (JAHR :Y)
  [OP 1+(DIFFERENZ :X (LIST 31 12 JAHR :X))
        +DIFFERENZ (LIST 1 1 1+JAHR :X) :Y]
IF (JAHR :X) > (JAHR :Y) [OP -DIFFERENZ :Y :X]
OP (NUMMER :Y)-(NUMMER :X)
END
```

Das Programm XMAS druckt zum Beispiel die Anzahl der Tage bis Weihnachten:

```
TO XMAS :X
IF NOT GUELTIG :X
[(PR :X [IST KEIN GUELTIGES DATUM]) STOP]
(PR "VOM DATUM :X [BIS WEIHNACHTEN SIND ES NOCH]
     DIFFERENZ :X (LIST 24 12 JAHR:X) "TAGE")
END
```

Mit dem Aufruf XMAS RL kann das Programm getestet werden.

Die Funktion TAG.BEZ verwendet die Funktion NUMMER und die Formel für den "Ewigen Kalender" zur Berechnung des Wochentages eines Datums:

```
TO TAG.BEZ :DAT
OP ITEM 1+REMAINDER ((JAHR :DAT)-1
                    +(DIV (JAHR :DAT)-1 4)
                    -(DIV (JAHR :DAT)-1 100)
                    +(DIV (JAHR :DAT)-1 400)
                    +(NUMMER :DAT)) 7
        [SONNTAG MONTAG DIENSTAG MITTWOCH DONNERSTAG
FREITAG SAMSTAG]
END
```

Mit der Prozedur WOCHENTAG kann der Wochentag eines beliebigen Datums bestimmt und ausgegeben werden:

```
TO WOCHENTAG :DAT
(PR [DER] DATUM :DAT [IST EIN] TAG.BEZ :DAT)
END
```

Ein Aufruf von WOCHENTAG mit dem Parameter [18 6 1815], dem Datum der Schlacht bei Waterloo, liefert zum Beispiel die Ausgabe

```
DER 18. JUNI 1815 IST EIN SONNTAG
```

Speichern von Listen

Ähnlich wie eine Befehlsliste als Prozedur oder Funktion mit einem Namen versehen und gespeichert werden kann, können in LOGO auch Daten mit Hilfe des **MAKE**-Befehls unter einem bestimmten Namen gespeichert werden.

Syntax:

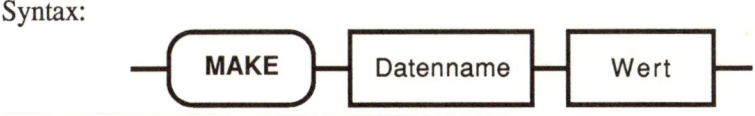

Wirkung: Der angegebene Wert wird gespeichert und kann unter dem zugehörigen Datennamen wieder zugegriffen werden.

Der gespeicherte Wert kann eine Zahl, ein Text oder eine Liste sein.

Wird zum Beispiel das heutige Datum an mehreren Stellen eines Programmes benötigt, so kann es durch das Programmstück

```
PR [BITTE DAS DATUM (TAG MONAT JAHR) EINGEBEN]
MAKE "HEUTE RL
```

eingelesen und gespeichert werden.

Mittels der Funktion **THING** kann der gespeicherte Wert wieder inspiziert werden.

Syntax:

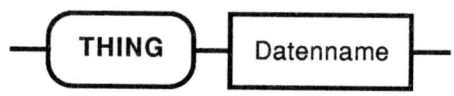

Wirkung: Der zuletzt unter dem Datennamen gespeicherte Wert wird als Ergebnis geliefert.

Das gespeicherte Datum kann zum Beispiel durch   `PR THING "HEUTE` wieder ausgegeben werden.

Genau genommen hat die Funktion `THING` die gleiche Wirkung wie der Doppelpunkt vor einem Parameternamen. Tatsächlich bewirkt auch ein vor einem Datennamen gesetzter Doppelpunkt das gleiche wie die Funktion `THING`, nämlich den Zugriff zu dem zuletzt gespeicherten Wert des Datennamens.

Durch   `PR DIFFERENZ :HEUTE (LIST 24 12 JAHR :HEUTE)` wird zum Beispiel die Anzahl der Tage bis Weihnachten berechnet und gedruckt.

Im Gegensatz zum Doppelpunkt erlaubt es die Funktion `THING` jedoch, daß die Datennamen, deren Werte zugegriffen werden sollen, selbst wieder als Werte einer Datenstruktur gespeichert sind. Die folgende Prozedur `DUMP` druckt zum Beispiel die Werte all jener Daten, deren Namen in einer Liste `L` als Parameter übergeben werden:

```
TO DUMP :L
IF :L=[] [STOP]
(PR FIRST :L [=] THING FIRST :L)
DUMP BF :L
END
```

Falls den Datenelementen entsprechende Werte durch das Programmstück

```
MAKE "NAME   [TILL EULENSPIEGEL]
MAKE "ADRESSE [KNEITLINGEN]
MAKE "TEL.NR [987654]
```

zugewiesen wurden, werden durch   DUMP [NAME ADRESSE TEL.NR]
die Werte der gespeicherten Daten in der folgenden Form ausgegeben:

```
NAME   = TILL EULENSPIEGEL
ADRESSE = KNEITLINGEN
TEL.NR = 987654
```

Das gleiche Ergebnis könnte man durch Speicherung der Datennamen in einer
Liste mittels MAKE "DATEN [NAME ADRESSE TEL.NR]
und den Aufruf DUMP :DATEN erzielen.

Ebenso wie gespeicherte Prozeduren und Funktionen können auch gespeicherte Daten mit Hilfe des Befehls **EDNS** (Edit Names) im Editor betrachtet
und gegebenenfalls verändert werden.

Syntax:

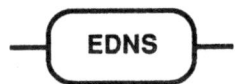

Wirkung: Alle gespeicherten Daten werden in den Editor geladen.

Mit den Befehlen SAVE und LOAD werden gemeinsam mit den gespeicherten Prozeduren und Funktionen auch alle Daten auf Diskette kopiert beziehungsweise wieder geladen. Schließlich können gespeicherte Daten auch mit
dem Befehl **ERN** (Erase Name) wieder gelöscht werden.

Syntax:

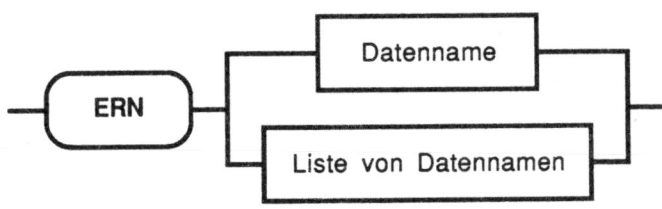

Wirkung: Die angegebenen Daten werden gelöscht.

Anstatt die zu löschenden Daten einzeln zu löschen, können die Datennamen auch als Liste übergeben werden, zum Beispiel:

```
ERN [NAME ADRESSE TEL.NR]
```

Ebenso kann auch der Name der Liste der zu löschenden Daten angegeben werden, zum Beispiel:

```
ERN :DATEN
```

Die durch den Befehl MAKE gespeicherten Daten können im gesamten Programm – auch innerhalb von Prozeduren und Funktionen – zugegriffen werden, unabhängig davon, an welcher Stelle im Programm der MAKE-Befehl ausgeführt wurde. Da der Gültigkeitsbereich das gesamte Programm umfaßt, werden diese Daten auch als **global** bezeichnet. Mit Hilfe des **LOCAL**-Befehles kann der Gültigkeitsbereich von Daten auf jene Prozedur oder Funktion eingeschränkt werden, in der der LOCAL-Befehl ausgeführt wurde.

Syntax:

Wirkung: Der Gültigkeitsbereich der angegebenen Daten wird auf die Prozedur oder Funktion beschränkt, in der der LOCAL-Befehl ausgeführt wurde.

Beim Verlassen der Prozedur oder Funktion werden die lokal vereinbarten Daten automatisch gelöscht. Ihr Gültigkeitsbereich ist somit der gleiche wie der der Parameter. Damit können Hilfsdaten gleichen Namens – ebenso wie Parameter – in unterschiedlichen Programmteilen verwendet werden, ohne daß Namenskonflikte auftreten.

Die folgende Prozedur verwendet lokale Daten zur Speicherung der Antworten eines Dialoges:

```
TO DIALOG
PR [WIE HEISST DU?]
LOCAL "NAME
MAKE "NAME RL
(PR [WANN BIST DU GEBOREN] :NAME "?)
LOCAL "GEB.DAT
MAKE "GEB.DAT RL
IF GUELTIG :GEB.DAT [PR SCHICKSAL :GEB.DAT :HOROSKOP]
...
END
```

Das verwendete Horoskop kann im Editor erstellt werden und besteht aus
einer Liste, die für jedes Sternzeichen ein Element enthält, zum Beispiel

```
MAKE "HOROSKOP
       [[[21 1] [WASSERMAENNER SIND HUMAN, HILFSBEREIT,
                BESITZEN GUTE MENSCHENKENNTNIS]]
        [[21 2] [FISCHEN IST EIN BEDUERFNIS, ZU DIENEN
                UND LEIDEN ZU LINDERN, EIGEN, DAS JEDOCH
                BEI STARKER AUSPRAEGUNG SCHWIERIGKEITEN
                BEREITEN KANN]]
        [[21 3] [WIDDER  SIND OFT AGGRESSIV, BEGEISTERT,
                KRIEGERISCH, EHRGEIZIG, WILLENSSTARK
                UND NEIGEN ZU EXTREMEN IM VERHALTEN]]
        [[21 4] [STIERE STREBEN NACH SICHERHEIT,  SIND
                BESITZERGREIFEND, EIGENSINNIG, NICHT
                LEICHT HERAUSZUFORDERN, AUSDAUERND,
                VERGNUEGUNGSSUECHTIG]]
        [[21 5] [ZWILLINGE SIND LIEBEVOLL, SEHR
                ANPASSUNGSFAEHIG, GEWANDT, MANCHMAL
                AUCH RASTLOS, LIEBEN WISSENSCHAFT UND
                LITERATUR]]
        [[21 6] [KREBSE SIND GEFUEHLVOLL BIS LAUNENHAFT,
                ZURUECKHALTEND, TIEFSINNIG, MIT EINEM
                HANG ZU INTUITION UND AHNENKULT]]
        [[21 7] [LOEWEN STROTZEN VOR SELBSTVERTRAUEN,
                SIND GROSSZUEGIG, REIZBAR. IHRE
                FAEHIGKEIT ZU FUEHREN SCHLAEGT MANCHMAL
                IN HERRSCHSUCHT UM.]]
        [[21 8] [JUNGFRAUEN SIND BESCHEIDEN, PLANEN
                METHODISCH. DIE NEIGUNG ZU GENAUIGKEIT
                KANN IN ZU STRENGE KRITIK AUSARTEN,
                SODASS SIE SICH IM UNWESENTLICHEN
                VERLIEREN UND DADURCH CHANCEN
                VERSAEUMEN.]]
        [[21 9] [DIE WAAGE MIT IHREM AUSGEPRAEGTEN
                GERECHTIGKEITSSINN BRAUCHT
                KAMERADSCHAFT UND MAG ALLES
                KUENSTLERISCHE]]
        [[21 10][SKORPIONE SIND WILLENSSTARK, ZAEH,
                GEFUEHLSSTARK MIT HANG ZUM FANATISMUS,
                KRITISCH]]
        [[21 11][SCHUETZEN SIND IDEALISTISCH,
                FLATTERHAFT, BEI GEFUEHLEN ZWIESPAELTIG
                VON OPTIMISMUS BIS SCHWERMUT, LIEBEN
                SPORT UND FREIE NATUR]]
        [[21 12][STEINBOECKE SIND RUHIG, EHRGEIZIG,
                SERIOES, GEBIETEND BIS
                BEFEHLSHABERISCH, MIT DER NEIGUNG ZU
                SELBSTUEBERSCHAETZUNG, STATUSBEWUSST]]
         [32 12][STEINBOECKE SIND RUHIG, EHRGEIZIG,
                SERIOES, GEBIETEND BIS
                BEFEHLSHABERISCH, MIT DER NEIGUNG ZU
                SELBSTUEBERSCHAETZUNG, STATUSBEWUSST]]]
```

Die Funktion SCHICKSAL zur Auswahl der richtigen Texte kann zum
Beispiel folgendermaßen definiert werden:

```
TO SCHICKSAL :X :L
IF (NUMMER :X) < (NUMMER :FIRST FIRST :L)
   [OP LAST LAST :L]
OP SCHICKSAL :X LPUT FIRST :L BF :L
END
```

Beispiel: Telefonverzeichnis

Es soll ein Telefonverzeichnis angelegt werden, das es gestattet, auf Grund
eines Namens die zugehörige Telefonnummer zu ermitteln. Weiters soll es
möglich sein, eine Telefonnummer zu ändern, eine Eintragung hinzuzufügen
und eine Eintragung zu löschen.

Die Auswahl der jeweiligen Aktion kann zum Beispiel durch ein Menü
gesteuert werden:

```
TO MENUE
PR [WOLLEN SIE EINE TELEFONNUMMER]
PR [1 SUCHEN]
PR [2 AENDERN]
PR [3 EINTRAGEN]
PR [4 STREICHEN ODER]
PR [5 AUFHOEREN?]
RUN ITEM RC [[SUCHEN] [AENDERN] [EINTRAGEN]
            [STREICHEN] [STOP]]
MENUE
END
```

Da die einzelne Aktion in hohem Maße von der Speicherung der Daten
abhängt, ist es notwendig, zunächst die Datenstrukturen festzulegen. Namen
und Telefonnummern können zum Beispiel als unsortierte Liste in der Form

```
[[EMIL 432198][ANTON 235476] [DORA 4432556]…]
```

gespeichert sein.

Die folgende Funktion TELNR :X :L liefert die zu einem Namen X
gehörige Telefonnummer oder – falls der Name nicht in der Liste L enthalten
ist – eine Fehlermeldung. Beim Aufsuchen der Telefonnummer werden drei
Fälle unterschieden:

1) Falls die Liste L leer ist, ist der gesuchte Name offensichtlich nicht
enthalten.
2) Falls zufällig das erste Element der Liste den gesuchten Namen enthält,
kann die Telefonnummer leicht ermittelt werden.
3) Andernfalls muß in der Restliste weitergesucht werden.

```
TO TELNR :X :L
IF :L = [] [OP SE :X [IST NICHT GESPEICHERT]]
IF :X = FIRST FIRST :L
   [OP(SE :X [HAT DIE NUMMER] LAST FIRST :L)]
OP TELNR :X BF :L
END
```

Der Dialog mit dem Benutzer kann dabei etwa folgendermaßen aussehen:

```
TO SUCHEN
PR [NAME:]
PR TELNR FIRST RL :TELLISTE
END
```

Ähnlich kann man den Dialog für das Entfernen einer Eintragung gestalten:

```
TO STREICHEN
PR [NAME:]
MAKE "TELLISTE DELETE FIRST RL :TELLISTE]
END

TO DELETE :X :L
IF :L = [][(PR :X [IST NICHT GESPEICHERT]) OP []]
IF :X = FIRST FIRST :L [OP BF :L]
OP FPUT FIRST :L DELETE :X BF :L
END
```

Beim Hinzufügen einer neuen Eintragung müssen Name und Telefonnummer
als Liste eingegeben werden und – zum Beispiel – vorne an die Telefonliste
angefügt werden:

```
TO EINTRAGEN
PR [NAME UND TELNR:]
MAKE "TELLISTE FPUT RL :TELLISTE
END
```

Das Ändern einer Telefonnummer kann zum Beispiel durch Eintragen von
Name und Telefonnummer in die Liste vorgenommen werden, nachdem die
alte Eintragung entfernt worden ist:

```
TO AENDERN
PR [NAME UND TELNR:]
MAKE "TELLISTE UPDATE RL
END

TO UPDATE :X
OP FPUT :X DELETE FIRST :X :TELLISTE
END
```

Alle Programme gehen davon aus, daß eine Telefonliste unter dem Namen
TELLISTE bereits vorhanden ist. Im einfachsten Fall kann von der leeren
Liste ausgegangen werden, die durch

```
MAKE "TELLISTE []
```

vor dem Aufruf von MENUE gebildet werden kann. Selbstverständlich ist es
aber auch möglich, die Telefonliste auf Diskette zu speichern und vor ihrer
Verwendung einzulesen. Das folgende Rahmenprogramm zeigt, wie dies
bewerkstelligt werden kann:

```
TO TELEFON
LADEN
MENUE
SPEICHERN
END

TO LADEN
PR [GESPEICHERTES TELEFONVERZEICHNIS VERWENDEN? (J/N)]
IF RC ="N [MAKE "TELLISTE []" STOP]
PR [DATEINAME:]
LOAD FIRST RL
END

TO SPEICHERN
PR [TELEFONVERZEICHNIS SPEICHERN? (J/N)]
IF RC ="N [STOP]
PR [DATEINAME:]
SAVE FIRST RL
END
```

Mit LOAD und SAVE können nicht nur Prozeduren, sondern auch Listen von
Disketten geladen beziehungsweise gespeichert werden. Dieser Lösungs-
vorschlag soll nur als Anregung dienen. Selbstverständlich können verschie-

dene Erweiterungen sinnvoll sein, wie etwa mehrere Telefonnummern pro Name, Vor- und Zuname, die Ausgabe eines alphabetisch nach Namen sortierten Telefonverzeichnisses und so fort.

Das Schmieden von Werkzeugen

Mit Hilfe von Befehlslisten, die mit dem RUN-Befehl ausgeführt werden, lassen sich in LOGO viele brauchbare Spracherweiterungen definieren.

Um zum Beispiel eine AKTION so lange wiederholt auszuführen, als eine BEDINGUNG erfüllt ist, kann eine Prozedur WHILE definiert werden:

```
TO WHILE :BEDINGUNG :AKTION
IF RUN :BEDINGUNG
   [RUN :AKTION WHILE :BEDINGUNG :AKTION]
END
```

Der Aufruf WHILE [(COUNT :X) < :N] [MAKE "X WORD "* :X] zum Beispiel füllt das Wort X so lange mit Sternchen auf, bis es aus N Zeichen besteht.

Die Prozedur UNTIL hingegen wiederholt AKTION so lange, bis die BEDINGUNG erfüllt ist:

```
TO UNTIL :BEDINGUNG :AKTION
RUN :AKTION
IF RUN :BEDINGUNG [STOP]
UNTIL :BEDINGUNG :AKTION
END
```

Mit Hilfe der Prozedur UNTIL kann zum Beispiel eine Frage so lange wiederholt werden, bis die Antwort gültig ist:

```
UNTIL [MEMBERP :ANTWORT [[JA] [NEIN]]
      [PR [SIND SIE SCHULDIG?] MAKE "ANTWORT RL]
```

Oft möchte man eine AKTION für alle Werte einer Variablen in einem Intervall wiederholen:

```
TO FOR :VAR :VON :BIS :AKTION
IF :VON > :BIS [STOP]
LOCAL :VAR
MAKE :VAR :VON
RUN :AKTION
FOR :VAR :VON+1 :BIS :AKTION
END
```

Die Prozedur FOR leistet zum Beispiel beim Drucken einer Tabelle gute
Dienste:

```
FOR "N 1 9 [(PR :N SQRT :N)]
```

```
1 1
2 1.41421
3 1.73205
4 2
5 2.23607
6 2.44949
7 2.64575
8 2.82843
9 3
```

Bei jeder Wiederholung der Aktion wird hier die Variable N lokal vereinbart
und mit dem Wert der unteren Intervallgrenze VON initialisiert.

In manchen Fällen ist es günstiger, wenn die Werte, für welche die Aktion
wiederholt werden soll, in Form einer Liste angegeben werden können:

```
TO FOREACH :VAR :WERTE :AKTION
IF EMPTYP :WERTE [STOP]
LOCAL :VAR
MAKE :VAR FIRST :WERTE
RUN :AKTION
FOREACH :VAR BF :WERTE :AKTION
END
```

Im folgenden Aufruf wird zum Beispiel jedem der in der Liste enthaltenen
Datennamen ein eingelesener Wert zugewiesen:

```
FOREACH "X [NAME ADRESSE GEB.DAT]
        [(TYPE :X ":) MAKE :X RL]
```

Selbstverständlich können Wiederholungen auch ineinandergeschachtelt werden. Im folgenden Beispiel werden alle Kombinationen der Elemente zweier
Listen gebildet:

```
FOREACH "X [HERZ KARO TREFF PIK]
  [FOREACH "Y [ZEHN BUB DAME KOENIG AS][PR WORD :X :Y]]
```

Ausgegeben werden die zwanzig Spielkarten:

```
HERZZEHN
HERZBUB
HERZDAME
HERZKOENIG
HERZAS
KAROZEHN
KAROBUB
KARODAME
KAROKOENIG
KAROAS
TREFFZEHN
TREFFBUB
TREFFDAME
TREFFKOENIG
TREFFAS
PIKZEHN
PIKBUB
PIKDAME
PIKKOENIG
PIKAS
```

Gelegentlich ist auch die elementweise Verknüpfung zweier Listen zu einer Ergebnisliste wünschenswert. Um zum Beispiel durch einen Aufruf

```
PR MAP [1 2 3] [4 5 6] "+
```

das Ergebnis der Vektoraddition

```
5 7 9
```

zu erhalten, genügt es, die Funktion MAP wie folgt zu definieren:

```
TO MAP :L1 :L2 :OPERATOR
IF OR EMTYP :L1 EMTYP :L2 [OP[]]
OP FPUT RUN (LIST FIRST :L1 :OPERATOR FIRST :L2)
MAP BF :L1 BF :L2 :OPERATOR
END
```

Die Funktion LIST bildet hier aus den beiden ersten Elementen der Listen L1 und L2 und dem Operator eine Liste, die durch RUN ausgeführt wird. Das Ergebnis dieser Auswertung wird als vorderstes Element der Ergebnisliste zugewiesen, deren restliche Elemente aus der Verknüpfung der Restlisten BF :L1 und BF :L2 gebildet werden.

Die Vereinbarung setzt voraus, daß der eingesetzte Operator zweistellig und auf die Elemente der Listen anwendbar ist, und daß er zwischen den beiden Operanden (**infix**) stehen darf.

Da in LOGO sämtliche Operatoren auch vor ihren Operanden – also in
präfix-Schreibweise – stehen dürfen, kann der Operator in der LIST-Funk-
tion vor seine Operanden gestellt werden:

```
(LIST :OPERATOR FIRST :L1 FIRST :L2)
```

Das Programm kann damit universeller angewandt werden. Neben Aufrufen
der Form

```
PR MAP [2 3 5 7] [11 13 17 19] "*
22 39 35 133
```

oder

```
PR MAP [11 5 13] [7 5 17] ">
FALSE FALSE TRUE
```

können jetzt auch Funktionsnamen als Operatoren übergeben werden:

```
PR MAP [A B C D] [1 2 3 4] "WORD
A1 B2 C3 D4
```

Selbstverständlich können diese Funktionen auch selbst definiert werden; zum
Beispiel liefert die Funktion

```
TO MAX :X :Y
IF :X > :Y [OP :X]
OP :Y
END
```

nach dem Aufruf   `PR MAP [11 5 13] [7 5 17] "MAX`

die Liste   `11 5 17`

Noch allgemeiner ist die Funktion MAP verwendbar, wenn anstelle des
Operators eine Befehlsliste als Parameter übergeben wird. Um die entsprechenden Elemente der beiden Listen in dieser Befehlsliste bezeichnen zu
können, müssen zusätzlich zwei Namen für diese Elemente bereitgestellt werden. Dies kann zum Beispiel in der Form

```
PR MAP [11 5 13] [7 5 17] [[X Y][:X+:Y]]
```

erfolgen.

Die Funktion MAP lautet dann

```
TO MAP :L1 :L2 :EXP
IF OR EMPTYP :L1 EMPTYP :L2 [OP[]]
LOCAL FIRST FIRST :EXP
MAKE FIRST FIRST :EXP FIRST :L1
LOCAL LAST FIRST :EXP
MAKE LAST FIRST :EXP FIRST :L2
OP FPUT RUN BF :EXP MAP BF :L1 BF :L2 :EXP
END
```

Die Übergabe der jeweiligen Listenelemente an die Variablen X und Y er-
innert sehr an die Parameterübergabe einer Funktion.

Tatsächlich werden Funktionen und Prozeduren in genau derselben Weise
gespeichert wie der Ausdruck im obigen Beispiel, nämlich in Form einer
Liste, die aus der Liste der Parameternamen und der Liste der Befehle
zusammengesetzt ist. Die Funktion **TEXT** liefert für eine gespeicherte Funktion oder Prozedur diese Listendarstellung.

Syntax:

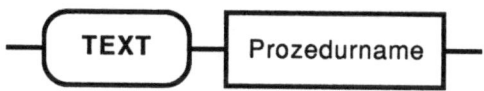

Wirkung: Die angegebene Prozedur wird in Form einer Liste geliefert.

Zum Beispiel liefert der Aufruf

```
PR TEXT "MAX
```

den Text der zuvor definierten Funktion MAX:

```
[X Y][IF :X > :Y[OP :X]][OP :Y]
```

Mit dem Befehl **DEFINE** kann eine Prozedur aus dieser Listendarstellung
definiert werden.

Syntax:

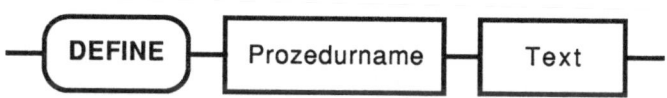

Wirkung: Die angegebene Prozedur wird dem Text entsprechend definiert.

Durch den Aufruf

```
DEFINE "MIN [[X Y][IF :X < :Y [OP :X]][OP :Y]]
```

kann zum Beispiel eine Funktion MIN definiert werden.

Der Befehl DEFINE leistet somit für Prozeduren das gleiche wie MAKE für Listen! Ebenso entspricht die Funktion TEXT der Funktion THING.

Die folgende Funktion DEBUG kann zum Beispiel zur Fehlersuche – dem sogenannten Debugging – wertvolle Dienste leisten:

```
TO DEBUG :X
DEFINE :X
   FPUT FIRST TEXT :X
   FPUT (LIST "PR (LIST :X) "DUMP FIRST TEXT :X)
   BF TEXT :X
END
```

Ein Aufruf von DEBUG mit dem Namen einer bereits definierten Funktion oder Prozedur als Parameter bewirkt, daß in die Definition des Programms ein Print-Befehl zur Ausgabe des Namens und ein Aufruf der Prozedur DUMP zur Ausgabe der Parameterwerte eingefügt wird. Zum Beispiel wird durch den Aufruf

```
DEBUG "MIN
```

die Funktion MIN folgendermaßen neu definiert:

```
TO MIN :X :Y
PR [MIN] DUMP [X Y]
IF :X < :Y [OP :X]
OP :Y
END
```

Der Aufruf PR MIN MIN 3*4 2+3 7 bewirkt jetzt zum Beispiel die Ausgabe von

```
MIN
X = 12
Y = 5
MIN
X = 5
Y = 7
5
```

6. PROPERTYLISTEN

Um verschiedene Eigenschaften einem Objekt – wie etwa die Telefonnummer und die Adresse einer bestimmten Person oder den Besitzer, die Type und das Baujahr einem Auto – zuzuordnen, werden in LOGO Propertylisten verwendet. Eine Propertyliste hat einen Namen – zum Beispiel den Namen einer Person oder ein Autokennzeichen –, dem beliebig viele Eigenschaften, sogenannte Properties, zugeordnet werden können. Auch die Properties werden durch Namen, wie zum Beispiel "Adresse" oder "Baujahr", bezeichnet. Die Werte der Properties können Zahlen, Worte oder Listen sein.

Mit dem Befehl **PPROP** (**Put Property**) wird einer Property ein Wert zugeordnet.

Syntax:

Wirkung: Der Propertyliste wird unter dem jeweiligen Propertynamen der angegebene Wert zugeordnet.

Zum Beispiel ordnet

```
PPROP "EMIL "ADRESSE [4810 GMUNDEN ESPLANADE 13]
```

der Property ADRESSE der Propertyliste EMIL die angegebene Adresse (eine Liste) zu, oder

```
PPROP "W123456 "BAUJAHR 1982
```

weist dem Baujahr des Autos mit dem Kennzeichen W123456 die Zahl 1982 zu.

Selbstverständlich kann als "Besitzer" eines Autos auch wieder der Name einer Propertyliste angegeben werden, zum Beispiel:

```
PPROP "W123456 "BESITZER "EMIL
```

Die Funktion **GPROP** (`Get Property`) liefert den Wert einer bestimmten Property.

Syntax:

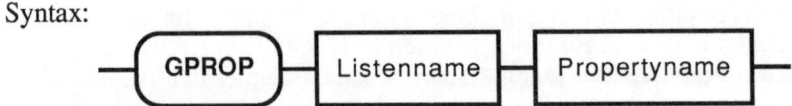

Wirkung: Als Ergebnis wird der zuletzt zugeordnete Wert der Property der jeweiligen Propertyliste geliefert.

Falls in der angegebenen Propertyliste die gewünschte Property nicht enthalten ist, ist das Ergebnis von GPROP leer.

Zum Beispiel kann mit

```
PR GPROP "EMIL "ADRESSE
```

die zuletzt zugeordnete Adresse gedruckt werden.

```
PR GPROP (GPROP "W1234565  "BESITZER) "ADRESSE
```

hingegen druckt die Adresse des Besitzers des Autos mit dem angegebenen Kennzeichen.

Schließlich kann mit dem Befehl **REMPROP** (`Remove Property`) eine gespeicherte Property wieder gelöscht werden.

Syntax:

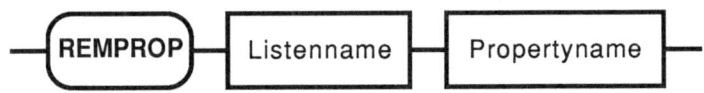

Zum Beispiel würde

```
REMPROP "W123456 "BESITZER
```

sowohl den Namen als auch den Wert der Property BESITZER aus der Propertyliste entfernen.

Die Funktion **PLIST** liefert die gesamte Propertyliste.

Syntax:

Das Ergebnis von PLIST ist eine Liste, in der abwechselnd die Namen und die Werte der Properties gespeichert sind; zum Beispiel liefert der Aufruf

```
PLIST "W123456
```

die Liste [BAUJAHR 1982 BESITZER EMIL]

Mit dem folgenden Programm PRINTPROP können die Namen und die Werte einzelner Properties einer Propertyliste übersichtlich ausgegeben werden:

```
TO PRINTPROP :P
IF :P =[] [STOP]
(PR FIRST :P FIRST BF :P)
PRINTPROP BF BF :P
END
```

Der Aufruf   PRINTPROP PLIST "W123456   liefert dann die Ausgabe:

```
BAUJAHR 1982
BESITZER EMIL
```

Propertylisten sind nicht auf allen LOGO-Systemen verfügbar. Die folgenden Programme erlauben es jedoch, Propertylisten mit Hilfe gewöhnlicher Listen zu simulieren. Um Konflikte mit den Namen der Propertylisten zu vermeiden, sind alle Parameter durch ein Dollar-Zeichen gekennzeichnet. Die Liste $PLISTS enthält eine Liste der Namen aller verwendeten Propertylisten. Vor Verwendung der Propertylisten muß diese Liste mit

```
MAKE "$PLISTS []
```

initialisiert werden.

```
TO PLIST :$X
IF MEMBERP :$X :$PLISTS [OP THING :$X]
OP []
END
```

```
TO PPROP :$X :$Y :$Z
MAKE :$X PUT PLIST :$X
IF NOT MEMBERP :$X :PLISTS
   [MAKE "$PLISTS FPUT :$X :$PLISTS]
END
TO PUT :$P
IF EMPTYP :$P [OP LIST :$Y :$Z]]
IF EQUALP FIRST :$P :$Y
   [OP FPUT :$Y FPUT :$Z BF BF :$P]
OP FPUT FIRST :$P FPUT FIRST BF :$P PUT BF BF :$P
END

TO GPROP :$X :$Y
OP GET PLIST :$X
END

TO GET :$P
IF EMPTYP :$P [OP []]
IF EQUALP FIRST :$P :$Y [OP FIRST BF :$P]
OP GET BF BF :$P
END

TO REMPROP :$X :$Y
MAKE :$X DEL PLIST :$X
END

TO DEL :$P
IF EMPTYP :$P [OP []]
IF EQUALP FIRST :$P :$Y [OP BF BF :$P]
OP FPUT FIRST :$P FPUT FIRST BF :$P DEL BF BF :$P
END
```

Das Hauptaugenmerk bei der Anwendung von Propertylisten liegt zumeist in der Organisation der gespeicherten Informationen, weniger auf programmiertechnischem Gebiet. Die folgenden Beispiele sollen Anregungen zur Verwendung von Propertylisten geben:

Beispiel: Thronfolge

Am Beispiel der Thronfolge der englischen Monarchen im 14. und 15. Jahrhundert soll gezeigt werden, wie lineare Beziehungen (ein Herrscher ist der Nachfolger eines anderen) in Propertylisten gehandhabt werden können:

Für jeden Monarchen sollen zum Beispiel die Regierungszeit sowie der Name seines Vorgängers in Form einer Propertyliste gespeichert sein. Der Name des Monarchen ist gleichzeitig Name der Propertyliste; zum Beispiel würde

```
PRINTPROP PLIST "EDWARD_IV
```

die Daten

```
VON 1461
BIS 1483
NACHFOLGER_VON HENRY_VI
```

ausgeben.

Das folgende Programm druckt die Namen der gespeicherten Monarchen und ihre Regierungszeit in der Reihenfolge ihrer Thronfolge:

```
TO THRONFOLGE :N
IF :N = "  [STOP]
THRONFOLGE GPROP :N "NACHFOLGER.VON
(PR :N "( GPROP :N "VON "-  GPROP :N "BIS "))
END
```

Der Parameter N enthält den Namen des letzten Monarchen. Zum Beispiel könnte

```
THRONFOLGE "EDWARD_IV
```

den Ausdruck liefern:

```
EDWARD_III (1327 - 1377)
RICHARD_II (1377 - 1399)
HENRY_IV (1399 - 1413)
HENRY_V (1413 - 1422)
HENRY_VI (1422 - 1461)
EDWARD_IV (1461 - 1483)
```

Beispiel: Klassifikation

Verweise zu mehreren Nachfolgern ergeben sich zum Beispiel bei jeder Art von Klassifikation, wie etwa im Pflanzen- oder Tierreich:

```
CHORDATIERE
    MANTELTIERE
        APPENDICULARIA
        THALIACEAE
        ASCIDIACEAE
    LANZETTFISCHCHEN
    WIRBELTIERE
        RUNDMAEULER
        KNORPELFISCHE
        KNOCHENFISCHE
            ACTINOPTERYGII
            SARCOPTERYGII
        LURCHE
            SCHWANZLURCHE
            FROESCHE
            BLINDWUEHLEN
        KRIECHTIERE
            BRUECKENECHSEN
            SCHILDKROETEN
            SCHLANGEN
            KROKODILE
        VOEGEL
        SAEUGETIERE
            PROTOTHERIA
                KLOAKENTIERE
            METATHERIA
                BEUTELTIERE
            EUTHERIA
                INSEKTENFRESSER
                FLEDERMAEUSE
                HERRENTIERE
                HASENTIERE
                NAGETIERE
                RAUBTIERE
                ELEFANTEN
                UNPAARHUFER
                PAARHUFER
                WALE
```

Falls zu jedem Überbegriff in einer Propertyliste unter der Bezeichnung
AUFGLIEDERUNG eine Liste aller Unterbegriffe gespeichert ist, so druckt die
Prozedur BAUM den gesamten Klassifikationsbaum:

```
TO BAUM :NR :NAMEN
IF :NAMEN = [] [STOP]
REPEAT 3*:NR [TYPE "\ ]
PR FIRST :NAMEN
BAUM :NR+1 GPROP FIRST :NAMEN "AUFGLIEDERUNG
BAUM :NR BF :NAMEN
END
```

Durch einen Aufruf BAUM 0 [CHORDATIERE] wird zum Beispiel die oben
gezeigte Liste aller Arten von Chordatieren ausgegeben. Der Parameter NR
gibt dabei die Tiefe der Hierarchie an und dient zur Steuerung des Einrückens.

Durch eine geringfügige Änderung der Prozedur BAUM kann anstelle des
Einrückens auch eine dezimale Klassifikationsnummer generiert werden:

```
TO BAUM :I :J :NAMEN
IF :NAMEN = [] [STOP]
(PR (WORD :I :J ".) FIRST :NAMEN)
BAUM (WORD :I :J ".) 1 GPROP FIRST :NAMEN
"AUFGLIEDERUNG
BAUM :I :J+1 BF :NAMEN
END
```

Mit dem Aufruf BAUM "1 [CHORDATIERE] erhält der Klassifikationsbaum das folgende Aussehen:

```
1. CHORDATIERE
1.1. MANTELTIERE
1.1.1. APPENDICULARIA
1.1.2. THALIACEAE
1.1.3. ASCIDIACEAE
1.2. LANZETTFISCHCHEN
1.3. WIRBELTIERE
1.3.1. RUNDMAEULER
1.3.2. KNORPELFISCHE
1.3.3. KNOCHENFISCHE
1.3.3.1. ACTINOPTERYGII
1.3.3.2. SARCOPTERYGII
1.3.4. LURCHE
1.3.4.1. SCHWANZLURCHE
1.3.4.2. FROESCHE
1.3.4.3. BLINDWUEHLEN
1.3.5. KRIECHTIERE
1.3.5.1. BRUECKENECHSEN
1.3.5.2. SCHILDKROETEN
1.3.5.3. SCHLANGEN
1.3.5.4. KROKODILE
1.3.6. VOEGEL
1.3.7. SAEUGETIERE
1.3.7.1. PROTOTHERIA
1.3.7.1.1. KLOAKENTIERE
1.3.7.2. METATHERIA
1.3.7.2.1. BEUTELTIERE
1.3.7.3. EUTHERIA
1.3.7.3.1. INSEKTENFRESSER
1.3.7.3.2. FLEDERMAEUSE
1.3.7.3.3. HERRENTIERE
1.3.7.3.4. HASENTIERE
1.3.7.3.5. NAGETIERE
1.3.7.3.6. RAUBTIERE
1.3.7.3.7. ELEFANTEN
1.3.7.3.8. UNPAARHUFER
1.3.7.3.9. PAARHUFER
1.3.7.3.10. WALE
```

Werden die Propertylisten mit den lateinischen Namen der einzelnen
Gattungen bezeichnet, so können die deutschen Namen unter dem Property-
namen DEUTSCH gespeichert werden. Die folgende Variante der Prozedur
BAUM setzt den deutschen Namen – so vorhanden – in Klammern:

```
TO BAUM :I :J :NAMEN
IF :NAMEN = [] [STOP]
(TYPE (WORD :I :J ".) "\  FIRST :NAMEN)
IF NOT EMPTYP GPROP FIRST :NAMEN "DEUTSCH
  [(TYPE "\  [(] GPROP FIRST :NAMEN "DEUTSCH [)])]
PR []
BAUM (WORD :I :J ".) 1
     GPROP FIRST :NAMEN  "AUFGLIEDERUNG
BAUM :I :J+1 BF :NAMEN
END
```

```
1. CHORDATA (CHORDATIERE)
1.1. TUNICATA (MANTELTIERE)
1.1.1. APPENDICULARIA
1.1.2. THALIACEAE
1.1.3. ASCIDIACEAE
1.2. ACRANIA (LANZETTFISCHCHEN)
1.3. VERTEBRATA (WIRBELTIERE)
1.3.1. CYCLOSTOMATA (RUNDMAEULER)
1.3.2. CHONDRICHTHYES (KNORPELFISCHE)
1.3.3. OSTEICHTHYES (KNOCHENFISCHE)
1.3.3.1. ACTINOPTERYGII
1.3.3.2. SARCOPTERYGII
1.3.4. AMPHIBIA (LURCHE)
1.3.4.1. URODELA (SCHWANZLURCHE)
1.3.4.2. ANURA (FROESCHE)
1.3.4.3. GYMNOPHIONA (BLINDWUEHLEN)
1.3.5. REPTILIA (KRIECHTIERE)
1.3.5.1. RHYNCHOCEPHALIA (BRUECKENECHSEN)
1.3.5.2. CHELONIA (SCHILDKROETEN)
1.3.5.3. SQUAMATA (EIDECHSEN,SCHLANGEN)
1.3.5.4. CROCODILIA (KROKODILE)
1.3.6. AVES (VOEGEL)
1.3.7. MAMMALIA (SAEUGETIERE)
1.3.7.1. PROTOTHERIA
1.3.7.1.1. MONOTREMATA
1.3.7.2. METATHERIA
1.3.7.2.1. MARSUPIALIA
1.3.7.3. EUTHERIA (PLAZENTATIERE)
1.3.7.3.1. INSECTIVORA (INSEKTEN)
1.3.7.3.2. CHIROPTERA (FLEDERMAEUSE)
1.3.7.3.3. PRIMATES (HERRENTIERE)
1.3.7.3.4. LAGOMORPHA (HASENTIERE)
1.3.7.3.5. RODENTIA (NAGETIERE)
1.3.7.3.6. CARNIVORA (RAUBTIERE)
1.3.7.3.7. PROBOSCIDEA (ELEFANTEN)
1.3.7.3.8. PERISSODACTYLA (UNPAARHUFER)
1.3.7.3.9. ARTIODACTYLA (PAARHUFER)
1.3.7.3.10. CETACEA (WALE)
```

Beispiel: Netzplan

Verweise zu mehreren Vorgängern sind zum Beispiel bei der Speicherung eines Netzplanes notwendig, wie er etwa für die Organisation der einzelnen Arbeitsschritte beim Bau eines Hauses verwendet werden kann.

Manche Tätigkeiten können erst dann begonnen werden, wenn andere Tätigkeiten bereits durchgeführt sind; zum Beispiel können die Fundamente erst betoniert werden, nachdem der Keller ausgehoben wurde, oder die Wände erst verputzt werden, nachdem Elektriker und Installateur die Leitungen gelegt haben. Wenn für jede Tätigkeit die dazu nötige Zeitdauer DAUER (zum Beispiel in Wochen) und die notwendigen Voraussetzungen NACH bekannt sind, kann durch die folgende Funktion BEGINN der frühestmögliche Beginn einer Tätigkeit T (zum Beispiel in Wochen ab Baubeginn) ermittelt werden:

```
TO BEGINN :T
OP MAXIMUM GPROP :T "NACH
END

TO MAXIMUM :V
IF :V=[] [OP 0]
OP MAX ENDE FIRST :V MAXIMUM BF :V
END

TO ENDE :T
OP BEGINN :T  + GPROP :T "DAUER
END

TO MAX :X :Y
IF :X > :Y [OP :X]
OP :Y
END
```

Der Beginn einer Tätigkeit ist einfach das Maximum der Fertigstellungstermine aller Voraussetzungen, wobei sich die Fertigstellung (ENDE) aus der Summe von Beginn und Dauer einer Tätigkeit berechnet.

Beispiel: Straßennetz

Um ein Straßennetz durch Propertylisten darzustellen, können zum Beispiel alle von einem Ort unmittelbar erreichbaren Nachbarorte als Properties dieses Ortes und die Entfernung in km als Wert dieser Properties gespeichert werden:

```
PPROP "FRANKFURT "MUENCHEN  402
PPROP "FRANKFURT "PARIS     588
PPROP "MUENCHEN  "FRANKFURT 402
PPROP "MUENCHEN  "ZUERICH   310
PPROP "MUENCHEN  "STUTTGART 222
PPROP "MUENCHEN  "SALZBURG  141
PPROP "MUENCHEN  "VENEDIG   570
PPROP "SALZBURG  "MUENCHEN  141
PPROP "SALZBURG  "WIEN      298
PPROP "SALZBURG  "ZUERICH   450
PPROP "STUTTGART "PARIS     623
PPROP "STUTTGART "MUENCHEN  222
PPROP "VENEDIG   "WIEN      587
PPROP "VENEDIG   "MUENCHEN  570
PPROP "WIEN      "SALZBURG  298
PPROP "WIEN      "VENEDIG   587
PPROP "ZUERICH   "PARIS     699
PPROP "ZUERICH   "MUENCHEN  310
PPROP "ZUERICH   "SALZBURG  450
```

Mit den beiden Prozeduren WEGE und UMWEGE können zum Beispiel alle möglichen Wege von einem Ort VON zu einem Ort NACH gebildet werden.

```
TO WEGE :VON :NACH :PFAD
IF :VON = :NACH [(PR :PFAD :VON) STOP]
IF MEMBERP :VON :PFAD [STOP]
UMWEGE PLIST :VON
END

TO UMWEGE :P
IF EMPTYP :P [STOP]
WEGE FIRST :P :NACH (SE :PFAD :VON [-])
UMWEGE BF BF :P
END
```

Die Liste PFAD enthält die Namen aller am bisherigen Weg liegenden Orte. Sie wird genau dann gedruckt, wenn das Ziel erreicht ist (:VON = :NACH), dient aber auch dazu, Rundreisen, bei denen derselbe Ort mehrmals besucht wird, zu vermeiden (IF MEMBERP :VON :PFAD [STOP]). Ansonsten wird versucht, über jeden der in der Propertyliste des Ortes enthaltenen Nachbarorte das Ziel zu erreichen. Beim allerersten Aufruf der Prozedur WEGE ist die Liste PFAD leer. Zum Beispiel liefert der Aufruf

```
WEGE "WIEN "PARIS []
```

mit den oben definierten Propertylisten die folgenden Pfade:

```
WIEN - SALZBURG - MUENCHEN - FRANKFURT - PARIS
WIEN - SALZBURG - MUENCHEN - ZUERICH - PARIS
WIEN - SALZBURG - MUENCHEN - STUTTGART - PARIS
WIEN - SALZBURG - ZUERICH - PARIS
WIEN - SALZBURG - ZUERICH - MUENCHEN - FRANKFURT - PARIS
WIEN - SALZBURG - ZUERICH - MUENCHEN - STUTTGART - PARIS
WIEN - VENEDIG - MUENCHEN - FRANKFURT - PARIS
WIEN - VENEDIG - MUENCHEN - ZUERICH - PARIS
WIEN - VENEDIG - MUENCHEN - STUTTGART - PARIS
WIEN - VENEDIG - MUENCHEN - SALZBURG - ZUERICH - PARIS
```

Selbstverständlich kann mit einem weiteren Parameter KM auch die Länge jedes Pfades berechnet werden:

```
TO WEGE :VON :NACH :PFAD :KM
IF :VON = :NACH [(PR :KM :PFAD :VON) STOP]
IF MEMBERP :VON :PFAD [STOP]
UMWEGE PLIST :VON
END

TO UMWEGE :P
IF EMPTYP :P [STOP]
WEGE FIRST :P :NACH (SE :PFAD :VON [-]) :KM+FIRST BF :P
UMWEGE BF BF :P
END
```

Der Aufruf   WEGE "WIEN "PARIS" [] 0

liefert dann

```
1429 WIEN - SALZBURG - MUENCHEN - FRANKFURT - PARIS
1448 WIEN - SALZBURG - MUENCHEN - ZUERICH - PARIS
1284 WIEN - SALZBURG - MUENCHEN - STUTTGART - PARIS
1447 WIEN - SALZBURG - ZUERICH - PARIS
2048 WIEN - SALZBURG - ZUERICH - MUENCHEN - FRANKFURT - PARIS
1903 WIEN - SALZBURG - ZUERICH - MUENCHEN - STUTTGART - PARIS
2147 WIEN - VENEDIG - MUENCHEN - FRANKFURT - PARIS
2166 WIEN - VENEDIG - MUENCHEN - ZUERICH - PARIS
2002 WIEN - VENEDIG - MUENCHEN - STUTTGART - PARIS
2447 WIEN - VENEDIG - MUENCHEN - SALZBURG - ZUERICH - PARIS
```

Ersetzt man den Zielort NACH durch eine ganze Liste von Ortsnamen, so kann die Route eines "Handelsreisenden" bestimmt werden, der gewisse vorgegebene Städte besuchen muß:

```
TO WEGE :VON :NACH :PFAD :KM
IF EMPTYP :NACH [(PR :KM :PFAD :VON) STOP]
IF MEMBERP :VON :PFAD [STOP]
UMWEGE PLIST :VON
END
```

```
TO UMWEGE :P
IF EMPTYP :P [STOP]
WEGE FIRST :P :ENTFERNE FIRST :P :NACH
   (SE :PFAD :VON [-]) :KM+FIRST BF :P
UMWEGE BF BF :P
END
```

Die Funktion ENTFERNE entfernt den Namen X, falls dieser in der Liste Y enthalten ist:

```
TO ENTFERNE :X :Y
IF EMPTYP :Y [OP []]
IF :X = FIRST :Y [OP BF :Y]
OP SE FIRST :Y ENTFERNE :X BF :Y
END
```

Der Aufruf

```
WEGE "WIEN [PARIS MUENCHEN ZUERICH] [] 0
```

ermittelt alle Routen von Wien nach Paris, die über München und Zürich führen:

```
1448 WIEN - SALZBURG - MUENCHEN - ZUERICH - PARIS
2048 WIEN - SALZBURG - ZUERICH - MUENCHEN - FRANKFURT - PARIS
1903 WIEN - SALZBURG - ZUERICH - MUENCHEN - STUTTGART - PARIS
2166 WIEN - VENEDIG - MUENCHEN - ZUERICH - PARIS
2447 WIEN - VENEDIG - MUENCHEN - SALZBURG - ZUERICH - PARIS
```

Mit dem gleichen Programm kann auch eine Rundreise zusammengestellt werden. Es genügt zu diesem Zweck, den Startort in die Liste der zu besuchenden Orte aufzunehmen:

```
WEGE "MUENCHEN  [ZUERICH WIEN MUENCHEN] [] 0

2215 MUENCHEN - ZUERICH - SALZBURG - WIEN - VENEDIG - MUENCHEN
1916 MUENCHEN - ZUERICH - VENEDIG - WIEN - SALZBURG - MUENCHEN
1916 MUENCHEN - SALZBURG - WIEN - VENEDIG - ZUERICH - MUENCHEN
2215 MUENCHEN - VENEDIG - WIEN - SALZBURG - ZUERICH - MUENCHEN
```

Der Umweg über VENEDIG kommt deswegen zustande, weil kein Ort öfter als einmal besucht werden darf.

Beispiel: Datenverwaltung

Ähnlich wie mit der Prozedur `PRINTPROP` die in einer Propertyliste `P` gespeicherten Properties gedruckt werden können,

```
TO PRINTPROP :P
IF :P =[] [STOP]
(PR FIRST :P FIRST BF :P)
PRINTPROP BF BF :P
END
```

können mit der Prozedur `READPROP` neue Eintragungen erfaßt werden:

```
TO READPROP :P :Q
IF :P =[] [STOP]
PPROP :Q FIRST :P BF :P
READPROP RL :Q
END
```

Durch den Aufruf `READPROP RL "GOETHE` können zum Beispiel die
Properties

```
NAME: JOHANN WOLFGANG
GEB: 1749
GEST: 1832
BEDEUTUNG: DICHTER UND DENKER
WERKE: GOETZ VON BERLICHINGEN, FAUST, STELLA,
       IPHIGENIE, EGMONT, TORQUATO TASSO U.A.
```

zeilenweise mit ihren Werten eingegeben werden. Der Doppelpunkt ist hier
Bestandteil der Propertynamen.

Durch eine Erweiterung des Programmes `PRINTPROP` können die Eintragungen nicht nur ausgegeben, sondern gleichzeitig auf eine neue Propertyliste
`Q` kopiert werden:

```
TO COPYPROP :P :Q
IF :P = [] [STOP]
(PR FIRST :P FIRST BF :P)
PPROP :Q FIRST :P FIRST BF :P
COPYPROP BF BF :P :Q
END
```

Durch den Aufruf `COPYPROP PLIST "ALT "NEU` werden zum Beispiel
alle Eintragungen der Propertyliste `ALT` auf die neue Propertyliste `NEU`
kopiert. Zumeist ist es jedoch wünschenswert, beim Kopieren Änderungen

vorzunehmen, zum Beispiel bestimmte Eintragungen wegzulassen, neue hinzuzufügen oder die Werte bestimmter Properties abzuändern.

In der folgenden Erweiterung des Programmes COPYPROP kann der Benutzer durch Tastendruck entscheiden, ob die Eintragung unverändert übernommen, abgeändert oder gelöscht werden soll:

```
TO COPYPROP :P :Q
IF :P = [] [STOP]
(TYPE FIRST :P " FIRST BF :P)
MAKE "Z RC
IF (ASCII :Z) = 13 [PPROP :Q FIRST :P FIRST BF :P]
   [IF NOT (ASCII :Z) = 8 [PPROP :Q FIRST :P RL]]
COPYPROP BF BF :P :Q
END
```

Mit RETURN (ASCII-Code 13) wird die Eintragung kopiert, mit DELETE
(ASCII-Code 8) gelöscht. Die Eingabe des Namens der jeweiligen Propertyliste kann durch den Aufruf der Funktion READ "NAME unterstützt werden:

```
TO READ :X
(TYPE :X ":)
OP LAST RL
END
```

Aus diesen Bausteinen kann nun ein einfaches Datenverwaltungssystem aufgebaut werden. Jeder Propertyliste entspricht eine Karteikarte, die durch
ihren Namen eindeutig identifiziert ist. Das Anzeigen einer Karteikarte
erfolgt durch den Aufruf

```
PRINTPROP PLIST READ "NAME
```

Das Ändern einer Karteikarte kann durch Kopieren auf sich selbst erfolgen:

```
MAKE "NAME READ "NAME
COPYPROP PLIST :NAME :NAME
```

Während des Kopierens kann jede einzelne Eintragung verändert werden.
Zum Erfassen einer neuen Karteikarte dient der Aufruf

```
READPROP RL READ "NAME
```

Oft müssen viele ähnlich aufgebaute Karteikarten nacheinander eingegeben
werden. Ein einfacher Trick erspart dabei Tipparbeit: Anstatt die Bezeichnungen für die einzelnen Eintragungen immer aufs neue eingeben zu müssen,
können diese von einer leeren Musterkarte mit dem Namen MUSTER kopiert

werden. Eine solche Musterkarte kann natürlich selbst wieder durch den
Aufruf von READPROP "MUSTER erstellt werden. Danach können alle weiteren Karten durch

```
COPYPROP PLIST "MUSTER READ "NAME
```

von der Musterkarte kopiert werden.

Selbstverständlich kann der Trick mit der Musterkarte auch dazu verwendet
werden, um Standardwerte für manche Eintragungen, wie zum Beispiel das
heutige Datum oder den Wohnort, vorzugeben. Solche Standardwerte werden
als **Defaultwerte** bezeichnet. Wenn sie zutreffen, können sie einfach
übernommen werden, wenn nicht, können anstelle der Defaultwerte andere
Eintragungen gemacht werden.

Schließlich erlaubt es eine Prozedur DELPROP auch, eine gesamte Karteikarte
zu löschen:

```
TO DELPROP :P :Q
IF :P =[] [STOP]
REMPROP :Q FIRST :P
DELPROP BF BF :P :Q
END
```

Jetzt brauchen wir nur noch ein Rahmenprogramm, um einzelne Aktionen
bequem aufrufen zu können. Selbstverständlich kann die Auswahl einer
Aktion mittels eines Menüs erfolgen. Weil wir es aber schon mit Karteikarten
zu tun haben, wollen wir eine andere Idee verfolgen:

Zu jeder Aktion gehört ein Name und eine Befehlsfolge. Wäre es nicht naheliegend, diese Aktionen ebenso wie alle anderen Eintragungen als Propertyliste zu speichern? Eine solche Aktionsliste kann zum Beispiel durch den
Aufruf

```
READPROP RL "MENUE
```

angelegt werden.

Zum Beispiel können folgende Aktionen eingegeben werden:

```
ANZEIGEN PRINTPROP READ PLIST "NAME
ERFASSEN COPYPROP PLIST "MUSTER READ "NAME
ANLEGEN  READPROP RL READ "NAME
AENDERN  MAKE "NAME READ "NAME
         COPYPROP PLIST :NAME :NAME
LOESCHEN MAKE "NAME READ "NAME
         DELPROP PLIST :NAME :NAME
BEENDEN  STOP
```

Eine bestimmte Aktion kann durch einen Aufruf

```
RUN GPROP "MENUE READ "AKTION
```

ausgelöst werden. Da sich die gesamte Karteiverwaltung auf das wiederholte Ausführen dieser Aktionen beschränkt, reduziert sich unser Rahmenprogramm auf

```
TO KARTEI
RUN GPROP "MENUE READ "AKTION
KARTEI
END
```

Ein typischer Dialog mit der Karteiverwaltung kann etwa folgendermaßen ablaufen (fett gedruckte Texte werden vom System ausgegeben!):

```
KARTEI
AKTION: ANLEGEN
NAME: MUSTER
HAUPTSTADT:
KONTINENT: EUROPA
BEVOELKERUNG:
SPRACHE:
RELIGION:

AKTION: ERFASSEN
NAME: OESTERREICH
HAUPTSTADT: WIEN
KONTINENT: EUROPA
BEVOELKERUNG:
SPRACHE: DEUTSCH
RELIGION: ROEM.KATH.                und so fort.
```

Die gezeigten Programme sind natürlich nur ein Vorschlag und sollen dazu anregen, eigene Ideen zu verwirklichen. Obwohl das System sehr einfach ist, können dennoch viele Standardanwendungen der Datenverarbeitung damit bewerkstelligt werden. Hier noch einige Anregungen zu Ergänzungen:

Bei professionellen Systemen ist es üblich, dem Benutzer auf Wunsch Hilfe-
stellung durch einen erklärenden Text zu geben. Diese Hilfe kann zum Beispiel durch Eingabe eines Fragezeichens leicht installiert werden, wenn eine
Aktion

```
? PRINTPROP PLIST "HELP
```

in das Menü eingebaut und eine Karteikarte mit dem Namen HELP und dem
erklärenden Text angelegt wird, der zum Beispiel etwa folgendermaßen
lautet:

```
ANZEIGEN   ZEIGT INHALT EINER KARTE AM BILDSCHIRM AN
ERFASSEN   DIENT ZUM ERFASSEN EINER NEUEN KARTE
ANLEGEN    ERLAUBT DIE FREIE EINGABE EINER NEUEN KARTE
AENDERN    DIENT ZUM AENDERN EINER EXISTIERENDEN KARTE
LOESCHEN   LOESCHT EINE KARTE
BEENDEN    BEENDET DAS PROGRAMM
?          DRUCKT DIESEN TEXT
```

Um die erfaßten Daten auf Diskette speichern zu können, können auch noch
die Befehle

```
SPEICHERN  SAVE READ "DATEI
```

und

```
LADEN      LOAD READ "DATEI
```

in das Menü aufgenommen werden.

Beim Aufruf dieser Befehle muß der Dateiname eingegeben werden. Es
empfiehlt sich, auch eine Kopie eines "leeren" Systems, das nur die MENUE-
und die HELP-Liste enthält, auf Diskette zu speichern. Aus einer solchen
System-Shell kann dann jederzeit eine neue Anwendung aufgebaut werden.

Leider ist es in den meisten LOGO-Systemen unmöglich, die Namen aller
gespeicherten Propertylisten zu erhalten. Eine solche Objektliste OBJ kann
jedoch durch einige Zusätze beim Erfassen, Anlegen und Löschen leicht selbst
verwaltet werden:

Beim erstmaligen Starten des Systems muß eine leere Objektliste durch

```
MAKE "OBJ []
```

angelegt werden.

In den Prozeduren READPROP und COPYPROP wird ein neuer Name Q in
die Objektliste mittels

```
IF NOT MEMBERP :Q :OBJ [MAKE "OBJ SE :OBJ :Q]
```

eingefügt, und in den Prozeduren DELPROP wird der Name Q aus der Objektliste durch den Aufruf

```
MAKE "OBJ ENTFERNE :Q :OBJ
```

entfernt. Die Funktion ENTFERNE zum Entfernen eines Elementes aus einer
Liste wurde bereits verwendet:

```
TO ENTFERNE :X :Y
IF :Y = [] [OP []]
IF :X = FIRST :Y [OP BF :Y]
OP FPUT FIRST :Y ENTFERNE :X BF :Y
END
```

Unter Verwendung dieser Objektliste können durch Aufnahme des Befehls

```
BLAETTERN SHOWPROP :OBJ
```

in das Menü sämtliche gespeicherten Karteikarten in der Reihenfolge ihres
Erfassens betrachtet werden.

```
TO SHOWPROP :L
IF :L=[] [STOP]
(PR [NAME:] FIRST :L)
PRINTPROP PLIST FIRST :L
IF KEYP [SHOWPROP BF :L]
END
```

Durch Drücken irgendeiner Taste kann auf die nächste Karte weitergeblättert
werden. Selbstverständlich können die Namen der Objektliste durch

```
SHOWPROP SORT :OBJ
```

auch in alphabetischer Reihenfolge durchblättert werden. Für kleine Objekt-
listen ist dabei ein einfaches Sortieren durch Einfügen, bei dem das erste
Element der Liste in die sortierte Restliste eingefügt wird, durchaus ausrei-
chend:

```
TO SORT :L
IF :L=[] [OP []]
OP INSERT FIRST :L SORT BF :L
END
```

Die Funktion INSERT dient zum Einfügen eines Elementes X in eine sortierte
Liste L :

```
TO INSERT :X :L
IF :L=[]  [OP (LIST :X)]
IF VOR :X FIRST :L  [OP FPUT :X :L]
OP FPUT FIRST :L INSERT :X BF :L
END
```

Die Funktion VOR :X :Y soll genau dann das Ergebnis "TRUE liefern,
wenn der Name X **vor** dem Namen Y gereiht werden soll. Durch eine ge-
eignete Definition dieser Funktion VOR ist es möglich, die Namen nicht bloß
alphabetisch, sondern nach den Werten einer bestimmten Property S zu
sortieren:

```
TO VOR :X :Y
IF :S= "NAME [OP BEFOREP :X :Y]
OP BEFOREP GPROP :X :S GPROP :Y :S
END
```

Der Schlüssel S , nach dem sortiert werden soll, kann mittels

```
READ [SORTIERT NACH]
```

eingegeben und an die Sortierfunktion SORT übergeben werden:

```
SHOWPROP SORT :OBJ READ [SORTIERT NACH]
```

Zu diesem Zweck muß die Funktion SORT um den Parameter S ergänzt
werden:

```
TO SORT :L :S
IF :L = [] [OP []]
OP INSERT FIRST :L SORT BF :L :S
END
```

Interessant kann es auch sein, eine Auswahl der gespeicherten Karteikarten
auf Grund der Werte bestimmter Eintragungen zu treffen. Zum Ausfiltern
dieser Propertylisten ist eine Funktion FILTER nützlich, die aus einer Liste
von Namen von Propertylisten L jene auswählt, deren Property P den Wert W
hat:

```
TO FILTER :P :W :L
IF :L = [] [OP []]
IF (GPROP FIRST :L :P) = :W
   [OP FPUT FIRST :L FILTER :P :W BF :L]
OP FILTER :P :W BF :L
END
```

Die Funktion SELECT wendet die Funktion FILTER auf alle Properties und
deren Werte der Propertyliste P an:

```
TO SELECT :P :L
IF :P = [] [OP :L]
OP FILTER FIRST :P FIRST BF :P SELECT BF BF :P :L
END
```

Der Aufruf

```
SELECT PLIST "VERGLEICH :OBJ
```

liefert somit die Namen aller Karteikarten, deren Eintragungen mit dieser
Vergleichskarte übereinstimmen. In der Propertyliste MENUE kann zu diesem
Zweck zum Beispiel folgende Aktion eingebaut werden:

```
AUSWAHL   COPYPROP "VERGLEICH PLIST "MUSTER
SHOWPROP SELECT PLIST "VERGLEICH :OBJ
```

Beim Ausführen der Aktion AUSWAHL wird zuerst die Vergleichskarte
erfaßt, und dann kann im Ergebnis von SELECT geblättert werden. Mit etwas
Phantasie können auch Vergleiche mit größer, kleiner oder enthält
(MEMBERP) programmiert werden.

Eine Fülle interessanter Möglichkeiten ergibt sich durch eine konsequente
Verallgemeinerung der Idee, in Propertylisten gespeicherte LOGO-Befehle
durch RUN auszuführen. Zum Beispiel kann mit unserem Karteiverwaltungs-
system eine Formelsammlung gespeichert werden, wobei die einzelnen
Formeln auf Wunsch auch ausgewertet werden können.

Speichert man zum Beispiel unter dem Namen KREIS die Property

```
UMFANG 2*:R*PI,
```

so wird der Wert des Umfanges durch

```
PR RUN GPROP "KREIS "UMFANG
```

berechnet, wenn der Radius auf der Variablen R gespeichert ist.

Ähnlich wie das Programm PRINTPROP die in den Eintragungen gespeicherten Texte ausgibt, werden durch das folgende Programm EVALPROP die Ergebnisse von gespeicherten Formeln ausgegeben:

```
TO EVALPROP :P
IF :P = [] [STOP]
MAKE FIRST :P RUN FIRST BF :P
(PR FIRST :P THING FIRST :P)
EVALPROP BF BF :P
END
```

Wie bei PRINTPROP wird die gewünschte Propertyliste als Parameter übergeben. Der berechnete Wert wird einer Variablen, deren Name gleich dem Namen der jeweiligen Property ist, durch den MAKE-Befehl zugewiesen. Anschließend wird dieser Wert eingegeben. Dieser einfache Trick erlaubt es zum Beispiel, einmal berechnete Zwischenergebnisse wieder zu verwenden. Wird zum Beispiel Oberfläche und Volumen einer Kugel in der Form

```
F 4*:R*:R*PI
V :F*:R/3
```

gespeichert, so kann die auf der Variablen F gespeicherte Oberfläche zur Berechnung des Volumens V herangezogen werden.

Die Auswertung von gespeicherten Formeln erfolgt zum Beispiel durch die Aktion

```
BERECHNEN EVALPROP PLIST READ "NAME:
```

Selbstverständlich kann die Eingabe der Variablen ebenfalls durch eine Funktion unterstützt werden:

```
TO EINGABE
OP FIRST RL
END
```

Der folgende Dialog zeigt die Anwendung des Systems zur Speicherung und Benutzung der Formeln für Oberfläche und Volumen einer Kugel:

```
AKTION: ANLEGEN
NAME: KUGEL
R EINGABE
F 4*:R*:R*PI
V :F*:R/3
```

```
AKTION: BERECHNEN
NAME: KUGEL
R 3.5
F 153.93804
V 179.59438
```

Durch die Aktion BERECHNEN wird nach Eingabe von KUGEL und dem gewünschten Wert für den Radius R die Oberfläche F und das Volumen V
automatisch berechnet und ausgegeben.

Die folgende Anwendung zeigt, daß Werte auch aus anderen Propertylisten
übernommen werden können:

```
AKTION: ANLEGEN
NAME: RECHNUNG
ARTIKEL EINGABE
MENGE EINGABE
PREIS  GPROP :ARTIKEL "PREIS
BETRAG :MENGE*:PREIS
```

Dabei wird angenommen, daß als ARTIKEL der Name einer Propertyliste
eingegeben wird, in welcher der Preis des Artikels gespeichert ist. Bei der
Berechnung der Rechnung wird auf den Preis zugegriffen und dieser mit der
eingegebenen Menge multipliziert:

```
AKTION: BERECHNEN
NAME: RECHNUNG
ARTIKEL GUMMIBAERLI
MENGE 12
PREIS 1.50
BETRAG 18
```

7. PROJEKTE IN LOGO

7.1. NATÜRLICHES WACHSTUM

Dieses sogenannte "natürliche" Wachstum ist alles andere als natürlich, geht es doch von der Annahme unbeschränkter Ressourcen aus. Es entspricht etwa dem Wachsen einer Kaninchenpopulation bei unbeschränktem Platz- und Nahrungsangebot ohne natürliche Feinde. Von realistischen Annahmen geht das Räuber-Beute-Modell aus, bei dem das Wachstum der Beute-Population – in unserem Beispiel der Kaninchen – in Abhängigkeit vom Umfang einer Räuber-Population, zum Beispiel von Füchsen, reduziert wird. Bezeichnet x die Dichte der Beute-Population – zum Beispiel die Anzahl von Kaninchen pro Quadratkilometer –, so wächst die Population der Kaninchen ohne Berücksichtigung der Füchse in Abhängigkeit von der Zeit t proportional zu ihrer Anzahl, also

$$dx/dt = ax$$

Unter Berücksichtigung der Räuber-Population y aber wird eine Anzahl von Kaninchen gefressen, die dem Produkt von x und y proportional ist, das heißt

$$dx/dt = ax - bxy$$

Gibt es keine Kaninchen als Futter, so nimmt die Anzahl der Räuber y exponentiell entsprechend einer Sterberate c ab:

$$dy/dt = - cy$$

Unter Berücksichtigung der Kaninchen-Dichte x dagegen wächst die Anzahl der Räuber proportional zum Produkt von x und y:

$$dy/dt = - cy + dxy$$

Es handelt sich damit um ein System gewöhnlicher Differentialgleichungen erster Ordnung.

Mit dem folgenden Programm KURVEN können die Dichtefunktionen der Kaninchen und Füchse x(t) und y(t) leicht gezeichnet werden:

```
TO KURVEN :X :Y :T
IF :T > 200 [STOP]
SETPOS LIST :T :X
SETPOS LIST :T :Y
KURVEN (:X+:A*:X-:B*:X*:Y) (:Y-:C*:Y+:D*:X*:Y) :T+1
END
```

Das Rahmenprogramm ZEICHNE zeichnet die Achsen und versorgt das Programm KURVEN mit den Parametern A, B, C und D und den Anfangswerten für X, Y und T:

```
TO ZEICHNE :A :B :C :D :X0 :Y0
CS ACHSEN [120 200]
KURVEN :X0 :Y0 0
END
```

Die Achsen sind mit dem Programm

```
TO ACHSEN :L
IF :L=[] [STOP]
REPEAT  (FIRST :L)/10
        [FD 10 LT 90 FD 2 BK 4 FD 2 RT 90]
SETPOS [0 0]
RT 90
ACHSEN BF :L
END
```

aus dem Kapitel Listenverarbeitung gezeichnet.

Durch einen Aufruf

```
ZEICHNE 0.01 0  0.025 0 10  100
```

wird zum Beispiel das exponentielle Wachstum der Kaninchen – beginnend mit zehn Kaninchen und einer Wachstumsrate von 1 % – und die Verringerung der Füchse – 100 Füchse dezimieren sich mit einer Sterberate von 25 % – gezeigt. Wegen B = 0 und D = 0 besteht hier noch keine Abhängigkeit zwischen den beiden Populationen!

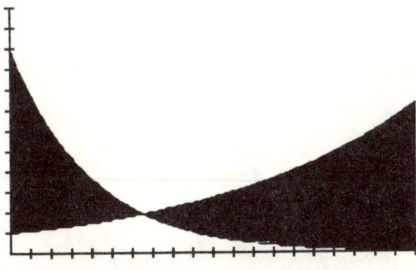

Frißt hingegen jeder Fuchs 1 ‰ der Kaninchen (B = 0,001) und vermehren sich die Füchse mit dem Proportionalitätsfaktor D = 0,001, so bewirkt bei einem Anfangswert von 60 Kaninchen und 10 Füchsen das Ansteigen der

Anzahl der Füchse ein rasches Aussterben der Kaninchen, was – mit einer gewissen Verzögerung – auch eine Abnahme der Füchse zur Folge hat!

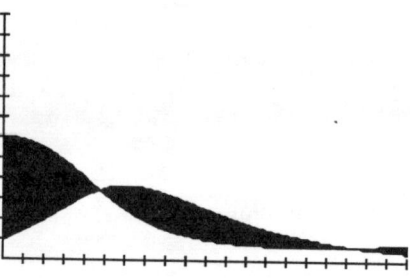

ZEICHNE 0.01 0.001 0.025 0.001 60 10

Betrachtet man die Wachstumskurve jedoch im "Zeitraffer", indem zum Beispiel die Zeit T bei jedem Schritt nur um den Wert 0,5 erhöht wird – die Zeitachse wird damit um den Faktor 2 gedehnt –, so erkennt man, daß sich die Kaninchen wieder zu vermehren beginnen, sobald sich die Anzahl der Füchse genügend verringert hat:

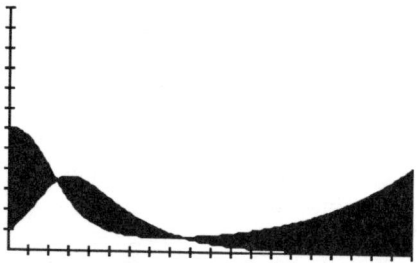

Im "Zeitraffer" mit dem Faktor 5 sieht man, daß die Ab- und Zunahme der Population periodisch erfolgt:

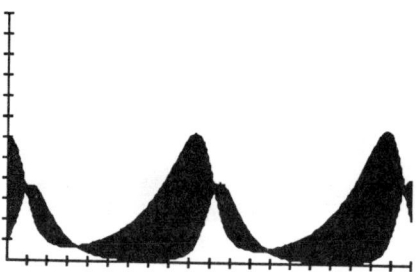

Im Vergleich dazu zeigt das folgende Diagramm die regelmäßigen Populationszyklen von Schneehasen und kanadischem Luchs in Nordkanada auf Grund der Anzahl der von der Hudson Bay Company gehandelten Pelze.

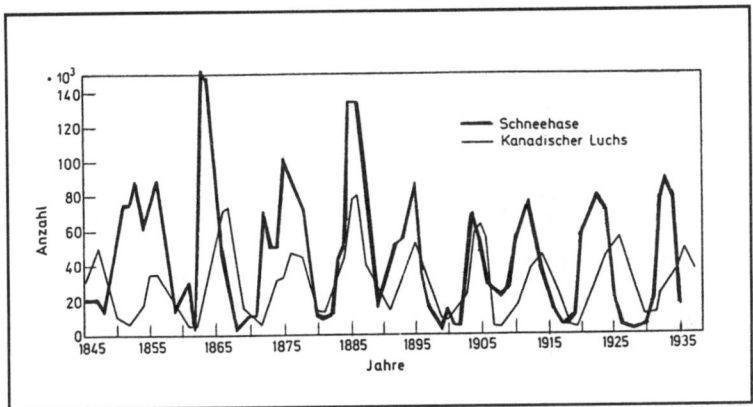

Aus: G. Czihak, H. Langer, H. Ziegler (Hrsg.): "BIOLOGIE – Ein Lehrbuch", 3. Aufl.,
Springer-Verlag, Berlin–Heidelberg–New York–Tokyo, 1984, S. 741

Um jene Werte der Parameter zu berechnen, für welche die Anzahl beider
Populationen konstant ist, brauchen nur die beiden Ableitungen Null gesetzt
zu werden:

$$ax - bxy = 0$$
$$-cy + dxy = 0$$

Außer der trivialen Lösung $x = 0$ und $y = 0$ ist $x = c/d$ und $y = a/b$ ein solcher
"Fixpunkt". Mit den Parametern $a = 0,01$, $b = 0,001$, $c = 0,025$ und $d = 0,001$
sind daher die Funktionen $x(t)$ und $y(t)$ mit den Anfangswerten X0 = 25 und
Y0 = 10 eine Gerade!

Werden die beiden SETPOS-Befehle im Programm KURVEN durch ein
einziges SETPOS ersetzt, das die Turtle auf die x- und y-Werte setzt, so wird
die Populationskurve in der Kaninchen-Füchse-Ebene gezeichnet, in der die
x-Koordinate der Anzahl der Kaninchen und die y-Koordinate der Anzahl
der Füchse entspricht! Jede Wachstumsperiode wird hier durch einen spiral-
förmigen Umlauf dargestellt. Für X0=25 und Y0=10 entspricht der "Fixpunkt" dann wirklich einem Punkt.

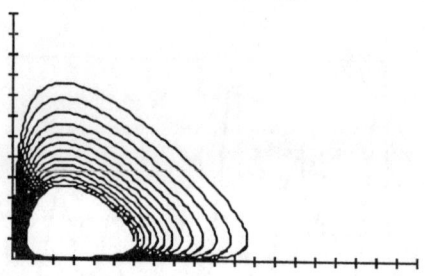

```
TO KURVEN :X :Y
SETPOS LIST :X :Y
KURVEN (:X+:A*:X-:B*:X*:Y) (:Y-:C*:Y+:D*:X*:Y)
END

TO ZEICHNE :A :B :C :D :X0 :Y0
CS ACHSEN 120 200
PU SETPOS LIST :X0 :Y0 PD
KURVEN :X0 :Y0
END
```

7.2. LEBENSSPIEL

Das Lebensspiel (Game of Life) geht von der Annahme aus, daß eine raster-förmig angeordnete Population von Punkten sich von Generation zu Genera-tion nach bestimmten Regeln vermehrt oder reduziert. In der Originalform hängt die Zukunft eines Punktes von der Anzahl der ihn umgebenden Nach-barpunkte ab:

Hat ein Punkt zwei oder drei Nachbarn, so überlebt er in der kommenden Generation (Punkte mit weniger als zwei Nachbarn sterben an "Verein-samung", Punkte mit mehr als drei Nachbarn sterben an "Übervölkerung"). Zum Beispiel überleben die folgenden Punkte:

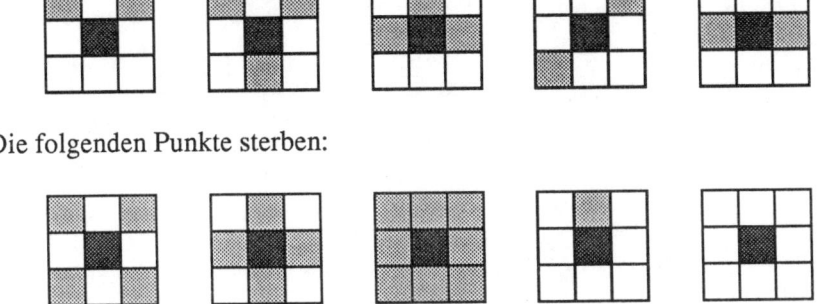

Die folgenden Punkte sterben:

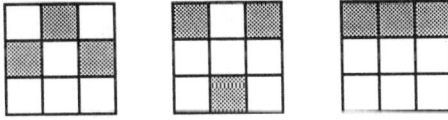

Hat ein leerer Platz genau drei Nachbarn, so entsteht ein neuer Punkt. In den folgenden Situationen entsteht zum Beispiel ein neuer Punkt in der Mitte:

Der Wechsel von einer Generation auf die nächste erfolgt schlagartig, das heißt, daß das Schicksal der (n+1)-ten Generation ausschließlich von der Ge-stalt der n-ten Generation abhängt.

Die folgende Bildfolge zeigt zum Beispiel die Muster, die aus einem vollen Quadrat der Seitenlänge 3 entstehen:

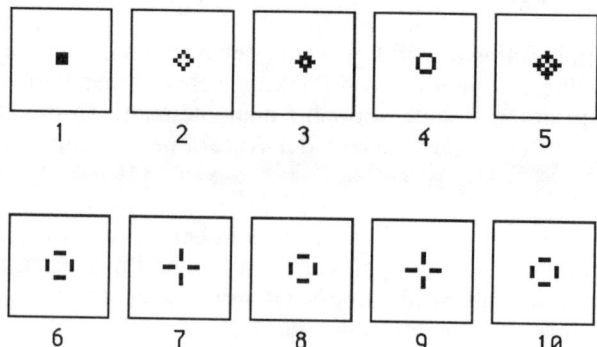

Ab der 7. Generation wiederholen sich die beiden letzten Generationen zyklisch! Bei anderen Anfangswerten kann es passieren, daß ein stabiles Muster entsteht:

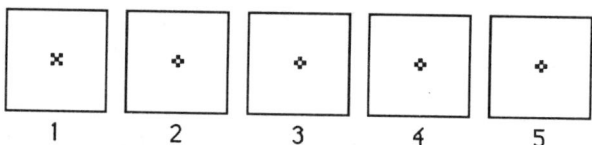

oder daß die Population nach einer bestimmten Anzahl von Generationen gänzlich ausstirbt:

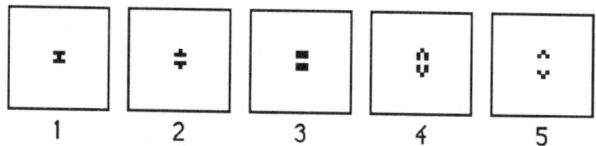

Die Programmierung des Lebensspiels hängt in hohem Maße von der Speicherung des Punktmusters ab. In der folgenden Lösungsvariante werden die x- und y-Koordinaten der lebenden Punkte in einer Liste gespeichert. Diese Darstellung führt zu einem einfachen Programm, verursacht aber hohe Rechenzeiten.

Besonders einfach gelingt es, die in der Liste L gespeicherte Population zu zeichnen:

```
TO ZEICHNE :L
IF :L = [] [STOP]
DOT FIRST :L
ZEICHNE BF :L
END
```

Um die Anzahl der "Nachbarn" eines Punktes zu berechnen,

```
TO NACHBARN :X :Y
OP (WERT :X-1 :Y)+
   (WERT :X-1 :Y+1)+
   (WERT :X :Y+1)+
   (WERT :X+1 :Y+1)+
   (WERT :X+1 :Y)+
   (WERT :X+1 :Y-1)+
   (WERT :X :Y-1)+
   (WERT :X-1 :Y-1)
END
```

muß die Funktion WERT das Ergebnis 1 oder 0 liefern, je nachdem, ob der
Punkt mit den Koordinaten X und Y in der Liste der "alten" Generation ALT
enthalten ist:

```
TO WERT :X :Y
IF LEBT LIST :X :Y [OP 1]
OP 0
END
```

```
TO LEBT :P
OP MEMBERP :P :ALT
END
```

In Abhängigkeit von der Anzahl der Nachbarn ANZ läßt sich nun das
"Schicksal" eines Punktes P der nächsten Generation bestimmen:

```
TO SCHICKSAL :P :ANZ
IF :ANZ=3 [SPEICHERN :P "NEU STOP]
IF :ANZ=2 [IF LEBT :P [SPEICHERN :P "NEU STOP]]
SPEICHERN :P "TOT
END
```

Um einen Punkt P in die neue Generation aufzunehmen, genügt es, ihn zur
Liste NEU hinzuzufügen:

```
TO SPEICHERN :P :L
MAKE :L FPUT :P THING :L
END
```

Bevor das Schicksal eines Punktes mit den Koordinaten X und Y überprüft
wird, ist es ratsam zu prüfen, ob er nicht schon in die Liste der neuen
Generation oder der toten Punkte aufgenommen worden ist:

```
TO PRUEFE :X :Y
IF MEMBERP LIST :X :Y :NEU [STOP]
IF MEMBERP LIST :X :Y :TOT [STOP]
SCHICKSAL LIST :X :Y  NACHBARN :X :Y
END
```

Die Überprüfung, ob der Punkt schon untersucht worden ist, hat ausschließlich Effizienzgründe. Sie erspart den wiederholten Aufruf von NACHBARN
und SCHICKSAL.

Nun steht einer Überprüfung der Umgebung eines Punktes mit den Koordinaten X und Y nichts mehr im Wege:

```
TO PRUEFE.UMGEBUNG :X :Y
PRUEFE :X :Y
PRUEFE :X-1 :Y
PRUEFE :X-1 :Y+1
PRUEFE :X :Y+1
PRUEFE :X+1 :Y+1
PRUEFE :X+1 :Y
PRUEFE :X+1 :Y-1
PRUEFE :X-1 :Y
PRUEFE :X-1 :Y-1
END
```

Da nur in der unmittelbaren Umgebung eines lebenden Punktes neue Punkte
entstehen und alte Punkte sterben können, muß die Umgebung aller lebenden
Punkte der alten Generation überprüft werden:

```
TO PRUEFE.LISTE :L
IF :L = [] [STOP]
PRUEFE.UMGEBUNG FIRST FIRST :L LAST FIRST :L
PRUEFE.LISTE BF :L
END
```

Das Programm GENERATION dient nur noch dazu, die Listen ALT, NEU und
TOT zu verwalten und nach jedem Generationswechsel die entstandene
Population zu zeichnen:

```
TO GENERATION :ALT :NEU :TOT
CS ZEICHNE :ALT
PRUEFE.LISTE :ALT
IF :ALT=:NEU [STOP]
GENERATION :NEU [] []
END
```

Die Abbruchbedingung :ALT=:NEU bewirkt einen Abbruch des Programmes
im Falle einer stabilen Population – sie könnte auch durch das Aussterben der
Population ausgelöst werden. Der rekursive Aufruf von GENERATION
erlaubt es, die Liste NEU der jeweiligen Generation als Liste ALT der nächsten
Generation zu überprüfen.

Um das Programm bequem starten zu können, kann es noch mit einem
Rahmenprogramm LIFE umgeben werden:

```
TO LIFE :L
GENERATION :L [] []
END
```

Der Aufruf

```
LIFE [[-1 2][0 2][1 2][2 1][2 0][2 -1]
      [-1 -2][0 -2][1 -2][-2 1][-2 0][-2 -1]
      [3 2][3 -2][-3 2][-3 -2]
      [1 3][-1 3][0 4][0 -3]]
```

liefert einige Generationen einer "Turtle"-förmigen Population:

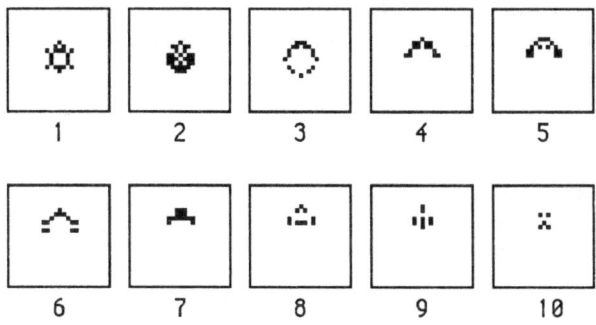

Aus Platzgründen sind die Ergebnisse hier nebeneinander dargestellt.

Durch Veränderung der Wachstumsregeln können andere als die gezeigten Muster generiert werden. Entsteht ein neuer Punkt zum Beispiel genau dann, wenn er zwei lebende Nachbarn hat – im Gegensatz von der ursprünglichen Notwendigkeit von drei Nachbarn – so entstehen zum Beispiel aus einem einfachen Kreuz die folgenden Bildmuster:

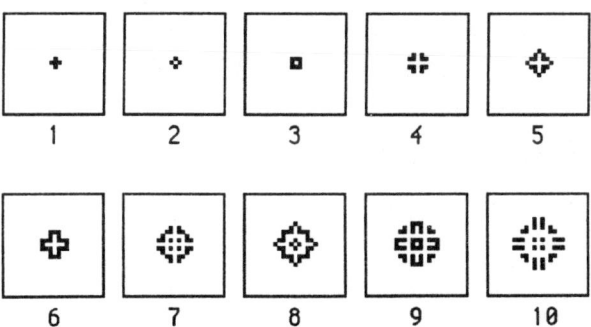

7.3. KOMBINATORIK

Aus einer Urne mit N verschiedenen Buchstaben sollen K Buchstaben gezogen werden. Alle möglichen Buchstabenkombinationen sollen ausgegeben werden.

Im folgenden Programm KOMBI sind die in der Urne enthaltenen Buchstaben im Wort X gespeichert. Das Wort Y enthält alle bereits gezogenen Buchstaben. K ist die Anzahl der noch zu ziehenden Buchstaben. Wenn alle Buchstaben gezogen sind (K=0), so kann das Wort Y gedruckt werden:

```
TO KOMBI :K :X :Y
IF :K = 0 [PR :Y STOP]
```

Um alle Kombinationen zu bilden, wird der erste Buchstabe von X an das Wort Y angefügt und anschließend werden alle Kombinationen von K−1 Buchstaben aus den restlichen Buchstaben der Urne gebildet:

```
KOMBI :K-1 BF :X WORD :Y FIRST :X
```

Damit ist es aber noch lange nicht getan! Jeder Buchstabe von X muß einmal an die erste Stelle kommen! Zu diesem Zweck genügt es jedoch, den Aufruf von Kombi für jeden Buchstaben von X zu wiederholen und gleichzeitig dafür zu sorgen, daß jedesmal ein anderer Buchstabe von X an vorderster Stelle steht. Durch

```
MAKE "X BF :X
```

nach jeder Wiederholung wird dies gewährleistet.

Das gesamte Programm lautet somit

```
TO KOMBI :K :X :Y
IF :K = 0 [PR :Y STOP]
REPEAT COUNT :X [KOMBI :K-1 BF :X WORD :Y FIRST :X
                 MAKE "X BF :X]
END
```

Beim Aufruf muß das Programm mit der vollen Urne X und dem leeren Text Y gestartet werden, zum Beispiel:

```
KOMBI 3 "ABCDE "
```

Die Anzahl der möglichen Kombinationen von K Elementen aus insgesamt N unterschiedlichen Elementen ist

$$\binom{N}{K} = \frac{N!}{(N-K)! \, K!}$$

Für den obigen Aufruf (N=5 und K=3) ergeben sich die folgenden zehn Kombinationen:

```
ABC ABD ABE ACD ACE ADE BCD BCE BDE CDE
```

Was aber würde sich ändern, wenn jeder gezogene Buchstabe wieder in die Urne zurückgelegt wird? Es könnte dann jeder Buchstabe in dem Wort Y wiederholt aufscheinen. Im Gegensatz zu den Kombinationen **ohne** Wiederholung spricht man hier von Kombinationen **mit** Wiederholung. Programmiertechnisch ist die Änderung denkbar einfach: Anstatt wie vorhin beim Herausgreifen des ersten Buchstabens nur mehr die restlichen Buchstaben (BF :X) in der Urne zu lassen,

```
KOMBI :K-1 BF :X WORD :Y FIRST :X
```

stellen wir wieder die volle Urne :X zur Verfügung:

```
KOMBI :K-1 :X WORD :Y FIRST :X
```

Die Anzahl der möglichen Kombinationen erhöht sich dabei auf

$$\binom{N+K-1}{K}$$

Für den Aufruf `KOMBI 3 "ABCDE "` erhalten wir daher die folgenden 35 Kombinationen:

```
AAA AAB AAC AAD AAE
ABB ABC ABD ABE
ACC ACD ACE ADD ADE AEE
BBB BBC BBD BBE BCC BCD BCE BDD BDE BEE
CCC CCD CCE CDD CDE CEE
DDD DDE DEE
EEE
```

Aber noch eine andere Variante unseres Programmes ist interessant: Versuchen wir doch, nicht nur alle möglichen Kombinationen, sondern auch alle möglichen Anordnungen dieser Kombinationen zu bilden – diese Anordnungen werden als **Variationen** bezeichnet!

Die einzige Änderung, die wir in unserem Programm durchführen müssen,
ist die, bei jeder Wiederholung den ersten Buchstaben von X wieder hinten
anzufügen, also statt

```
MAKE "X BF:X
```

den Befehl

```
MAKE "X WORD BF :X FIRST :X
```

auszuführen (die Buchstaben "rotieren" gleichsam in der Urne X!).

Das Programm für die Ausgabe aller Variationen ohne Wiederholung hat
somit die Form

```
TO VARI :K :X :Y
IF :K = 0 [PR :Y STOP]
REPEAT COUNT :X [VARI :K-1 BF :X WORD :Y FIRST :X
                 MAKE "X WORD BF :X  FIRST :X]
END
```

Der Aufruf   VARI 3 "ABCDE "   druckt jetzt alle

$$\binom{N}{K} K! = N (N-1) (N-2) \dots (N-K+1)$$

das sind für N=5 und K=3 gleich 60 Variationen **ohne** Wiederholung (das
heißt, jeder Buchstabe kommt nur einmal vor):

```
ABC ABD ABE ACD ACE ACB ADE ADB ADC AEB AEC AED
BCD BCE BCA BDE BDA BDC BEA BEC BED BAC BAD BAE
CDE CDA CDB CEA CEB CED CAB CAD CAE CBD CBE CBA
DEA DEB DEC DAB DAC DAE DBC DBE DBA DCE DCA DCB
EAD EAC EAD EBC EBD EBA ECD ECA ECB EDA EDB EDC
```

Übrigens kann die Anzahl der Variationen

$$N (N-1) (N-2) \dots (N-K+1)$$

unmittelbar aus dem Programm abgelesen werden: Es gibt ebenso viele
Ausdrucke wie Wiederholungen der REPEAT-Anweisung. Jede REPEAT-
Anweisung wird so oft wiederholt, als Buchstaben in der Urne X enthalten
sind, das sind beim ersten Aufruf N Wiederholungen. Beim zweiten Aufruf
sind es – da der erste Buchstabe aus der Urne entfernt wurde – nur mehr N-1
Wiederholungen, beim dritten Aufruf N-2 und so fort.

Insgesamt gibt es also `N(N-1)(N-2)`... Wiederholungen. Da nach `K` inein-
andergeschachtelten Aufrufen die Rekursion abbricht, ist die Gesamtanzahl
`N(N-1)(N-2)` ... `(N-K+1)`. Falls `K=N` gesetzt wird, erhalten wir alle
Permutationen, das sind alle `K!` möglichen Anordnungen des Wortes `X`. Zum
Beispiel liefert der Aufruf

```
VARI   4   "EINS "
```

die 4! = 24 Permutationen:

```
EINS EISN ENSI ENIS ESIN ESNI
INSE INES ISEN ISNE IENS IESN
NSEI NSIE NEIS NESI NISE NIES
SEIN SENI SINE SIEN SNEI SNIE
```

Da im Fall der Permutationen immer alle Buchstaben der Urne angeordnet
werden müssen, können wir hier auf den Parameter `K` verzichten und das
Programm vereinfacht so anschreiben:

```
TO PERM :X :Y
IF :X =" [PR :Y  STOP]
REPEAT COUNT :X [PERM BF :X  WORD :Y  FIRST :X
                 MAKE "X  WORD BF :X  FIRST :X]
END
```

Da die Variationen letztendlich nichts anderes als die Permutationen aller
Kombinationen sind, läßt sich mit Hilfe des Programmes `PERM` das Varia-
tionsproblem auch mit Hilfe des Kombinationsprogrammes lösen: Wir brauchen nur die Ausgabe einer Kombination durch den Aufruf von `PERM` zu
ersetzen!

```
TO VARI :K :X :Y
IF :K = 0 [PERM :Y " STOP]
REPEAT COUNT :X [VARI :K-1 BF :X WORD :Y FIRST :X
                 MAKE "X BF :X]
END
```

Dieser Zusammenhang erklärt auch, warum es `K!` mal mehr Variationen als
Kombinationen ohne Wiederholung gibt!

Falls in dem permutierten Wort der gleiche Buchstabe mehrmals auftritt, so entstehen einige Permutationen mehrfach, wie zum Beispiel beim Aufruf

```
PERM "LOGO "
```

```
LOGO  LOOG  LGOO  LGOO  LOOG  LOGO
OGOL  OGLO  OOLG  OOGL  OLGO  OLOG
GOLO  GOOL  GLOO  GLOO  GOOL  GOLO
OLOG  OLGO  OOGL  OOGL  OGLO  OGOL
```

Diese Doppelgänger können vermieden werden, wenn nur solche Buchstaben aus der Urne gezogen werden, die nicht schon einmal berücksichtigt worden sind. Im folgenden Programm enthält die lokale Variable Z alle Buchstaben, die schon berücksichtigt worden sind:

```
TO PERM :X :Y
IF :X = " [PR :Y STOP]
LOCAL "Z MAKE "Z "
REPEAT COUNT :X [IF NOT MEMBERP FIRST :X :Z
                   [PERM BF :X WORD :Y FIRST :X]
                MAKE "Z WORD :Z FIRST :X
                MAKE "X WORD BF :X  FIRST :X]
END
```

Der Aufruf PERM "LOGO " liefert jetzt die zwölf unterschiedlichen Permutationen:

```
LOGO  LOOG  LGOO  OGOL  OGLO  OOLG
OOGL  OLGO  OLOG  GOLO  GOOL  GLOO
```

Weil ein Buchstabe doppelt auftritt, ist die Anzahl der unterschiedlichen Permutationen um den Faktor 2! reduziert.

Ebenso berechnet der Aufruf PERM "00011 " die zehn Codewörter des Zwei-aus-Fünf-Codes:

```
00011  00110  00101  01100  01001
01010  11000  10001  10010  10100
```

Der Zwei-aus-Fünf-Code ist ein fehlererkennender Binärcode, der für die Verschlüsselung von Dezimalziffern verwendet wird. Da immer genau zwei von fünf Bits Eins sein müssen, kann die Störung eines einzelnen Bits erkannt werden.

Nicht zuletzt soll noch darauf hingewiesen werden, daß Variationen mit Wiederholung – ebenso wie die Kombinationen mit Wiederholung – durch

Zurverfügungstellen der gesamten Urne bei jedem rekursiven Aufruf erzeugt werden können:

```
TO VARI :K :X :Y
IF :K = 0  [PR :Y  STOP]
REPEAT COUNT :X [VARI :K-1 :X WORD :Y FIRST :X
                MAKE "X WORD BF :X FIRST :X]
END
```

Der Aufruf VARI 2 "ABCD " druckt die N^K Variationen mit Wiederholung:

```
AA   AB   AC   AD
BB   BC   BD   BA
CC   CD   CA   CB
DD   DA   DB   DC
```

Auch hier kann die Anzahl der Variationen unmittelbar aus dem Programm abgelesen werden: Da die Urne X bei allen Aufrufen gleich viele – nämlich N – Elemente enthält, löst jeder Aufruf N weitere Aufrufe aus. Mit der Schachtelungstiefe K ergibt das N^K Aufrufe. Da bei den Variationen mit Wiederholung die Urne immer voll bleibt, ist es übrigens auch möglich, mehr als N Buchstaben herauszugreifen. Es werden dann einfach alle N^K Wörter der Länge K erzeugt, die sich aus einem Alphabet mit N Buchstaben bilden lassen. Für das "binäre"Alphabet mit den Buchstaben 0 und 1 ergibt das zum Beispiel alle Bitmuster der Länge K.

Zum Beispiel liefert der Aufruf VARI 4 "01 "
die 16 vierstelligen Dualzahlen:

```
0000  0001  0011  0010  0111  0110  0100  0101
1111  1110  1100  1101  1000  1001  1011  1010
```

Die sonderbare Reihenfolge der Dualzahlen entsteht durch das Rotieren der Buchstaben in der Urne. Falls – wie im folgenden Programm – auch in jedem rekursiven Aufruf die Ziffern in ihrer Originalreihenfolge übergeben werden, entsteht die gewohnte Anordnung:

```
TO DUAL :K :Y
IF :K=0 [PR :Y STOP]
DUAL :K-1 WORD :Y 0
DUAL :K-1 WORD :Y 1
END
```

Der Aufruf   DUAL 4 "01   liefert folgende Ausgabe:

```
0000   0001   0010   0011   0100   0101   0110   0111
1000   1001   1010   1011   1100   1101   1110   1111
```

Auch um sämtliche Zerlegungen einer Zahl in ihre Summanden – die sogenannten **Partitionen** – zu bilden, können unsere Kombinatorik-Programme
verwendet werden. Sollen zum Beispiel alle Möglichkeiten gefunden werden,
wie sich ein Faden der ganzzahligen Länge K in Stücke der Länge 1 oder 2
zerschneiden läßt, so brauchen wir nur das Variationsprogramm mit Wiederholungen geringfügig zu modifizieren:

```
TO PART :K :X :Y
IF :K = 0 [PR :Y STOP]
IF :K < 0 [STOP]
REPEAT COUNT :X [PART :K-FIRST :X :X WORD :Y FIRST :X
                 MAKE "X WORD BF :X FIRST :X]
END
```

Anstatt K in jedem Aufruf um 1 zu verringern, wird K einfach um die Länge
des abgeschnittenen Teils (FIRST :X) erniedrigt! Nachdem ein Stück der
Länge FIRST :X abgeschnitten wurde, werden alle Zerlegungen des ver-
bleibenden Fadens der Länge :K-FIRST :X gebildet. Falls der Faden zu
kurz ist (:K < 0), ist diese Zerlegung unmöglich, und es wird abgebrochen.

Zum Beispiel liefert der Aufruf   PART 5 "12 " alle möglichen Zerlegungen eines Fadens der Länge 5 in Teile der Länge 1 oder 2:

```
11111
1112
1121
122
1211
221
2111
212
```

Wer Wert auf eine ansprechendere Form der Ausgabe der einzelnen Zerlegungen legt, kann mit der folgenden Funktion SUMME zwischen die einzelnen
Summanden "+"-Zeichen setzen:

```
TO SUMME :X
IF (BF :X) = " [OP :X]
OP (WORD FIRST :X "+ SUMME BF :X)
END
```

Wird im Programm PART die Ausgabe PR :Y durch   SUMME :Y ersetzt,
so entsteht für den Aufruf

```
PART 5 "12 "

1+1+1+1+1
1+1+1+2
1+1+2+1
1+2+1+1
2+2+1
2+1+1+1
2+1+2
```

Wer daran zweifelt, daß jede Summe wirklich stimmt, kann sie mit dem RUN-
Befehl auch gleich wieder aufaddieren.

Der Befehl (PR SUMME :Y "= RUN SUMME :Y) anstelle des ursprünglichen PR :Y bewirkt eine Ausgabe der Form

```
1+1+1+1+1 = 5
1+1+1+2 = 5
1+1+2+1 = 5
1+2+2 = 5
1+2+1+1 = 5
2+2+1 = 5
2+1+1+1 = 5
2+1+2 = 5
```

Die Zerlegung einer Zahl ist keineswegs auf Summanden der Länge 1 oder 2
beschränkt, beispielsweise die Zerlegung von 5 in sämtliche positive
Summanden bewirkt der Aufruf:

```
PART 5 "1234 "

1+1+1+1+1
1+1+1+2
1+1+2+1
1+1+3
1+2+2
1+2+1+1
1+3+1
1+4
2+2+1
2+3
2+1+1+1
2+1+2
3+1+1
3+2
4+1
```

Falls Lösungen, die sich nur in der Anordnung der Summanden unterscheiden, vermieden werden sollen, braucht nur anstelle des Variations- der Kom-
binationsalgorithmus verwendet werden:

```
TO PART :K :X :Y
IF :K = 0 [PR SUMME :Y STOP]
IF :K < 0 [STOP]
REPEAT COUNT :X [PART :K-FIRST :X :X WORD :Y FIRST :X
                MAKE "X BF :X]
END
```

Der Aufruf PART 5 "1234 " liefert jetzt die Zerlegung

```
1+1+1+1+1
1+1+1+2
1+1+3
1+2+2
1+4
2+3
```

steigend nach Summanden sortiert. Sollen die Summanden in umgekehrter
Reihenfolge aufscheinen, brauchen nur die Ziffern im Aufruf vertauscht zu
werden:

```
PART 5 "4321 "
```

```
4+1
3+2
3+1+1
2+2+1
2+1+1+1
1+1+1+1+1
```

Sollen alle Summanden einer Zerlegung verschieden sein, so liefern die
Kombinationen ohne Wiederholung das gewünschte Ergebnis (im rekursiven
Aufruf braucht nur :X durch BF :X ersetzt zu werden).

Hier das Ergebnis für den Aufruf

```
PART 7 "7654321 "
```

```
7
6+1
5+2
4+3
4+2+1
```

7.4. FOLGEN UND REIHEN

Die Bedeutung der Summe einer endlichen Folge von Gliedern läßt sich am Beispiel der Zinseszinsrechnung anschaulich zeigen:

Ein Kapital K wird jährlich mit einem Zinssatz von P Prozent verzinst. Die Funktion GUTHABEN berechnet das Guthaben nach N Jahren:

```
TO GUTHABEN :N :K :P
IF :N = 0 [OP :K]
OP (GUTHABEN :N-1 :K :P)*(1+:P/100)
END
```

Zu Beginn (:N = 0) ist das Guthaben gleich dem Kapital. Nach N Jahren ist das Guthaben gleich dem Guthaben des Vorjahres (GUTHABEN :N-1 :K :P), vermehrt um die Zinsen des letzten Jahres !

Zum Beispiel liefert das Guthaben eines 5 Jahre hindurch mit 3,5 % verzinsten Kapitals von S 100,-- der Aufruf PR GUTHABEN 5 100 3.5:

```
118.76863
```

Mit Hilfe einer einfachen Funktion SPION :X können – eventuell für Testzwecke – auch die Zwischenergebnisse sichtbar gemacht werden:

```
TO SPION :X
PR :X
OP :X
END
```

Die Funktion SPION, die ihren Parameterwert ausgibt, bevor sie ihn als Funktionswert zurückliefert, kann innerhalb der OUTPUT-Befehle angewendet werden:

```
TO GUTHABEN
IF :N = 0 [OP :K]
OP SPION (GUTHABEN :N-1 :K :P)*(1+:P/100)
END
```

Der Aufruf GUTHABEN 5 100 3.5 liefert jetzt das Guthaben nach Ablauf jedes Jahres:

```
103.5
107.1225
110.87179
114.7523
118.76863
```

Auf ähnliche Weise kann aber auch zum Beispiel die Summe der ersten n Glieder der harmonischen Reihe

$$\sum_{i=1}^{n} \frac{1}{i} = 1 + \frac{1}{2} + \frac{1}{3} + \dots + \frac{1}{n}$$

berechnet werden:

```
TO HARMONISCH :N
IF :N =0 [OP 0]
OP 1/:N + HARMONISCH :N-1
END
```

oder die Summe der ersten n ungeraden Zahlen

$$\sum_{i=1}^{n} (2i-1) = 1 + 3 + 5 + \dots + 2n-1$$

die als Ergebnis das Quadrat von n liefert:

```
TO QUAD :N
IF :N = 0 [OP 0]
OP 2*:N-1 + QUAD :N-1
END
```

Anstatt das nächste Glied durch Multiplikation aus n zu berechnen, könnte es ebensogut durch Erhöhung des vorhergehenden Gliedes um 2 ermittelt werden. Allerdings muß dann der Wert des letzten Gliedes als weiterer Parameter übergeben werden:

```
TO QUAD :N :G
IF :N = 0 [OP 0]
OP :G + QUAD :N-1 :G+2
END
```

Beim Aufruf der Funktion müssen die Anzahl der Glieder N und der Wert des ersten Gliedes G angegeben werden, zum Beispiel:

```
PR QUAD 7  1
49
```

Nach diesem Prinzip können aber auch komplizierte Reihen, wie etwa die Reihe zur näherungsweisen Berechnung von e,

$$1 + 1 + \frac{1}{2} + \frac{1}{6} + \frac{1}{24} + \dots + \frac{1}{n!}$$

leicht programmiert werden. Anstatt eine bestimmte Anzahl von Gliedern vorzugeben, ist es hier allerdings besser, so lange zu summieren, bis das letzte Glied kleiner als ein vorgegebener Wert, zum Beispiel 0,001, ist:

```
TO EXPO :N :G
IF :G < 0.001 [OP 0]
OP :G + EXPO :N+1 :G/(:N+1)
END
```

Da die Reihe von links nach rechts aufsummiert wird, wird die Nummer n des Gliedes mit jedem Aufruf erhöht. Das nächste Glied berechnet sich aus dem vorhergehenden, indem es durch n+1 dividiert wird:

$$G_{n+1} = G_n/(n+1)$$

Die Funktion wird mit der Nummer des ersten Gliedes (N=0) und dem Wert des ersten Gliedes (G=1) aufgerufen. Bei jedem weiteren Aufruf erhält N die Nummer und G den Wert des nächsten Gliedes.

Der Aufruf

```
PR EXPO 0 1
```

liefert zum Beispiel das Ergebnis

```
2.71806
```

bereits nach 7 Gliedern. (Der genaue Wert von e ist 2,7182818284...).

Tatsächlich ist die Reihe

$e \approx 1 + 1 + 1/2 + 1/6 + \dots + 1/n!$

ein Sonderfall der Leibniz-Reihe[1]

$e^x \approx 1 + x + x^2/2 + x^3/6 + \dots + x^n/n!$

Das nächste Glied berechnet sich aus dem vorhergehenden durch Multiplikation mit x und Division durch n + 1:

$G_{n+1} = G_n \, x/(n + 1)$

[1] Gottfried Wilhelm Leibniz (1646 - 1716).

```
TO LEIBNIZ :N :G
IF :G < 0.001 [OP 0]
OP :G + LEIBNIZ :N+1 :G*:X/(:N+1)
END
```

Um zum Beispiel den Funktionswert e^x näherungsweise zu berechnen, kann die Leibniz-Reihe in einer Funktion F :X aufgerufen werden:

```
TO F :X
IF :X < 0 [OP 1/(F -:X)]
OP LEIBNIZ 0 1
END
```

Da die Leibniz-Reihe für positives x rascher konvergiert, ist es vorteilhaft, den Funktionswert für e^{-x} durch den Kehrwert $1/e^x$ zu ersetzen.

Die Funktionswerte können nun sowohl tabellarisch als auch graphisch ausgegeben werden:

```
TAB 0 5 1

0 1
1 2.71806
2 7.38871
3 20.08521
4 54.59706
5 148.41236

DIAGRAMM 0 5 0.2

TO TAB :A :B :S
IF :A > :B [STOP]
(PR :A F :A)
TAB :A+:S :B :S
END
```

Die Programme TAB und DIAGRAMM wurden im Kapitel "Funktionen" näher besprochen.

Ähnlich wie die Exponentialfunktion können auch Winkelfunktionen näherungsweise durch Reihen berechnet werden, zum Beispiel:

$$\sin x \approx x - x^3/3! + x^5/5! + x^7/7! + \dots + x^n/n!$$

Werden die Glieder, von Eins beginnend, in Schritten von 2 durchnumeriert, so gilt:

$$G_{n+2} = -G_n \cdot x^2 / ((n+1)(n+2))$$

```
TO SINUS :N :G
IF (ABS G) < 0.001 [OP 0]
OP :G + SINUS :N+2 (-:G*:X*:X)/((:N+1)*(:N+2))
END
```

Da die Reihe alterniert, muß als Abbruchskriterium der Betrag des Gliedes (ABS :G) herangezogen werden. Zur Berechnung des Betrages wird die Funktion

```
TO ABS :X
IF :X < 0 [OP -:X]
OP :X
END
```

aus dem Kapitel "Funktionen" verwendet.

Der Wert von sin x kann durch die Funktion

```
TO F :X
OP SINUS 1 :X
END
```

näherungsweise berechnet werden.

Bei der Verwendung dieser Sinus-Funktion muß darauf geachtet werden, daß das Argument im Bogenmaß eingegeben wird:

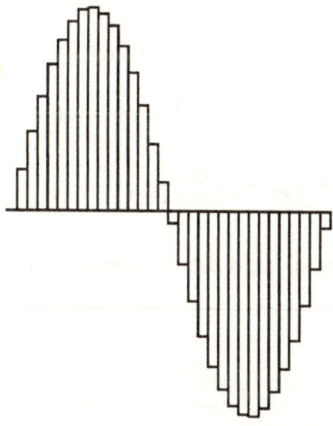

```
DIAGRAMM 0 2*PI 0.2
```

Da die Reihe für den Kosinus

cos x ≈ 1 - x^2/2! + x^4/4! - x^6/6! + ...

der Sinusreihe ganz ähnlich ist, genügt es, beim Aufruf von SINUS den Anfangswert für N und G zu verändern.

```
TO F :X
OP SINUS 0 1
END
```

berechnet einen Näherungswert für cos x.

Auch die Arcustangensreihe:

arctan x ≈ x - x^3/3 + x^5/5 - x^7/7 + ...

kann auf ganz ähnliche Weise berechnet werden:

```
TO ATAN :N :G
IF (ABS :G) < 0.001 [OP 0]
OP :G + ATAN (:N+2) (-:G*:X*:X)/(:N+2)
END
```

Mit

```
TO F :X
OP ATAN 1 :X
END
```

liefert der Aufruf   PR F 1   einen Näherungswert für π/4.

Schließlich soll noch die Binomische Reihe[2] berechnet werden:

$$x^m = 1 + \binom{m}{1}(x-1) + \binom{m}{2}(x-1)^2 + \binom{m}{3}(x-1)^3 + ...$$

Die Koeffizienten "m über n" sind die Binomialkoeffizienten:

$$\binom{m}{n} = \frac{m!}{(m-n)!\,n!}$$

---

[2] Die Binomische Reihe wurde von Isaac Newton 1676 entdeckt.

Da $\binom{m}{n+1} = \binom{m}{n} \frac{m-n}{n+1}$

ist, kann das (n+1)-te Glied aus dem n-ten Glied folgendermaßen berechnet werden:

$G_{n+1} = G_n (x-1)(m-n)/(n+1)$

Die Funktion zur Berechnung der Binomischen Reihe lautet daher:

```
TO BINOM :N :G
IF (ABS :G) < 0.001 [OP 0]
OP :G + BINOM :N+1   :G*(:X-1)*(:M-:N)/(:N+1)
END
```

und die Funktion zur Berechnung von x^m:

```
TO POTENZ :X :M
OP BINOM 0   1
END
```

Für ganzzahliges m bricht die Reihe für n = m automatisch ab. Für nicht ganzzahliges m konvergiert die Binomische Reihe für $0 < x < 2$ und kann zum Beispiel für m = 1/2 zum näherungsweisen Wurzelziehen verwendet werden:

Zum Beispiel liefert PR POTENZ 2 1/2 mit 1,41471 ganz guten Näherungswert für $\sqrt{2} = 1,414213562...$

7.5. NUMERISCHE INTEGRATION

Um den Wert des bestimmten Integrals

$$\int_a^b f(x)\,dx$$

einer Funktion f(x) zwischen den Grenzen a und b näherungsweise zu berechnen, kann die Funktion zum Beispiel durch eine Treppenkurve angenähert werden. Die Summe der Flächen der Rechtecke ist ein Näherungswert für den Wert des Integrals:

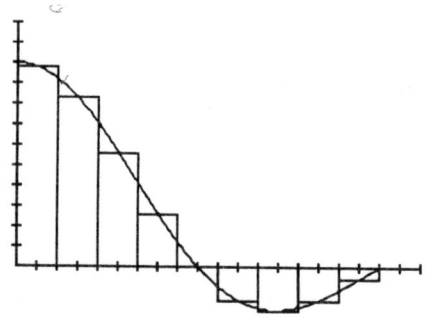

Die Höhe der einzelnen Rechtecke entspricht dem Funktionswert in der Mitte des Rechteckes. (Die gezeigte Kurve entspricht der Funktion

$$f(x) = (\sin x)/x$$

im Intervall [0, 180]. Die Rechtecksflächen im negativen Bereich der Funktion werden automatisch subtrahiert!)

Die Rechtecke können zum Beispiel mit Hilfe der Funktion RECHTECK gezeichnet werden:

```
TO RECHTECK
IF XCOR >(:B-:S) [OP 0]
MAKE "Y F XCOR+:S/2
FD :Y RT 90 FD :S LT 90 BK :Y
OP :S*:Y+RECHTECK
END
```

Gleichzeitig liefert die Funktion RECHTECK die Summe der Rechtecksflächen als Funktionswert. Die Funktion INTEGRAL dient zum Zeichnen der

Achsen und des Funktionsverlaufes (die Achsen sind mit dem Programm
ACHSEN aus dem Kapitel "Listenverarbeitung" gezeichnet):

```
TO INTEGRAL :A :B :S
CS
ACHSEN [120 200]
SETPOS LIST :A 0
KURVE :A :B
PU SETPOS LIST :A 0 PD
SETHEADING 0
OP RECHTECK
END
```

```
TO KURVE :A :B
IF :A >:B [STOP]
SETPOS LIST :A F :A
KURVE :A+1 :B
END
```

Die zu integrierende Funktion muß als LOGO-Funktion F programmiert
werden. Mit der Funktion

```
TO F :X
OP SQRT (10000-:X*:X)
END
```

wird zum Beispiel ein Kreis mit dem Radius 100 beschrieben.

Der Aufruf

```
PR 4*(INTEGRAL 0 100 20)/10000
```

zum Beispiel zeichnet den Viertelkreis und berechnet den Wert 3,17199 als
Näherung für π:

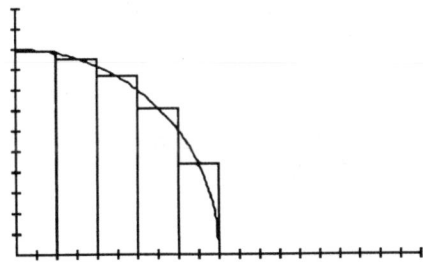

Durch Halbierung der Schrittweite S im Aufruf

```
PR 4*(INTEGRAL 0   100   10)/10000
```

kann das Ergebnis (3,15241) geringfügig verbessert werden:

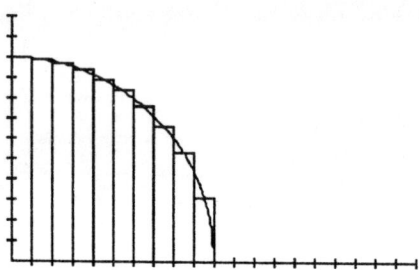

Für die Schrittwerte von 5 ist das Integral mit 3,14543 schon eine recht
brauchbare Näherung für π:

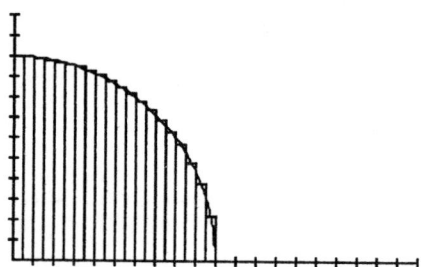

Mit der Funktion

```
TO F  :X
OP 10000/(100+:X)
END
```

liefert der Aufruf   PR (INTEGRAL 0 100 20)/10000
den Wert 0,69191 als Näherung für

$$\int_0^1 \frac{dx}{1+x} = \ln 2 = 0.6931$$

und die folgende Zeichnung:

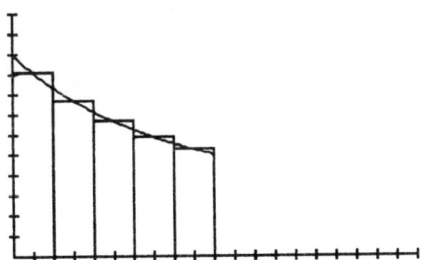

Die Fläche einer geschlossenen Kurve kann näherungsweise durch die sogenannte Monte-Carlo-Methode berechnet werden. Dabei wird mit zufällig gewählten Koordinaten in ein die Fläche umgebendes Quadrat geschossen und
die Trefferhäufigkeit der Punkte innerhalb der Fläche gezählt.

Im folgenden Beispiel wird die Monte-Carlo-Methode zur Berechnung der
Fläche des Viertelkreises verwendet:

```
TO MONTECARLO :A :B :N
CS
ACHSEN [120 120]
SETPOS LIST :A 0
KURVE :A :B
OP (TREFFER RANDOM 100 RANDOM 100 :N)/:N
END

TO TREFFER :X :Y :N
IF :N = 0 [OP 0]
DOT LIST :X :Y
IF :Y < F :X [OP 1+TREFFER RANDOM 100 RANDOM 100 :N-1]
OP TREFFER RANDOM 100 RANDOM 100 :N-1
END
```

Der Aufruf   PR 4*MONTECARLO 0 100 1000
liefert einen mit 1000 Versuchen berechneten Näherungswert für π:

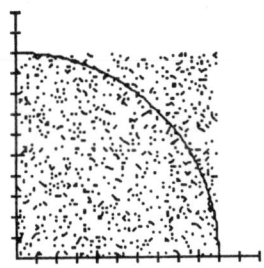

Die Genauigkeit der Monte-Carlo-Methode läßt zwar meist zu wünschen übrig, sie ist aber dann besonders vorteilhaft, wenn sich die zu integrierende Funktion nicht in geschlossener Form darstellen läßt. So läßt sich zum Beispiel die Fläche der Schlinge des Kartesischen Blattes, für die

$$x^3 + y^3 - 3axy < 0$$

gilt, näherungsweise ermitteln:

```
TO BLATT :A
CS
ACHSEN [120 120]
OP (TREFFER RANDOM 100 RANDOM 100 1000)/1000
END

TO TREFFER :X :Y :N
IF :N = 0 [OP 0]
IF (:X*:X*:X+:Y*:Y*:Y - 3*:A*:X*:Y) < 0
   [DOT LIST :X :Y
    OP 1 + TREFFER RANDOM 100 RANDOM 100 :N-1]
OP TREFFER RANDOM 100 RANDOM 100 :N-1
END
```

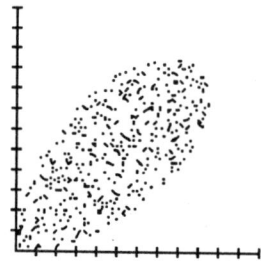

Im gezeigten Beispiel wird durch den Aufruf   PR BLATT 60   die Fläche des Kartesischen Blattes für a = 0,6 berechnet (der exakte Wert ist $3a^2/2$ = 0,54).

7.6. DIFFERENTIALGLEICHUNGEN

Sind die erste Ableitung einer Funktion y' = dy/dx und ein Anfangswert [x0, y0] gegeben, so kann die Lösung dieser Differentialgleichung[1] einfach gezeichnet werden: Vom Anfangswert ausgehend wird aus der Ableitung der Winkel der Tangente arctan y' bestimmt, die Turtle in diese Richtung gedreht und eine kurze Strecke gezeichnet. Im nächsten Punkt wird die Richtung neuerlich bestimmt und so fort.

Ist zum Beispiel, wie bei der Exponentialfunktion

$$y = e^{ax}$$

die Ableitung proportional zum Funktionswert y

$$y' = ay$$

so kann der Funktionsverlauf durch das Programm EXPO gezeichnet werden:

```
TO EXPO :A
REPEAT 100 [SETHEADING 90 - ARCTAN :A*YCOR FD 1]
END
```

Da für die Turtle der Winkel mit der y-Achse angegeben werden muß, die Tangente unserer Lösungskurve aber den Winkel mit der x-Achse bedeutet, und darüber hinaus eine positive Drehung der Turtle entgegengesetzt dem mathematisch positiven Umdrehungssinn entspricht, muß der berechnete Winkel von 90° subtrahiert werden. Wird die Turtle zum Beispiel auf den Startpunkt mit den Koordinaten x0 = 0 und y0 = 1 durch

```
PU SETPOS [0 1] PD
```

gesetzt, so zeichnet ein Aufruf EXPO 0.1 die folgende Kurve:

---

1 Es handelt sich dabei um eine gewöhnliche Differentialgleichung erster Ordnung.

Durch Verändern des Parameters A können verschieden starke Anstiege der
Exponentialfunktion gewählt werden:

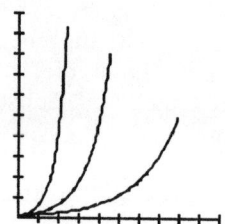

Dieses Bild ist durch die Aufrufe

```
ACHSEN [100 100]
PU SETPOS [0 1] PD EXPO  0.2
PU SETPOS [0 1] PD EXPO  0.1
PU SETPOS [0 1] PD EXPO  0.05
```

entstanden.

Die Achsen sind mit dem Programm:

```
TO ACHSEN :L
IF :L=[] [STOP]
REPEAT (FIRST :L)/10
      [FD 10 LT 90 FD 2 BK 4 FD 2 RT 90]
SETPOS [0 0]
RT 90
ACHSEN BF :L
END
```

aus dem Kapitel "Listenverarbeitung" gezeichnet.

Ebenso kann aber auch durch Veränderung des Startpunktes eine ganze Schar
von Lösungskurven gezeichnet werden. Die folgende Kurvenschar entsteht
durch A = 0.1 und die Startkoordinaten x0 = 0 und y0 = 5, 2, 1,
0.5, 0.1, -0.1, -0.5, -1, -2, -5

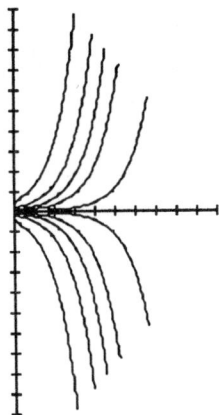

Hier wurden die Achsen durch den Aufruf ACHSEN [100 100 100] gezeichnet.

Da das Wachstum der Exponentialfunktion proportional zum Funktionswert ist, entspricht der Funktionsverlauf dem "natürlichen" Wachstum der Biologie bei ungehinderter Fortpflanzung. (So vermehrt sich zum Beispiel eine typische Bakterienkolonie in einer Nährlösung mit dem Parameter a = 2, wenn x die Zeit in Stunden bedeutet.)

Auch das Wachstum der Weltbevölkerung in den letzten Jahren etwa kann durch eine Exponentialfunktion angenähert werden. Wird als Anfangspunkt im Jahre 1850 eine Milliarde angenommen und als Parameter a = 0,012 gewählt, so entsteht die folgende Wachstumskurve:

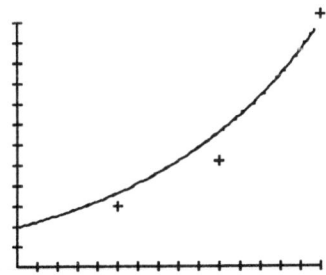

Dabei entspricht ein Jahr einer Einheit der x-Achse. Auf der y-Achse wurde eine Milliarde durch 20 Einheiten dargestellt. Mit der Prozedur PUNKTE wurden die Werte für die geschätzte Weltbevölkerung (1,5 Milliarden im Jahr 1900, 2,6 Milliarden im Jahr 1950 und 6,2 Milliarden im Jahr 2000) eingetragen:

```
TO PUNKTE :L
IF :L=[] [STOP]
PU SETPOS FIRST :L PD
REPEAT 4 [FD 2 BK 2 RT 90]
PUNKTE BF :L
END
```

Der Aufruf erfolgt durch

```
ACHSEN [120 150]
SETPOS [0 20]
EXPO 0.012
SETHEADING 0
PUNKTE [[50 30][100 52][150 124]]
```

Der Parameter a = 0,012 entspricht einem jährlichen Zuwachs von 1,2 %. Demnach würde sich die Menschheit alle ln 2/a, das sind etwa 58 Jahre, verdoppeln. Tatsächlich ist das Wachstum zur Zeit rascher (die Verdoppelungszeit liegt bei etwa 32 Jahren).

Mit Hilfe eines einfachen Tricks kann die Weltbevölkerung auch in die Vergangenheit extrapoliert werden: Es genügt, in der Prozedur EXPO die Turtle rückwärts laufen zu lassen! Wird FD 1 durch BK 1 ersetzt, so stellt der Kurvenverlauf die extrapolierte Weltbevölkerung vor dem Jahr 1850 dar:

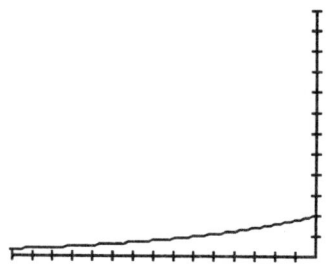

Das Programm EXPO hat jetzt die Form:

```
TO EXPO :A
REPEAT 180 [SETHEADING 90 - ARCTAN :A*YCOR BK 1
            IF XCOR <-150 [STOP]]
END
```

und der Aufruf erfolgt durch

```
ACHSEN [120 0 0 150]
SETPOS [0 20]
EXPO 0.012
```

Wird im Programm EXPO der Kurvenverlauf nach 150 Jahren durch

```
IF XCOR < 150 [STOP]
```

abgebrochen, so entspricht der Endwert für YCOR der berechneten Bevölkerung im Jahre 1700.

Wegen des Maßstabes (1 Einheit entspricht 50 Millionen Menschen) entsprechen dem durch

```
PR 50*YCOR
```

angegebenen Wert etwa 162 Millionen Menschen.

Um den Verlauf der Integrale beliebiger Funktionen zeichnen zu können, wird im folgenden Programm INTEGRAL die Ableitung y' als Parameterliste übergeben und durch RUN ausgewertet:

```
TO INTEGRAL :X0 :Y0 :Y'
PU SETPOS LIST :X0*10 :Y0*10   PD
REPEAT 1000 [SETHEADING 90 - ARCTAN RUN :Y' FD 1
            IF X > 100 [STOP] IF Y > 100 [STOP]]
END
```

Da FD 10 einer Länge von 1 entsprechen soll, werden die Koordinaten des Startpunktes Y0 und X0 mit dem Faktor 10 multipliziert. Die Funktionen X und Y berechnen die Koordinaten jenes Punktes, an dem sich die Turtle gerade befindet:

```
TO X
OP XCOR/10
END
```

```
TO Y
OP YCOR/10
END
```

Die Lösung der Differentialgleichung y' = y mit dem Anfangspunkt [0, 1] erfolgt jetzt einfach durch den Aufruf

```
INTEGRAL 0 1 [Y]
```

Der folgende Ausdruck zeigt das Ergebnis der Aufrufe

```
ACHSEN [100 100]
INTEGRAL 0 1 [Y]
INTEGRAL 0 1 [Y/2]
INTEGRAL 0 1 [Y/3]
```

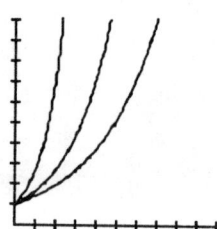

Das folgende Bild zeigt konzentrische **Kreise** als Lösung der Differentialgleichung

$$y' = -x/y$$

wobei als Anfangswerte die Punkte [0 1], [0 2],… [0 10] gewählt
wurden:

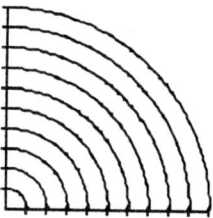

Um eine Division durch Null zu vermeiden, wurde im Programm INTEGRAL
eine zusätzliche Abbruchbedingung

```
IF Y < 1 [STOP]
```

vorgesehen.

Multipliziert man die Ableitung des Kreises y'= -x/y mit einem konstanten
Faktor, zum Beispiel y'= -x/4y, so beschreibt die Lösungskurve eine
Ellipse. (Der Faktor entspricht dem Quadrat des Achsenverhältnisses.)

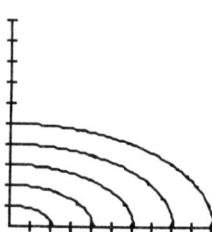

Die Ableitung y'= 2x/y dagegen liefert eine **Hyperbel**:

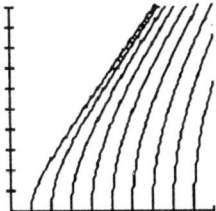

Da für Y = 0 die Division einen Fehler auslösen würde, wurde 0,1 als Anfangswert für y gewählt.

Ein Anstieg, der proportional zu x ist,

$$y'= x$$

liefert als Lösungskurve selbstverständlich eine **Parabel**:

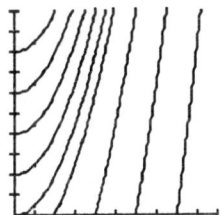

Die **Schleppkurve**[2]   (**Traktrix**), die entsteht, wenn ein schwerer Punkt
von einem Seil der Länge a gezogen wird, dessen Anfang entlang der x-Achse
bewegt wird, hat die Ableitung

$$y' = -y/ \sqrt{a^2 - y^2}$$

---

[2] Leonhard Euler (1707–1783) hat erstmals den Verlauf jener Kurven untersucht, die das Ende der Kette eines
Hundes beschreibt, der die Kette aus ihrer Verankerung losreißt, um einen im rechten Winkel zur gespannten
Kette Flüchtenden zu verfolgen. Dem Vernehmen nach wurde Euler in eben dieser Situation vom Hund
gebissen.

Das folgende Bild zeigt die Schleppkurve für ein Seil der Länge 5 mit einigen
Anfangswerten:

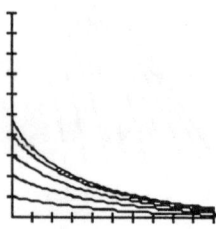

```
INTEGRAL 0 5 [-Y/SQRT (25-Y*Y)]
```

Wegen der Quadratwurzel im Nenner der Ableitung muß $y0 < a$ gewählt
werden. Wird ein zwischen zwei festen Punkten aufgehängtes Seil gleichmäßig über seine gesamte Länge belastet – zum Beispiel durch Eigengewicht
oder Schneelast –, so ist die Ableitung

$$y' = s/a$$

wobei s die Bogenlänge ab dem tiefsten Punkt $x0=0$, $y0=a$ bedeutet. Das
folgende Programm KETTE zeichnet die Lösungskurve – die sogenannte
Kettenlinie – unter gleichzeitiger Berechnung der Bogenlänge:

```
TO KETTE :A :S
IF :S > 100 [STOP]
SETHEADING 90 - ARCTAN :S/:A
FD 1
KETTE :A :S+1
END
```

Die folgende Kettenlinie zeichnet der Aufruf

```
ACHSEN [100 100] SETPOS [0 20] KETTE 20 0
```

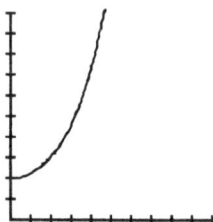

Jede Gerade durch den Ursprung schneidet die **logarithmische Spirale** unter demselben Winkel τ. Das folgende Programm zeichnet die logarithmische Spirale, indem in jedem Punkt die Turtle zum Ursprung gerichtet und dann um den konstanten Winkel τ gedreht wird:

```
TO LOGSPI :TAU
REPEAT 500 [SETHEADING TOWARDS [0 0] RT :TAU FD 2]
END
```

Das folgende Bild zeigt den Aufruf `LOGSPI 92`:

Jede Gerade durch den Ursprung schneidet die **Konchoide** in zwei Punkten, deren Abstand c konstant ist und durch den Schnittpunkt mit der zur y-Achse parallelen Geraden x = a halbiert wird.

Das Programm `KONCHOIDE` zeichnet von mehreren Punkten der Geraden x=a die Strecken der Länge c/2 in Richtung zum und vom Ursprung. Die Endpunkte dieser Strecken beschreiben die Konchoide.

```
TO KONCHOIDE :A :C
BK 100
REPEAT 100 [SETHEADING TOWARDS [0 0]
            FD :C/2  BK :C  FD :C/2
            SETHEADING 0  FD 2]
END
```

Der Aufruf   KONCHOIDE 40 40   und   KONCHOIDE 10 40   erzeugt
die folgenden Bilder:

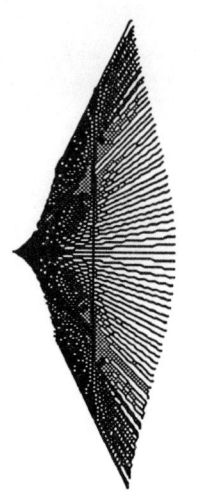

7.7. PEANOKURVEN

Der italienische Mathematiker Giuseppe PEANO (1858 – 1932) hat versucht, mittels der nach ihm benannten "Peanokurven" eine quadratische Fläche gleichmäßig zu überdecken. Das folgende Bild zeigt eine solche "Peanokurve":

Die hier gezeigte Peanokurve 3-ter Ordnung besteht aus vier Peanokurven 2-ter Ordnung:

Jede Peanokurve 2-ter Ordnung besteht selbst wieder aus einer Peanokurve 1-ter Ordnung:

⊏

Die Peanokurve 0-ter Ordnung ist ein Punkt!

Vier Peanokurven (n-1)-ter Ordnung werden jeweils durch drei Verbindungsgeraden zu einer Peanokurve n-ter Ordnung zusammengesetzt:

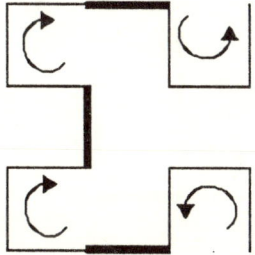

Dabei muß jedoch zwischen Peanokurven, die linksherum durchlaufen, und solchen, die rechtsherum durchlaufen, unterschieden werden. Die oben ge-

zeigte Peanokurve wird rechtsherum durchlaufen. Sie kann nach der folgenden Vorschrift gezeichnet werden:

Drehe die Turtle um 90° nach links.
Zeichne eine Peanokurve (n-1)-ter Ordnung linksherum.

Zeichne eine Verbindungsstrecke der Länge 5.

Drehe die Turtle um 90° nach rechts.
Zeichne eine Peanokurve (n–1)-ter Ordnung rechtsherum.

Zeichne eine Verbindungsstrecke der Länge 5.

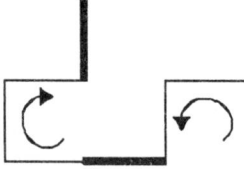

Drehe die Turtle um 90° nach links.
Zeichne eine Peanokurve (n–1)-ter Ordnung rechtsherum.

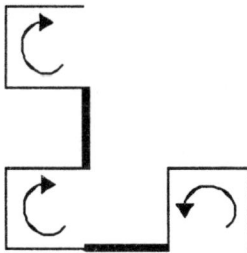

Drehe die Turtle um 90° nach links.
Zeichne eine Verbindungsstrecke der Länge 5.

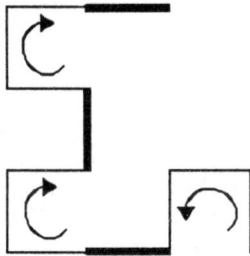

Zeichne eine Peanokurve (n–1)-ter Ordnung linksherum.

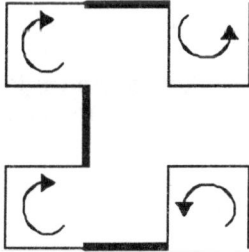

Drehe die Turtle um 90° nach links.

Das Programm PEANO zeichnet eine Peanokurve n-ter Ordnung mit Verbindungsstrecken der Länge S rechtsherum, wenn der Winkel W=90 Grad beträgt, und linksherum, wenn der Winkel W = -90 Grad ist:

```
TO PEANO :N :S :W
IF :N = 0 [STOP]
LT :W PEANO :N -1 :S (- :W) FD :S
RT :W PEANO :N -1 :S (:W) FD :S
PEANO :N -1 :S (:W)
RT :W FD :S PEANO :N -1 :S (- :W)
LT :W
END
```

Der Aufruf

```
PEANO 5 5 90
```

zeichnet die folgende Peanokurve 5-ter Ordnung:

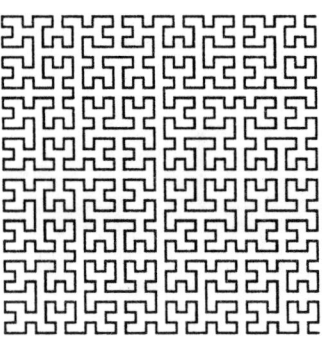

Ähnlich wie die Peanokurve für steigende Ordnung die Fläche zunehmend dichter überdeckt – für n→ ∞ und x→ 0 ist die Überdeckung vollständig –, hat die folgende "Schneeflocken"-Kurve für steigende Ordnung einen immer größer werdenden Umfang bei konvergentem Flächeninhalt. Die folgenden Bilder zeigen die "Schneeflocken"-Kurve der Ordnung 0, 1, 2 und 3:

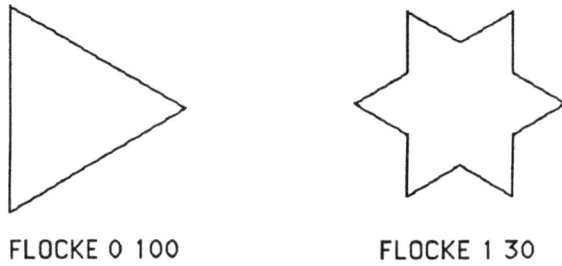

FLOCKE 0 100   FLOCKE 1 30

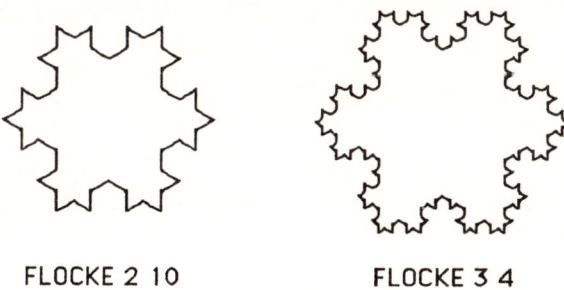

FLOCKE 2 10   FLOCKE 3 4

Die "Schneeflocken"-Kurve 0-ter Ordnung ist ein regelmäßiges Vieleck –
zum Beispiel ein Dreieck. Für die "Schneeflocken"-Kurve 1-ter Ordnung
haben die Seiten die Form

SEITE1

Die Seiten einer "Schneeflocken"-Kurve n-ter Ordnung bestehen aus vier
Seiten (n–1)-ter Ordnung:

SEITE2

SEITE3

Das Programm SEITE zeichnet die Seite einer "Schneeflocken"-Kurve n-ter
Ordnung mit der Seitenlänge X:

```
TO SEITE :N
IF :N = 0 [FD :X STOP]
SEITE :N-1
LT 60
```

```
SEITE :N-1
RT 120
SEITE :N-1
LT 60
SEITE :N-1
END
```

Dreieckige "Schneeflocken"-Kurven können mit dem Programm FLAKE erzeugt werden, das auch den Wert der Seitenlänge X bereitstellt:

```
TO FLAKE :N :X
REPEAT 3 [SEITE :N RT 120]
END
```

Selbstverständlich können auch andere als dreieckige – zum Beispiel sechseckige "Schneeflocken"-Kurven gezeichnet werden:

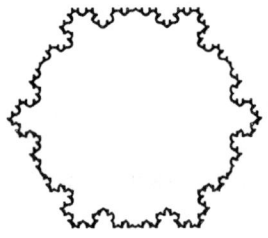

7.8. RATESPIEL

Durch geschickte Wahl von Fragen soll ein Programm in der Lage sein, den Namen eines Tieres zu erraten. Denkt man zum Beispiel an einen Hund, so kann das Frage-Antwort-Spiel etwa folgendermaßen ablaufen:

```
RATE
DENK DIR EIN TIER
HAT ES EIN SKELETT ?
JA
HAT ES FEDERN, EIN FELL, SCHUPPEN ODER HAUT ?
EIN FELL
LEBT ES IM HAUS, IM WALD, AUF DER WIESE ODER IM
WASSER ?
IM HAUS
FRISST ES FLEISCH ?
JA
HEISST DAS TIER HUND ?
JA
```

War das gedachte Tier dagegen eine Katze, so könnte sich der Dialog etwa so fortsetzen:

```
HEISST DAS TIER HUND ?
NEIN
TUT MIR LEID, ICH KENNE DAS TIER NICHT
WIE HEISST DEIN TIER ?
KATZE
DURCH WELCHE FRAGE UNTERSCHEIDEN SICH HUND UND KATZE ?
KANN ES BELLEN ?
WELCHE ANTWORT AUF DIESE FRAGE TRIFFT AUF HUND ZU ?
JA
WELCHE ANTWORT TRIFFT AUF KATZE ZU ?
NEIN
DANKE, ICH WEISS BESCHEID
```

Das Programm ist somit "lernfähig" und kann im nächsten Dialog bei einem neuerlichen Aufruf zwischen Hund und Katze unterscheiden.

Am einfachsten lassen sich die Fragen mit Hilfe von Propertylisten speichern. Der Text der Fragen wird unter der Bezeichnung FRAGE gespeichert, die möglichen Antworten liefern die Namen jener Propertylisten, mit denen der Dialog fortgesetzt wird.

Um den obigen Dialog abzuwickeln, enthält eine Propertyliste zum Beispiel mit dem Namen WIRBELTIER die folgenden Eintragungen:

```
[FRAGE [HAT ES FEDERN, EIN FELL, SCHUPPEN ODER HAUT ?]
FEDERN VOGEL
FELL SAEUGETIER
SCHUPPEN SCHUPPENTIER
HAUT LURCH]
```

Um eine Frage zu stellen und die Antwort zu analysieren, druckt die Prozedur FRAGE den unter der Bezeichnung FRAGE gespeicherten Text:

```
TO FRAGE :NAME
PR GPROP :NAME "FRAGE
ANALYSE LAST RL
END
```

NAME ist der Name der gerade bearbeiteten Propertyliste. Wird von der eingegebenen Antwort nur das letzte Wort (LAST RL) analysiert, so werden auch Antworten der Form IM HAUS richtig verarbeitet.

Um die Antwort zu analysieren, wird zuerst überprüft, ob die Antwort vorgesehen und in der Propertyliste enthalten ist. Ist das nicht der Fall, dann wird die Frage wiederholt.

```
TO ANALYSE :ANTWORT
IF NOT MEMBERP :ANTWORT PLIST :NAME
      [PR [DIESE ANTWORT GILT NICHT] FRAGE :NAME STOP]
LOCAL "X MAKE "X GPROP :NAME :ANTWORT
IF MEMBERP :X :OBJ [FRAGE :X STOP]
( PR [HEISST DAS TIER] :X [?] )
IF RL = [JA] [STOP]
PR [TUT MIR LEID, ICH KENNE DAS TIER NICHT]
PR [WIE HEISST DEIN TIER ?]
LERNE LAST RL
END
```

Die lokale Variable X dient zur Speicherung des zu der Antwort gehörigen Namens. Ist dieser Name X in der Liste OBJ der Namen aller Propertylisten enthalten, so wird die nächste Frage gestellt. Andernfalls wird gefragt, ob X das gesuchte Tier ist. Ist das nicht der Fall, so wird die Prozedur LERNE mit dem Namen Y des gesuchten Tiers als Parameter aufgerufen:

```
TO LERNE :Y
PPROP :NAME :ANTWORT (WORD :X "ODER :Y)
MAKE "OBJ FPUT (WORD :X "ODER :Y) :OBJ
(PR [DURCH WELCHE FRAGE UNTERSCHEIDEN SICH] :X [UND] :Y [?])
PPROP (WORD :X "ODER :Y) "FRAGE RL
(PR [WELCHE ANTWORT AUF DIESE FRAGE TRIFFT AUF] :X [ZU ?])
PPROP (WORD :X "ODER :Y) LAST RL :X
(PR [WELCHE ANTWORT TRIFFT AUF] :Y [ZU ?])
PPROP (WORD :X "ODER :Y) LAST RL :Y
PR [DANKE, ICH WEISS BESCHEID]
END
```

In der Prozedur LERNE wird eine neue Propertyliste angelegt. Zum Aufruf der ersten Frage dient das Rahmenprogramm RATE:

```
TO RATE
PR [DENK DIR EIN TIER]
FRAGE "TIERE
PR [NOCHEINMAL ?]
IF RL = [JA] [RATE]
END
```

Vor dem Start des Programmes muß die Liste OBJ mit den Namen aller Propertylisten initialisiert werden.

Obwohl ab etwa einem Dutzend gespeicherter Tiere das Programm durchaus verblüffende Ergebnisse liefern kann, liegt sein Reiz weniger in der Anwendung als im systematischen Klassifizieren. Zur Erstellung einer "Wissensbasis" eignet sich das Karteikartensystem. Für jede Frage wird eine Karteikarte angelegt, die den Text der Frage und die möglichen Antworten enthält. Selbstverständlich kann die Lernfähigkeit auch auf Fragen mit mehr als zwei Antworten ausgebaut werden. Um das Programm auch auf andere Wissensgebiete, zum Beispiel Pflanzen, chemische Substanzen oder aber auch Persönlichkeiten der Geschichte, Kunst oder Literatur, anwenden zu können, muß außer dem Basiswissen nur die Formulierung der Texte abgeändert werden. Praktisch ist es, alle tierspezifischen Texte in der Karteikarte TIERE zu speichern.

Das jeweilige Fachgebiet, das durch den Parameter FACH beim Aufruf und die Liste OBJ von RATE übergeben wird, bestimmt den Namen dieser Karteikarte.

Die Programme sind dann vom gewählten Fachgebiet unabhängig:

```
TO RATE :FACH
PR GPROP :FACH "STARTTEXT
FRAGE :FACH
PR [NOCHEINMAL?]
IF RL = [JA] [RATE]
END


TO FRAGE :NAME
PR GPROP :NAME "FRAGE
ANALYSE LAST RL
END


TO ANALYSE :ANTWORT
LOCAL "X MAKE "X GPROP :NAME :ANTWORT
IF NOT MEMBERP :ANTWORT PLIST :NAME
  [PR [DIESE ANTWORT GILT NICHT] FRAGE :NAME STOP]
IF MEMBERP :X GPROP :FACH "OBJ [FRAGE :X STOP]
(PR GPROP :FACH "LOESUNG :X [?])
IF RL = [JA] [STOP]
PR GPROP :FACH "UNBEKANNT
PR GPROP :FACH "NAME
LERNE LAST RL
END


TO LERNE :Y
PPROP :NAME :ANTWORT (WORD :X "ODER :Y)
PPROP :FACH "OBJ FPUT (WORD :X "ODER :Y) GPROP :FACH "OBJ
(PR [DURCH WELCHE FRAGE UNTERSCHEIDEN SICH] :X [UND] :Y [?])
PPROP (WORD :X "ODER :Y) "FRAGE RL
(PR [WELCHE ANTWORT AUF DIESE FRAGE TRIFFT AUF] :X [ZU ?])
PPROP (WORD :X "ODER :Y) LAST RL   :X
(PR [WELCHE ANTWORT TRIFFT AUF] :Y [ZU ?])
PPROP (WORD :X "ODER :Y) LAST RL :Y
PR [DANKE, ICH WEISS BESCHEID]
END
```

Die fachspezifischen Texte können entweder mit dem Karteikartensystem
eingegeben oder durch Befehle zugewiesen werden:

```
PPROP "TIERE "STARTTEXT [DENK DIR EIN TIER]
PPROP "TIERE "FRAGE [HAT ES EIN SKELETT ?]
PPROP "TIERE "LOESUNG [HEISST DAS TIER]
PPROP "TIERE "UNBEKANNT [TUT MIR LEID, ICH KENNE DAS
                        TIER NICHT]
PPROP "TIERE "NAME [WIE HEISST DEIN TIER ?]
```

Mit den Texten

```
PPROP "OPERN "STARTTEXT [DENKE AN EINE OPER]
PPROP "OPERN "FRAGE [IST SIE VORKLASSISCH, KLASSISCH
                     ODER MODERN ?]
PPROP "OPERN "LOESUNG [HEISST DIE OPER]
PPROP "OPERN "UNBEKANNT [TUT MIR LEID, ICH KENNE DIESE
                        OPER NICHT]
PPROP "OPERN "NAME [WIE HEISST DEINE OPER ?]
```

für ein anderes Fachgebiet gewinnt das gleiche Programm einen völlig anderen Charakter:

```
RATE "OPERN
DENKE AN EINE OPER
IST SIE VORKLASSISCH, KLASSISCH ODER MODERN ?
KLASSISCH
HANDELT ES SICH UM EINE ITALIENISCHE, DEUTSCHE
ODER EINE ANDERE OPER ?
ITALIENISCH
HEISST DER KOMPONIST ROSSINI, PUCCINI, VERDI ODER
ANDERS ?
VERDI
HANDELT DIE OPER IN ITALIEN, SPANIEN, FRANKREICH,
ENGLAND, AEGYPTEN ODER ANDERSWO ?
IN AEGYPTEN
HEISST DIE OPER AIDA ?
JA
```

7.9. SPRACHANALYSE

Ähnlich wie die Sätze einer natürlichen Sprache entsprechend einer Grammatik aufgebaut sind, können auch die Ausdrücke einer künstlichen Sprache durch Regeln beschrieben werden. Beispiele für solche künstliche Sprachen sind etwa die Formelsprache der Mathematik oder der Chemie und selbstverständlich die Programmiersprachen. Die Regeln, die den Aufbau einer solchen künstlichen Sprache beschreiben, bilden die sogenannte Syntax dieser Sprache.

Mit Hilfe der schon für die Beschreibung der LOGO-Befehle bewährten Syntaxdiagramme kann zum Beispiel auch der Aufbau eines aus den vier Grundrechnungsarten und runden Klammern bestehenden algebraischen Ausdrucks beschrieben werden:

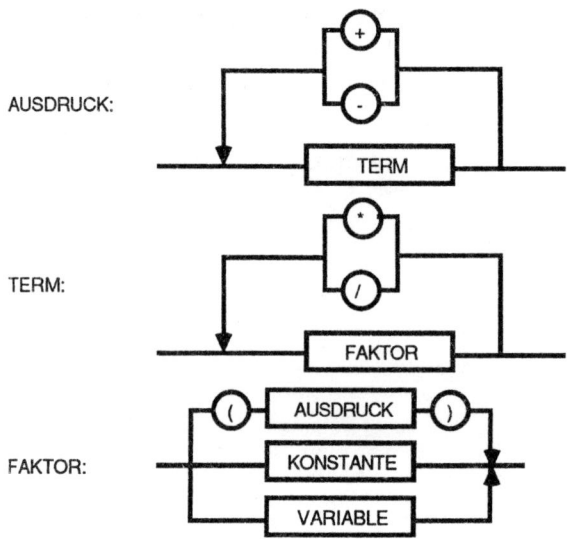

Versteht man unter einer Variablen einen Buchstaben und unter einer Konstanten eine Zahl, so bildet zum Beispiel

$$(a+b)/2$$

einen typischen Ausdruck. Genau genommen ist (a+b) ein Faktor, der aus dem Ausdruck a+b besteht. a und b sind jeweils ein Term, der selbst wieder ein Faktor ist. Auch die Konstante 2 ist entsprechend dem Syntaxdiagramm ein Faktor.

Die syntaktische Struktur dieses Ausdrucks kann auch als Baum dargestellt werden:

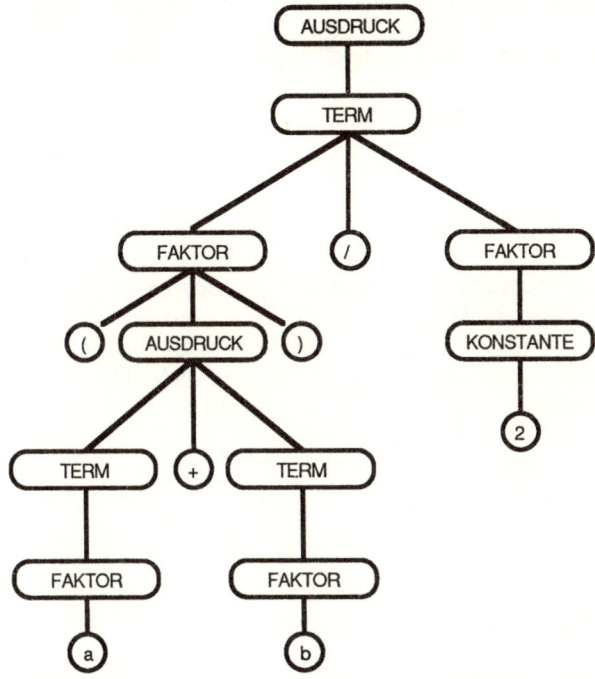

Falls zu einem vorgegebenen Text kein solcher Baum gebildet werden kann, ist der Text kein richtiger Ausdruck im oben definierten Sinn.

Ähnlich wie der algebraische Ausdruck kann zum Beispiel auch ein einfacher Satz der deutschen Sprache beschrieben werden:

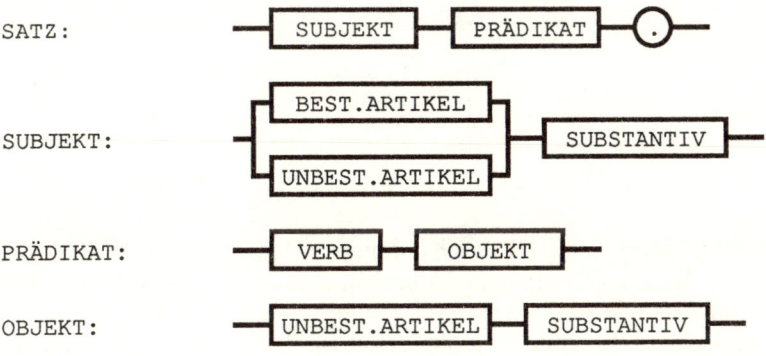

Entsprechend dieser Syntax sind zum Beispiel

```
DIE KATZE HAT EINE MAUS.
EIN HUND FRISST EINEN KNOCHEN.
```

richtig aufgebaute Sätze, aber auch die Sätze

```
DER KNOCHEN FRISST EINEN HUND.
```

oder

```
DAS MAUS HAT EIN SNOOPY.
```

entsprechen der angegebenen Syntax. Die Syntaxdiagramme beschreiben weder die inhaltliche Richtigkeit noch die Übereinstimmung von Artikel und Substantiv in Zahl und Geschlecht. (Letzteres wäre durch Erweiterungen der Syntaxdiagramme durchaus möglich, eine inhaltliche Überprüfung jedoch ist ziemlich illusorisch.)

Der Satz   DIE KATZE FRISST DIE MAUS. hingegen ist syntaktisch falsch aufgebaut, weil nach der obigen Syntax ein Objekt keinen bestimmten Artikel haben darf.

Beschreibung der Syntax

Um solche Ausdrücke oder Sätze mittels eines Programms analysieren und auf ihre Richtigkeit überprüfen zu können, ist es notwendig, die Syntax in Form eines Textes zu beschreiben.

Zum Beispiel kann der Aufbau eines "Satzes" durch folgende Regeln beschrieben werden:

```
<SATZ>            = {<SUBJEKT> <PRAEDIKAT> .}
<PRAEDIKAT>       = {<VERB> <OBJEKT>}
<SUBJEKT>         = { {<BEST_ARTIKEL> | <UNBEST_ARTIKEL>}
                    <SUBSTANTIV>}
<VERB>            = {IST | HAT | FRISST}
<OBJEKT>          = {<UNBEST_ARTIKEL> <SUBSTANTIV>}
<BEST_ARTIKEL>    = {DER | DIE | DAS}
<UNBEST_ARTIKEL>  = {EIN | EINE | EINEN}
<SUBSTANTIV>      = {SNOOPY | GARFIELD | HUND
                    | KATZE | MAUS | KNOCHEN}
```

Syntaktische Symbole sind in spitze Klammern eingeschlossen. Wörter, die nicht in spitze Klammern eingeschlossen sind (zum Beispiel IST, DER, SNOOPY), bilden die Textbausteine – die sogenannten Terminalsymbole –, aus denen der zu analysierende Text aufgebaut ist. Auch Sonderzeichen (zum Beispiel der Punkt am Satzende) können Terminalsymbole sein.

Das links vom Gleichheitszeichen stehende Symbol wird durch die rechts davon stehende Regel definiert. Die geschweiften Klammern schließen Alternativen ein, die durch einen senkrechten Strich getrennt sind. Aufeinanderfolgende Sequenzen von Symbolen müssen im Text in der angegebenen Reihenfolge auftreten.

Da diese Beschreibung selbst wieder nach syntaktischen Regeln aufgebaut ist, bildet sie ebenfalls eine Sprache – die sogenannte Metasprache. (Eine Metasprache ist eine Sprache, die zur Beschreibung einer anderen Sprache dient.) Auch die Syntax der Metasprache kann durch Syntaxdiagramme beschrieben werden:

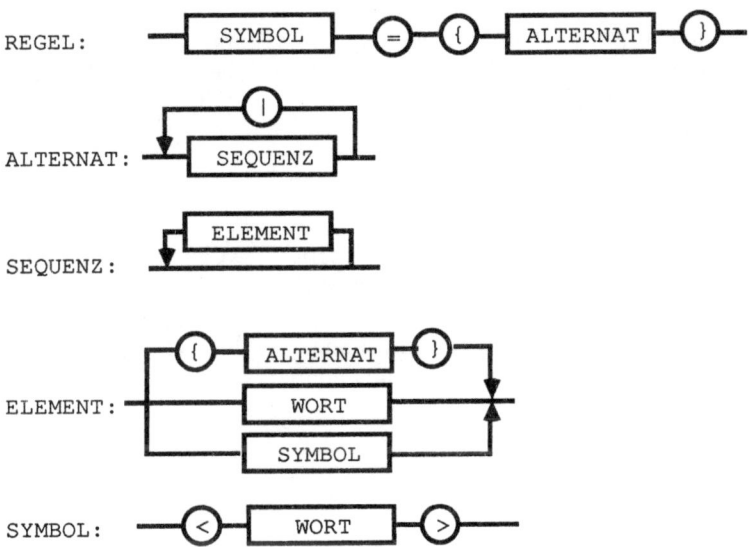

Die Zeichen =, {, |, }, < und > sind metasprachliche Symbole. Um Mißverständnisse zu vermeiden, dürfen sie in der von der Metasprache beschriebenen Sprache nicht vorkommen. (Das ist auch der Grund dafür, daß sich die Metasprache nicht selbst beschreiben kann.)

Um die durch metasprachliche Regeln beschriebene Syntax durch ein Programm verarbeiten zu können, muß eine Form der Speicherung dieser Regeln gefunden werden. Wegen der hierarchischen Struktur dieser Regeln sind dazu Listen besonders gut geeignet. Jede Sequenz kann durch eine Liste ihrer Elemente dargestellt werden, ebenso können die Sequenzen einer Alternative zu einer Liste geklammert werden.

Die Regeln für den Aufbau eines "Satzes" können dabei durch die folgenden
Listen gespeichert werden:

```
MAKE "§SATZ            [[§SUBJEKT §PRAEDIKAT .]]
MAKE "§SUBJEKT         [[[[§BEST_ARTIKEL]
                          [§UNBEST_ARTIKEL]]
                        §SUBSTANTIV]]
MAKE "§PRAEDIKAT       [[§VERB §OBJEKT]]
MAKE "§VERB            [[IST] [HAT] [FRISST]]
MAKE "§OBJEKT          [[§UNBEST_ARTIKEL §SUBSTANTIV]]
MAKE "§BEST_ARTIKEL    [[DER] [DIE] [DAS]]
MAKE "§UNBEST_ARTIKEL  [[EIN] [EINE] [EINEN]]
MAKE "§SUBSTANTIV      [[SNOOPY] [GARFIELD] [HUND]
                        [KATZE] [MAUS] [KNOCHEN]]
```

Anstelle der spitzen Klammern werden die syntaktischen Symbole in den
Listen durch ein vorangestelltes Paragraphenzeichen § von den Terminal-
symbolen unterschieden.

Syntaxanalyse

Ein ebenfalls in Form einer Liste gespeicherter Text kann nun mit Hilfe einer
Funktion ANALYSE nach diesen Regeln analysiert werden. Der symbolische
Name der Regel NAME und der zu analysierende Text TXT sind Parameter
dieser Funktion. Falls die Regel anwendbar ist, wird als Funktionsergebnis
"TRUE geliefert, ist die Regel nicht anwendbar, so ist das Funktionsergebnis
"FALSE:

```
TO ANALYSE :NAME :TXT
OP ANALYSE.SYM WORD "§ :NAME
END
```

Die Funktion ANALYSE stellt dabei nur den Rahmen für den Aufruf der
Funktion ANALYSE.SYM zur Verfügung, die ihrerseits mittels der Funktion
ANALYSE.ALT überprüft, ob eine der Alternativen der Regel anwendbar ist:

```
TO ANALYSE.SYM :SYM
LOCAL "RES
CLEAR "RES
IF ANALYSE.ALT THING :SYM
   [MAKE WORD "TXT. BF :SYM :RES
    OP "TRUE]
OP "FALSE
END
```

Ist eine der Alternativen anwendbar, so weist die Funktion ANALYSE.ALT
den dazugehörigen Teil des Textes der Variablen RES zu, die lokal zur Funktion ANALYSE.SYM definiert ist. Diese Lokalität ist deswegen wichtig, weil
bei der Analyse eines Textes durchaus mehrere Regeln ineinandergeschachtelt
überprüft werden können, wobei dann jeder Regel ein eigener Aufruf der

Funktion `ANALYSE.SYM` und damit eine eigene lokale Variable `RES` zugeordnet ist.

Die Funktion `CLEAR` dient nur dazu, einer Variablen die leere Liste zuzu-
weisen:

```
TO CLEAR :X
MAKE :X []
END
```

Falls die Regel anwendbar ist, wird der dazugehörige Teil des Textes durch
`MAKE WORD "TXT. BF :SYM :RES` einer Variablen zugewiesen, die den
Namen `TXT.` gefolgt vom Namen der Regel ohne vorangestelltes § hat.
Dadurch ist es möglich, die analysierten Teile des Textes getrennt weiter zu
verarbeiten.

Die tatsächliche Analyse besorgen die Funktionen `ANALYSE.ELEM`,
`ANALYSE.SEQ` und `ANALYSE.ALT`, welche die Analyse von Alternativen,
Sequenzen und Elementen durchführen.

Die Funktion `ANALYSE.ALT` überprüft zuerst, ob überhaupt eine Alternative
vorhanden ist. Wenn es keine gibt (`EMPTYP :ALT`), so ist das Ergebnis
`FALSE`. Ist bereits die erste Alternative als Sequenz ableitbar (`ANALYSE.SEQ
FIRST :ALT`), so ist das Ergebnis `TRUE`. Andernfalls werden die restlichen
Alternativen analysiert. (`ANALYSE.ALT BF :ALT`):

```
TO ANALYSE.ALT :ALT
IF EMPTYP :ALT [OP "FALSE]
LOCAL "LOC.RES MAKE "LOC.RES :RES
LOCAL "LOC.TXT MAKE "LOC.TXT :TXT
IF ANALYSE.SEQ FIRST :ALT [OP "TRUE]
MAKE "RES :LOC.RES
MAKE "TXT :LOC.TXT
OP ANALYSE.ALT BF :ALT
END
```

Da durch einen mißglückten Analyseversuch sowohl der zu analysierende
Text `TXT` als auch das Resultat `RES` zerstört werden können, müssen diese
beiden Variablen gerettet und gegebenenfalls restauriert werden. Zu diesem
Zweck dienen die beiden lokalen Hilfsvariablen `LOC.RES` und `LOC.TXT`,
welche die ursprünglichen Werte von `RES` und `TXT` speichern.

Die Funktion `ANALYSE.SEQ` überprüft, ob alle Elemente einer Sequenz ableitbar sind:

```
TO ANALYSE.SEQ :SEQ
IF EMPTYP :SEQ [OP "TRUE]
IF EQUALP FIRST FIRST :SEQ "§
  [IF NOT ANALYSE.SYM FIRST :SEQ [OP "FALSE]
   MAKE "RES SE :RES THING WORD "TXT. BF FIRST :SEQ
   OP ANALYSE.SEQ BF :SEQ]
IF NOT ANALYSE.ELEM FIRST :SEQ [OP "FALSE]
OP ANALYSE.SEQ BF :SEQ
END
```

Wenn die Sequenz leer ist (`EMPTYP :SEQ`), ist das der Fall, und das Ergebnis ist `TRUE`. Beginnt das erste Element der Sequenz mit einem §, so handelt es sich um den Namen einer Regel. Durch den Aufruf `ANALYSE.SYM FIRST :SEQ` wird überprüft, ob diese Regel anwendbar ist. Ist das nicht der Fall, so wird die Analyse der Sequenz mit dem Ergebnis `FALSE` abgebrochen. Ist die Regel jedoch anwendbar, so werden der entsprechende Anteil des Textes an das Resultat `RES` angefügt und die restliche Sequenz analysiert (`ANALYSE.SEQ BF :SEQ`).

Handelt es sich bei dem ersten Element der Sequenz nicht um den Namen einer Regel, so wird dieses Element analysiert (`ANALYSE.ELEM FIRST :SEQ`) und bei negativem Ergebnis die Analyse der Sequenz abgebrochen (`OP "FALSE`) beziehungsweise bei positivem Ergebnis mit der restlichen Sequenz fortgesetzt (`OP ANALYSE.SEQ BF :SEQ`).

Nun bleibt nur noch die Analyse eines Elementes vorzunehmen:

```
TO ANALYSE.ELEM :ELEM
IF EQUALP :ELEM NEXT
  [MAKE "RES SE :RES NEXT
   MAKE "TXT BF :TXT
   OP "TRUE]
IF LISTP :ELEM
  [OP ANALYSE.ALT :ELEM]
OP "FALSE
END
```

Die Analyse eines Elementes besteht im einfachsten Fall aus der Überprüfung, ob dieses Element mit dem nächsten Wort des Textes übereinstimmt (`EQUALP :ELEM NEXT`). Dieses nächste Wort des Textes wird durch die Funktion `NEXT` geliefert:

```
TO NEXT
IF EMPTYP :TXT [OP " ]
OP FIRST :TXT
END
```

Im Falle einer Übereinstimmung wird dieses nächste Element an das Resultat angefügt (MAKE "RES SE :RES NEXT) und vom Text entfernt (MAKE "TXT BF :TXT). Die Funktion ANALYSE.ELEM hat in diesem Fall ihre Aufgabe erfolgreich beendet (OP "TRUE).

Andernfalls könnte es sein, daß es sich bei dem Element um eine Liste von Alternativen handelt (LISTP :ELEM). In diesem Fall werden die Alternativen analysiert (ANALYSE.ALT :ELEM). Ansonsten ist das Ergebnis FALSE.

Um einen Text zu analysieren, wird die Funktion ANALYSE mit dem Namen der Regel und dem zu überprüfenden Text als Parameter aufgerufen. Der Aufruf

```
PR ANALYSE "SATZ [EIN HUND HAT EINEN KNOCHEN.]
```

zum Beispiel liefert das Ergebnis TRUE.

Soll nicht nur die Tatsache ermittelt werden, ob der Text der Regel entspricht oder nicht, sondern auch die Struktur der Zerlegung angegeben werden, so genügt es, in der Funktion ANALYSE.SYM sämtliche Zuweisungen von Ergebnissen zu protokollieren:

```
TO ANALYSE.SYM :SYM
LOCAL "RES
CLEAR "RES
IF ANALYSE.ALT THING :SYM
   [MAKE WORD "TXT. BF :SYM :RES
    IF :TRACE [( PR :RES [=] BF :SYM )]
    OP "TRUE]
OP "FALSE
END
```

Dieses Protokoll kann mittels der Hilfsvariablen TRACE ein- (MAKE "TRACE "TRUE) und ausgeschaltet (MAKE "TRACE "FALSE) werden. Die Befehle

```
MAKE "TRACE "TRUE
PR ANALYSE "SATZ [DIE KATZE HAT EINE MAUS .]
```

liefern zum Beispiel das Protokoll

```
DIE = BEST_ARTIKEL
KATZE = SUBSTANTIV
DIE KATZE = SUBJEKT
HAT = VERB
EINE = UNBEST_ARTIKEL
MAUS = SUBSTANTIV
EINE MAUS = OBJEKT
HAT EINE MAUS = PRAEDIKAT
DIE KATZE HAT EINE MAUS . = SATZ
TRUE
```

Der Aufruf `PR ANALYSE "SATZ [SNOOPY IST EIN HUND .]`

liefert deswegen als Ergebnis `FALSE`, weil nach der festgesetzten Grammatik jedes Subjekt einen Artikel haben muß. Eine einfache Änderung der Syntax erlaubt es, daß der Artikel entfallen kann. Das Syntaxdiagramm für `SUBJEKT` müßte zu

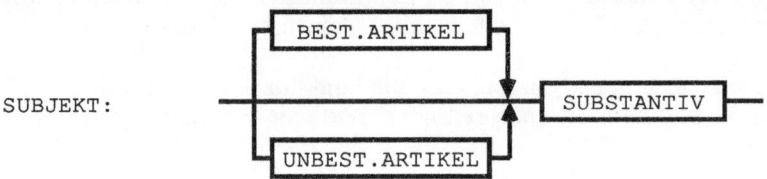

erweitert werden beziehungsweise die Regel für `SUBJEKT` durch eine leere Alternative ergänzt werden mittels:

```
MAKE "$SUBJEKT [[[[$BEST_ARTIKEL] [$UNBEST_ARTIKEL] []]
              $SUBSTANTIV]]
```

Mit dieser einfachen Änderung wird auch `SNOOPY IST EIN HUND.` zu einem "richtigen" Satz.

```
SNOOPY IST EIN HUND .
SNOOPY = SUBSTANTIV
SNOOPY = SUBJEKT
IST = VERB
EIN = UNBEST_ARTIKEL
HUND = SUBSTANTIV
EIN HUND = OBJEKT
IST EIN HUND = PRAEDIKAT
SNOOPY IST EIN HUND . = SATZ
```

Beliebige Wörter

Falls die Aufzählung aller Worte, die als Substantiv oder als Prädikat erlaubt sind, zu mühsam ist, erlaubt es ein einfacher Trick, beliebige Worte zuzulassen: Ein bestimmtes Zeichen, zum Beispiel das Prozentzeichen %, symbolisiert in der Regel ein Terminal, das mit jedem Wort des Textes übereinstimmt. In der Funktion `ANALYSE.ELEM` genügt es, den Fall `EQUALP :ELEM "%` genauso zu behandeln, als würde der Vergleich `EQUALP :ELEM NEXT` zutreffen, und

die Abfrage `IF EQUALP :ELEM NEXT`

durch `IF OR EQUALP :ELEM "% EQUALP :ELEM NEXT`

oder eleganter `IF MEMBERP :ELEM LIST "% NEXT` zu ersetzen.

Ersetzt man gleichzeitig die Regeln für SUBSTANTIV und VERB durch

```
MAKE "§SUBSTANTIV [[%]]
MAKE "§VERB   [[%]]
```

so ist zum Beispiel auch DER LOEWE JAGT EINE GAZELLE .
ein zulässiger Satz:

```
DER LOEWE JAGT EINE GAZELLE .

DER = BEST_ARTIKEL
LOEWE = SUBSTANTIV
DER LOEWE = SUBJEKT
JAGT = VERB
EINE = UNBEST_ARTIKEL
GAZELLE = SUBSTANTIV
EINE GAZELLE = OBJEKT
JAGT EINE GAZELLE = PRAEDIKAT
DER LOEWE JAGT EINE GAZELLE . = SATZ
```

Gleichzeitig sind natürlich auch völlig unsinnige Wörter zulässig:

```
DER PRIEK GNASELT EINE LAPUEMFE .

DER = BEST_ARTIKEL
PRIEK = SUBSTANTIV
DER PRIEK = SUBJEKT
GNASELT = VERB
EINE = UNBEST_ARTIKEL
LAPUEMFE = SUBSTANTIV
EINE LAPUEMFE = OBJEKT
GNASELT EINE LAPUEMFE = PRAEDIKAT
DER PRIEK GNASELT EINE LAPUEMFE . = SATZ
```

Wiederholen von Sequenzen

Gelegentlich möchte man auch Sequenzen wiederholen können, ohne von der
Möglichkeit rekursiver Regeln Gebrauch zu machen. Zu diesem Zweck kann
die Sequenz durch ein spezielles Zeichen, zum Beispiel &, gekennzeichnet
werden.

Es genügt zu diesem Zweck, die Funktion ANALYSE.ELEM durch die
Abfrage

```
IF EQUALP FIRST :ELEM "&
   [OP ANALYSE.REP BF :ELEM]
```

zu ergänzen.

Die Funktion `ANALYSE.REP` wiederholt die Analyse einer Sequenz, sooft es geht:

```
TO ANALYSE.REP :REP
IF ANALYSE.ALT (LIST :REP)
   [OP ANALYSE.REP :REP]
OP "TRUE
END
```

Die Wiederholung bricht erst dann ab, wenn der Text nicht mehr der vorgegebenen Sequenz entspricht. Da aber in diesem Fall Resultat `RES` und Text `TXT` zerstört werden, müssen diese Variablen – ähnlich wie bei der Analyse von Alternativen – zuvor gerettet werden. Durch den Aufruf `ANALYSE.ALT` (`LIST :REP`) geschieht dies automatisch, wobei durch die Funktion `LIST` aus der Sequenz eine Alternative gemacht wird. Da als Funktionswert in jedem Fall `TRUE` geliefert wird, können beliebig viele Sequenzen – unter Umständen aber auch überhaupt keine – abgeleitet werden.

Durch eine Regel   `MAKE "$SATZFOLGE [[[& [$SATZ]] STOP]]`

kann damit eine ganze Folge von Sätzen definiert werden, die durch das Wort `STOP` abgeschlossen ist:
```
ANALYSE.TEXT "SATZFOLGE

SNOOPY IST EIN HUND . GARFIELD IST EINE KATZE . STOP
SNOOPY = SUBSTANTIV
SNOOPY = SUBJEKT
IST = VERB
EIN = UNBEST_ARTIKEL
HUND = SUBSTANTIV
EIN HUND = OBJEKT
IST EIN HUND = PRAEDIKAT
SNOOPY IST EIN HUND . = SATZ
GARFIELD = SUBSTANTIV
GARFIELD = SUBJEKT
IST = VERB
EINE = UNBEST_ARTIKEL
KATZE = SUBSTANTIV
EINE KATZE = OBJEKT
IST EINE KATZE = PRAEDIKAT
GARFIELD IST EINE KATZE . = SATZ
SNOOPY IST EIN HUND . GARFIELD IST EINE KATZE . STOP =
SATZFOLGE
```

Semantische Aktionen

Eine andere sehr brauchbare Erweiterung besteht darin, den Text nicht bloß zu analysieren, sondern während der Analyse bestimmte Befehle – sogenannte semantische Aktionen – auszuführen. Es genügt dazu, in den Regeln speziell gekennzeichnete Befehlslisten zuzulassen, die durch `RUN` ausgeführt werden, sobald diese Regel angewandt wird. Sind solche Befehlslisten zum Beispiel durch das Zeichen @ gekennzeichnet, so erlaubt der folgende Zusatz in der Funktion ANALYSE.SEQ die Ausführung dieser Aktionen:

```
IF EQUALP FIRST FIRST :SEQ "@
   [RUN BF FIRST :SEQ OP ANALYSE.SEQ BF :SEQ]
```

Mit Hilfe einer solchen semantischen Aktion können zum Beispiel alte von neuen Substantiven unterschieden werden:

```
MAKE "$SUBSTANTIV   [[$SUB_ALT]
                     [$SUB_NEU
                    [@ (PR :SUB_NEU [KENNE ICH NOCH NICHT!])]]
MAKE "$SUB_ALT      [[SNOOPY] [GARFIELD] [HUND]
                     [KATZE] [MAUS] [KNOCHEN]]
MAKE "$SUB_NEU      [[%]]
```

Und hier ein Beispiel für die Analyse eines Satzes:

```
DER ELEFANT HAT EINEN RUESSEL .

DER = BEST_ARTIKEL
ELEFANT = SUB_NEU
ELEFANT KENNE ICH NOCH NICHT!
ELEFANT = SUBSTANTIV
DER ELEFANT = SUBJEKT
HAT = VERB
EINEN = UNBEST_ARTIKEL
RUESSEL = SUB_NEU
RUESSEL KENNE ICH NOCH NICHT!
RUESSEL = SUBSTANTIV
EINEN RUESSEL = OBJEKT
HAT EINEN RUESSEL = PRAEDIKAT
DER ELEFANT HAT EINEN RUESSEL . = SATZ
```

Noch eleganter ist es, jedes neue Substantiv in die Liste der alten Substantive aufzunehmen und dadurch die Grammatik zu ergänzen:

```
MAKE "$SUBSTANTIV [[$SUB_ALT] [$SUB_NEU
           [@ (PR :SUB_NEU [KENNE ICH NOCH NICHT!])
           MAKE "$SUB_ALT FPUT :SUB_NEU :$SUB_ALT]]
```

Mit dieser Ergänzung wird das System sogar lernfähig!

```
DER ELEFANT HAT EINEN RUESSEL .
RUESSEL KENNE ICH NOCH NICHT!
ELEFANT KENNE ICH NOCH NICHT!
EIN ELEFANT IST EIN DICKHAEUTER .
DICKHAEUTER KENNE ICH NOCH NICHT!
```

Zusicherungen

Mit Hilfe solcher semantischen Aktionen lassen sich aber auch Bedingungen – sogenannte Zusicherungen – definieren, die an bestimmten Stellen der Grammatik erfüllt sein müssen. Wenn zum Beispiel ein Verb nicht gleich einem Substantiv sein darf, so kann die Regel für ein Verb mit einer entsprechenden Zusicherung (engl. assertion) versehen werden:

```
MAKE "$VERB [[[@ ASSERT [NOT MEMBERP (LIST NEXT)
                :$SUB_ALT]]%]]
```

Die Analyse kann durch eine Hilfsvariable OK gesteuert werden, die durch die Prozedur ASSERT entsprechend der Bedingung gesetzt wird:

```
TO ASSERT :COND
MAKE "OK RUN :COND
END
```

Diese Hilfsvariable OK wird vor jeder Auswertung einer semantischen Aktion mit TRUE initialisiert, und die Analyse wird abgebrochen, falls OK den Wert FALSE annimmt:

```
IF EQUALP FIRST FIRST :SEQ "@
   [LOCAL "OK MAKE "OK "TRUE
    RUN BF FIRST :SEQ
    IF NOT :OK [OP "FALSE]
    OP ANALYSE.SEQ BF :SEQ]
```

Berechnen von Ergebnissen

Semantische Aktionen können aber auch dazu benutzt werden, während der Analyse Ergebnisse zu berechnen.

Mit der Regel

```
MAKE "$SATZ [[$SUBJEKT $PRAEDIKAT .
              [@ RETURN (SE "WARUM :TXT.VERB :TXT.SUBJEKT
                               :TXT.OBJEKT "?)]]]
```

soll zum Beispiel aus einem Satz der Form

```
DIE HEXE IST BOESE .
```

die Frage

```
WARUM IST DIE HEXE BOESE ?
```

generiert und einer Variablen RET.SATZ zugewiesen werden. Bewerkstelligt
wird dies durch die Prozedur RETURN

```
TO RETURN :X
MAKE WORD "RET. BF :SYM :X
END
```

die den gewünschten Variablennamen mit Hilfe des Namens der Regel
zusammensetzt und dieser den gewünschten Wert zuweist.

Um ineinandergeschachtelten Aufrufen gerecht zu werden, ist es auch hier
zweckdienlich, diese Variablen lokal zur Funktion ANALYSE.SEQ zu
vereinbaren:

```
IF EQUALP FIRST FIRST :SEQ "$
   [LOCAL WORD "RET. BF FIRST :SEQ
    CLEAR WORD "RET. BF FIRST :SEQ
    IF NOT ANALYSE.SYM FIRST :SEQ [OP "FALSE]
    MAKE "RES SE :RES THING WORD "TXT. BF FIRST :SEQ
    OP ANALYSE.SEQ BF :SEQ]
```

Damit hat unser System von Funktionen nun endgültig die folgende Form:

```
TO ANALYSE :NAME :TXT
OP ANALYSE.SYM WORD "$ :NAME
END

TO ANALYSE.SYM :SYM
LOCAL "RES
CLEAR "RES
IF ANALYSE.ALT THING :SYM
   [MAKE WORD "TXT. BF :SYM :RES
    IF :TRACE [( PR :RES [=] BF :SYM )]
    OP "TRUE]
OP "FALSE
END

TO ANALYSE.ALT :ALT
IF EMPTYP :ALT [OP "FALSE]
LOCAL "LOC.RES MAKE "LOC.RES :RES
LOCAL "LOC.TXT MAKE "LOC.TXT :TXT
IF ANALYSE.SEQ FIRST :ALT [OP "TRUE]
MAKE "RES :LOC.RES
MAKE "TXT :LOC.TXT
OP ANALYSE.ALT BF :ALT
END
```

```
TO ANALYSE.SEQ :SEQ
IF EMPTYP :SEQ [OP "TRUE]
IF EQUALP FIRST FIRST :SEQ "@
   [LOCAL "OK MAKE "OK "TRUE
    RUN BF FIRST :SEQ
    IF NOT :OK [OP "FALSE]
    OP ANALYSE.SEQ BF :SEQ]
IF EQUALP FIRST FIRST :SEQ "§
   [LOCAL WORD "RET. BF FIRST :SEQ
    CLEAR WORD "RET. BF FIRST :SEQ
    IF NOT ANALYSE.SYM FIRST :SEQ [OP "FALSE]
    MAKE "RES SE :RES THING WORD "TXT. BF FIRST :SEQ
    OP ANALYSE.SEQ BF :SEQ]
IF NOT ANALYSE.ELEM FIRST :SEQ [OP "FALSE]
OP ANALYSE.SEQ BF :SEQ
END


TO ANALYSE.ELEM :ELEM
IF MEMBERP :ELEM LIST "% NEXT
   [MAKE "RES SE :RES NEXT
    MAKE "TXT BF :TXT
    OP "TRUE]
IF EQUALP FIRST :ELEM "&
   [OP ANALYSE.REP BF :ELEM]
IF LISTP :ELEM
   [OP ANALYSE.ALT :ELEM]
OP "FALSE
END


TO ANALYSE.REP :REP
IF ANALYSE.ALT (LIST :REP)
   [OP ANALYSE.REP :REP]
OP "TRUE
END


TO ASSERT :COND
MAKE "OK RUN :COND
END


TO CLEAR :X
MAKE :X []
END


TO NEXT
IF EMPTYP :TXT [OP "]
OP FIRST :TXT
END


TO RETURN :X
MAKE WORD "RET. BF :SYM :X
END
```

Mit Hilfe semantischer Aktionen und der zuletzt hinzugefügten Prozeduren
ASSERT und RETURN ist es möglich, Texte von einer Darstellung in eine
andere umzuwandeln. Besonders naheliegend ist es, die Grammatik selbst

automatisch aus ihrer metasprachlichen Schreibweise in die Listenform
umzuwandeln. Die folgende "Metagrammatik" macht dies möglich:

```
MAKE "$REGEL     [[$SYMBOL = { $ALTERNAT }
                   [@ MAKE :RET.SYMBOL :RET.ALTERNAT]]]
MAKE "$ALTERNAT  [[$SEQUENZ [@ RETURN ( LIST :RET.SEQUENZ )]]

                 [[& | $SEQUENZ
                   [@ RETURN LPUT :RET.SEQUENZ :RET.ALTERNAT]]]]
MAKE "$SEQUENZ   [[[& $ELEMENT
                   [@ RETURN LPUT :RET.ELEMENT :RET.SEQUENZ]]]]
MAKE "$ELEMENT   [[{ $ALTERNAT }
                   [[* [@ RETURN FPUT "& :RET.ALTERNAT]]
                   [[@ RETURN :RET.ALTERNAT]]]]
                 [$AKTION
                   [@ RETURN FPUT "@ FIRST :TXT.AKTION]]
                 [$SYMBOL [@ RETURN :RET.SYMBOL]]
                 [$WORT [@ RETURN FIRST :TXT.WORT]]]]
MAKE "$SYMBOL    [[<$WORT> [@ RETURN WORD "$ FIRST :TXT.WORT]]]
MAKE "$WORT      [[[@ ASSERT [NOT MEMBERP NEXT [| { }]]] %]]
MAKE "$AKTION    [[[@ ASSERT [LISTP NEXT]] %]]
```

Diese Metasyntax erlaubt die Eingabe der Regeln entsprechend den angegebenen Syntaxdiagrammen.

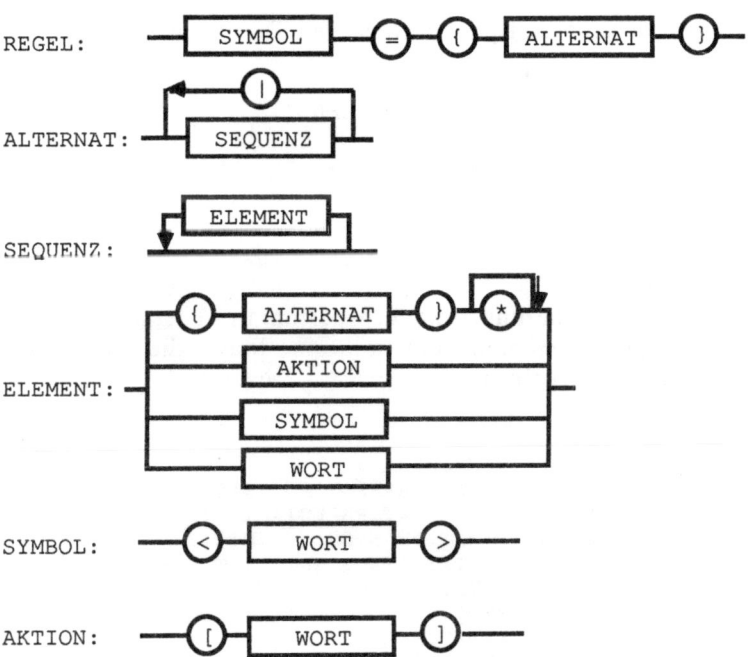

Semantische Aktionen sind in eckige Klammern, die Namen der Regeln in spitze Klammern eingeschlossen. Ein Stern nach einer Alternative kennzeichnet die Wiederholung.

Die Regel für WORT erlaubt ein beliebiges Wort mit Ausnahme der metasprachlichen Symbole {,}, | ,< und >.

Mit Hilfe eines Aufrufes

```
PR ANALYSE "REGEL RL
```

kann eine Regel eingegeben und gespeichert werden. Die folgende Grammatik etwa macht aus einem einzelnen Satz eine Frage:

```
<SATZ>      = {<SUBJEKT><PRAEDIKAT>.
              [(PR "WARUM :VERB :SUBJEKT :OBJEKT "?)]}
<PRAEDIKAT> = {<VERB> <OBJEKT>}
<SUBJEKT>   = { { DER | DIE | DAS | EIN | EINE | } <WORD> }
<VERB>      = { <WORD> }
<OBJEKT>    = { { IN | IM | AUF | UM | }
                { DEM | DEN | DIE | DAS
                | EIN | EINE | EINEN | } <WORD> }
```

Damit lassen sich zum Beispiel die folgenden Sätze verarbeiten:

```
DIE HEXE REITET AUF DEM BESEN .
WARUM REITET DIE HEXE AUF DEM BESEN ?

EIN VOGEL ZWITSCHERT LEISE .
WARUM ZWITSCHERT EIN VOGEL LEISE ?

DER DETEKTIV SCHLEICHT UM DAS HAUS .
WARUM SCHLEICHT DER DETEKTIV UM DAS HAUS ?
```

Mit Hilfe von Zusicherungen können bestimmte Alternativen ausgewählt werden. Die folgende Grammatik stellt eine Frage, die vom verwendeten Vorwort (Präposition) abhängt:

```
<SATZ> = { <SUBJEKT> <PRAEDIKAT> .
           { [ASSERT [:TXT.PRAEPOS = [IN]]]
             [(PR [WOHIN] :TXT.PRAEDIKAT :TXT.SUBJEKT [?])]
           | [ASSERT [:TXT.PRAEPOS = [IM]]]
             [(PR [WO] :TXT.PRAEDIKAT :TXT.SUBJEKT [?])]
           | [ASSERT [:TXT.PRAEPOS = [MIT]]]
             [(PR [WOMIT] :TXT.PRAEDIKAT :TXT.SUBJEKT [?])]
           | [ASSERT [:TXT.PRAEPOS = [AUF]]]
             [(PR [WORAUF] :TXT.PRAEDIKAT :TXT.SUBJEKT [?])]
           | [(PR [WEN ODER WAS] :TXT.PRAEDIKAT
                                 :TXT.SUBJEKT [?])] } }
```

```
<SUBJEKT>   = { { DER | DIE | DAS | EIN | EINE | } <WORD>}
<PRAEDIKAT> = { <VERB> <OBJEKT> }
<VERB>      = { <WORD> }
<OBJEKT>    = { <PRAEPOS>
                { DER | DIE | DAS | DEM | DEN
                | EIN | EINE | EINEM | EINEN | EINER | } <WORD>}
<PRAEPOS>   = { IN | IM | MIT | AUF | }
```

Mit dieser Grammatik können solche Fragen generiert werden:

```
DIE KATZE FAENGT EINE MAUS .
WEN ODER WAS FAENGT DIE KATZE ?

DER VOGEL FLIEGT IN DEN WALD .
WOHIN FLIEGT DER VOGEL ?

SNOOPY WEDELT MIT DEM SCHWANZ .
WOMIT WEDELT SNOOPY ?

DER SCHMETTERLING SITZT AUF EINER BLUME .
WORAUF SITZT DER SCHMETTERLING ?
```

Römische Zahlen

Die Umformung von Texten aus einer Darstellung in eine andere mit Hilfe
einer Grammatik und geeigneter semantischer Aktionen läßt sich zum
Beispiel an der Umwandlung römischer Zahlen in ihren Zahlenwert
anschaulich illustrieren:

```
<ROEMISCH> = {<ZAHL> [(PR COMBINE :TXT.ZAHL [=] :RET.ZAHL)]
           |        [(PR [FALSCHE ZAHL])]}
<ZAHL>     = {        [RETURN 0]
             { M      [RETURN :RET.ZAHL + 1000]}*
             { C M    [RETURN :RET.ZAHL +  900]
             | D      [RETURN :RET.ZAHL +  500]
             | C D    [RETURN :RET.ZAHL +  400] | }
             { C      [RETURN :RET.ZAHL +  100]}*
             { X C    [RETURN :RET.ZAHL +   90]
             | L      [RETURN :RET.ZAHL +   50]
             | X L    [RETURN :RET.ZAHL +   40] | }
             { X      [RETURN :RET.ZAHL +   10]}*
             { I X    [RETURN :RET.ZAHL +    9]
             | V      [RETURN :RET.ZAHL +    5]
             | I V    [RETURN :RET.ZAHL +    4] | }
             { I      [RETURN :RET.ZAHL +    1]}*}
```

Die Funktion COMBINE dient dazu, den als Liste gelieferten Text in ein Wort
umzuwandeln:

```
TO COMBINE :X
IF EMPTYP :X [OP " ]
OP WORD FIRST :X COMBINE BF :X
END
```

Im Aufruf von ANALYSE kann die römische Zahl als Wort angegeben werden:

```
PR ANALYSE "§ROEMISCH "MCMLXXXIV
MCMLXXXIV = 1984
TRUE
```

Datum

Auch zur Überprüfung eines Datums mit gleichzeitiger Umwandlung eines Monatsnamens in die zugehörige Nummer kann eine Grammatik nützlich sein:

```
<DATUM>  = { <TAG> <MONAT> <JAHR>
             [(PR :TXT.TAG :RET.MONAT :RET.JAHR)]}
<TAG>    = {[ASSERT [(AND NUMBERP NEXT NEXT > 0 NEXT < 32)]] %
           | [(PR NEXT [IST EIN FALSCHER TAG]) ASSERT [FALSE]]}
<MONAT>  = { { JAENNER | JAN } [RETURN 1]
           | { FEBRUAR | FEBER | FEB } [RETURN 2]
           | { MAERZ | MRZ } [RETURN 3]
           | { APRIL | APR } [RETURN 4]
           | { MAI } [RETURN 5]
           | { JUNI | JUN } [RETURN 6]
           | { JULI | JUL } [RETURN 7]
           | { AUGUST | AUG } [RETURN 8]
           | { SEPTEMBER | SEP } [RETURN 9]
           | { OKTOBER | OKT } [RETURN 10]
           | { NOVEMBER | NOV } [RETURN 11]
           | { DEZEMBER | DEZ } [RETURN 12]
           | [(PR NEXT [IST EIN FALSCHER MONAT])
             ASSERT [FALSE]] }
<JAHR>   = { [ASSERT [EMPTYP NEXT] RETURN 1988]
           | [ASSERT [(AND NUMBERP NEXT NEXT>1899 NEXT<2000)]
             RETURN NEXT] %
           | [ASSERT [AND NUMBERP NEXT NEXT < 100]
             RETURN 1900+NEXT] %
           | [(PR NEXT [IST EIN FALSCHES JAHR])
             ASSERT [FALSE]]}
```

Der Aufruf von ASSERT [FALSE] dient zum Abbruch nach Ausgabe einer Fehlermeldung. Hier einige Testbeispiele:

```
PR ANALYSE "§DATUM [23 MAI 1946]
23 5 1946
TRUE

PR ANALYSE "§DATUM [23 MAI 46]
23 5 1946
TRUE

PR ANALYSE "§DATUM [23 MAX 1946]
MAX IST EIN FALSCHER MONAT
FALSE
```

```
PR ANALYSE "§DATUM [35 MAI]
35 IST EIN FALSCHER TAG
FALSE
```

Chemische Formeln

Auch chemische Formeln bilden eine nach Regeln aufgebaute künstliche
Sprache und können daher mittels einer Grammatik beschrieben werden. Die
folgende Grammatik dient zur Beschreibung einer chemischen Verbindung,
die aus beliebig vielen Elementen zusammengesetzt ist:

```
<VERBINDUNG>      = { { <ELEMENT_SYMBOL> <INDEX>
                    | ( <VERBINDUNG> ) <INDEX> }* }
<ELEMENT_SYMBOL> = { <GROSSBUCHSTABE> { <KLEINBUCHSTABE> | } }
<INDEX>           = { { <ZIFFER> }* }
<GROSSBUCHSTABE> = { [ASSERT [NOT EMPTYP :TEXT]]
                     [ASSERT [NOT BEFOREP NEXT "A]]
                     [ASSERT [NOT BEFOREP "Z NEXT]] <WORD> }
<KLEINBUCHSTABE> = { [ASSERT [NOT EMPTYP :TEXT]]
                     [ASSERT [NOT BEFOREP NEXT "a]]
                     [ASSERT [NOT BEFOREP "z NEXT]] <WORD> }
<ZIFFER>          = { [ASSERT [NOT EMPTYP :TEXT]]
                     [ASSERT [NUMBERP NEXT]] <WORD> }
```

Durch diese Grammatik werden Verbindungen wie $H2O$ $NaCl$ $H2SO4$
$(NH4)2SO4$, die als Wort eingegeben werden, als grammatikalisch richtig
erkannt. Da die Funktionen FIRST und BF auch auf Wörter anwendbar
sind, kann die Syntaxanalyse ein Wort ebenso analysieren wie eine Liste.

Durch einfache semantische Aktionen kann zum Beispiel die relative
Molekülmasse einer Verbindung berechnet werden:

```
<MASSE>       = { <VERBINDUNG>
                  [(PR COMBINE :TXT.VERBINDUNG
                   [HAT DIE MASSE] :RET.VERBINDUNG)]}
<VERBINDUNG> = { [MAKE "RET.VERBINDUNG 0]
                  {<MOLEKUEL>
                  [RETURN :RET.VERBINDUNG + :RET.MOLEKUEL]}*}
<MOLEKUEL>    = { <ATOM> <INDEX>
                  [RETURN :RET.ATOM * NUM :TXT.INDEX]
                | (<VERBINDUNG>) <INDEX>
                  [RETURN :RET.VERBINDUNG * NUM :TXT.INDEX]}
<INDEX>       = { {<ZIFFER>}*}
<ZIFFER>      = { [ASSERT [NUMBERP NEXT]] % }
```

```
<ATOM>          = {  H e  [RETURN 4.003]
                  |  H    [RETURN 1.008]
                  |  C l  [RETURN 35.45]
                  |  C    [RETURN 12.01]
                  |  N a  [RETURN 22.99]
                  |  N    [RETURN 14.01]
                  |  O    [RETURN 16.00]
                  |  S    [RETURN 32.06]  }
```

Die Regeln für INDEX, GROSS- und KLEINBUCHSTABE wurden hier weggelassen. Durch die semantischen Aktionen wird die relative Atommasse jedes Elementes mit dem Index multipliziert und aufsummiert. Die Atommasse wird auf Grund des Element-Symbols aus einer Tabelle entnommen. (In der Tabelle sind nur einige Elemente exemplarisch enthalten.) Um mit den als Listen dargestellten Indizes Rechenoperationen durchführen zu können, werden diese mittels einer Funktion NUM in Zahlen umgewandelt:

```
TO NUM :X
IF EMPTYP :X [OP 1]
OP COMBINE :X
END
```

Einige Beispiele für die Berechnung der Molekülmasse:

```
O2 HAT DIE MASSE 32
H2O HAT DIE MASSE 18.016
NaCl HAT DIE MASSE 58.44
(NH4)2SO4 HAT DIE MASSE 132.144
```

Auf ähnliche Weise kann die Bezeichnung chemischer Verbindungen entsprechend den Regeln der Nomenklatur gebildet werden. Die folgende Grammatik wandelt Elemente sowie Verbindungen aus zwei Elementen in einen entsprechenden Text um:

```
<NOMENKLATUR> = { <FORMEL> [(PR COMBINE :TXT.FORMEL [=]
                               COMBINE :RET.FORMEL)]
                |          [PR [ZU KOMPLIZIERT!]]  }
<FORMEL>      = { <ELEMENT_1> <ELEMENT_2>
                  [RETURN (SE :RET.ELEMENT_1
                             :RET.ELEMENT_2 "ID)]
                | <ELEMENT_1>    [RETURN :RET.ELEMENT_1]  }
<ELEMENT_1>   = { <ATOM> <INDEX> [RETURN :RET.ATOM]  }
<ELEMENT_2>   = { <STAMM> <INDEX>
                  [RETURN SE :RET.INDEX :RET.STAMM]  }
```

```
<ATOM>          = { C a [RETURN "KALZIUM]
                  | C l [RETURN "CHLOR]
                  | C u [RETURN "KUPFER]
                  | C   [RETURN "KOHLENSTOFF]
                  | F e [RETURN "EISEN]
                  | F   [RETURN "FLUOR]
                  | H   [RETURN "WASSERSTOFF]
                  | M g [RETURN "MAGNESIUM]
                  | N a [RETURN "NATRIUM]
                  | N   [RETURN "STICKSTOFF]
                  | O   [RETURN "SAUERSTOFF]
                  | S   [RETURN "SCHWEFEL] }
<STAMM>         = { C l [RETURN "CHLOR]
                  | C   [RETURN "CARBON]
                  | F e [RETURN "FERR]
                  | F   [RETURN "FLUOR]
                  | H   [RETURN "HYDR]
                  | N   [RETURN "NITR]
                  | O   [RETURN "OX]
                  | S   [RETURN "SULF] }
<INDEX>         = { 1 [RETURN [(MONO)]]
                  | 2 [RETURN "DI]
                  | 3 [RETURN "TRI]
                  | 4 [RETURN "TETRA]
                  | 5 [RETURN "PENTA]
                  | 6 [RETURN "HEXA]
                  | 7 [RETURN "HEPTA]
                  | 8 [RETURN "OKTA]
                  | 9 [RETURN "NONA]
                  |   [RETURN [(MONO)]] }
```

Und hier einige Beispiele für die Bezeichnung von binären Verbindungen:

```
O2 = SAUERSTOFF
CO = KOHLENSTOFF(MONO)OXID
CO2 = KOHLENSTOFFDIOXID
SO2 = SCHWEFELDIOXID
FeCl3 = EISENTRICHLORID
Mg3N2 = MAGNESIUMDINITRID
```

Mit etwas Geschick und Kenntnis der Regeln der Nomenklatur anorganischer Verbindungen können auch komplexe Verbindungen analysiert werden. Eine Erweiterung der Grammatik durch

```
<FORMEL>        = { <ELEMENT_1> <ELEMENT_2> <LIGAND>
                    [RETURN (SE :RET.ELEMENT_1 :RET.LIGAND
                               :RET.ELEMENT_2 "AT)]
                  | <ELEMENT_1> <LIGAND> <ELEMENT_2>
                    [RETURN (SE :RET.LIGAND :RET.ELEMENT_1
                                            :RET.ELEMENT_2 "ID)]

                  | <ELEMENT_1> <ELEMENT_2>
                  [RETURN (SE :RET.ELEMENT_1 :RET.ELEMENT_2 "ID)]
                  | <ELEMENT_1>    [RETURN :RET.ELEMENT_1] }
<LIGAND>        = { (<LIGAND_BEZ>) <INDEX>
```

```
                      [RETURN SE :RET.INDEX :RET.LIGAND_BEZ]}
<LIGAND_BEZ> = { H 2 O [RETURN "AQUO]
                | N H 3 [RETURN "AMMIN]
                | O H   [RETURN "HYDROXO]
                | C N   [RETURN "CYANO]}
```

zum Beispiel erlaubt Formeln der Form

```
Mg(H2O)6C12 = HEXAAQUOMAGNESIUMDICHLORID
Cu(NH3)4C13 = TETRAAMMINKUPFERTRICHLORID
CuFe(CN)6  = KUPFERHEXACYANO(MONO)FERRAT
```

Grammatiken können auch zur Erstellung einer Graphik verwendet werden. Um zum Beispiel die Struktur eines Butan-Moleküls aus der Formel HCHHCHHCHHCHH in der Form

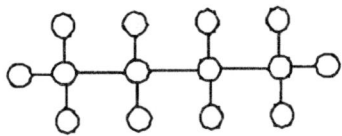

graphisch darzustellen, kann die folgende Grammatik herangezogen werden:

```
<FORMEL>   = {[CS LT 90] {<STRUKTUR>}*}
<STRUKTUR> = { H [KREIS 360]
             | C [FD 12 KREIS  90 FD 12] <STRUKTUR>
                 [FD 12 KREIS 180 FD 12] <STRUKTUR>
                 [FD 12 KREIS 270 FD 12] <STRUKTUR>
                 [FD 12 KREIS 180 FD 12]}
```

Die Prozedur KREIS zeichnet einen Kreisbogen mit dem Zentriwinkel W:

```
TO KREIS :W
LT 90
REPEAT :W/10 [FD 1 RT 10]
LT 90
END
```

Da nach jeder Abarbeitung einer <STRUKTUR> mit um 180 Grad gedrehter
Turtle wieder an den Anfangspunkt zurückgekehrt wird, lassen sich anstelle
von Wasserstoffatomen beliebige Alkylgruppen anschließen. Aus der Formel
HCHCHHHCHHH des Methyläthans entsteht zum Beispiel die folgende Darstellung:

Üblicherweise werden die azyklischen Kohlenwasserstoffe mittels einer Summenformel, zum Beispiel in der Form CH2-CH3-CH3 im Fall des Methyläthans, dargestellt. Mit Hilfe einer weiteren Grammatik kann diese Summenformel in die für die Graphik notwendige Darstellung umgewandelt werden:

```
<ALKAN>    = {<MOLEKUEL> [ASSERT [ANALYSE "$FORMEL
                          WORD "HC BF BF :RET.MOLEKUEL]]
             |[PR [FEHLER]]}
<MOLEKUEL> = {[MAKE "RET.MOLEKUEL " ] {<GRUPPE><INDEX>
             [RETURN WORD :RET.MOLEKUEL
                          DUP :RET.INDEX :RET.GRUPPE]|-}*}
<GRUPPE>   = {(<MOLEKUEL>) [RETURN :RET.MOLEKUEL]
             | C [RETURN "C]
             | H [RETURN "H]}
<INDEX>    = {[ASSERT [NUMBERP NEXT] RETURN NEXT] %
             |[RETURN 1]}
```

Die Funktion DUP dient nur dazu, einen mit einem Index versehenen Teil der
Formel entsprechend oft zu duplizieren:

```
TO DUP :N :X
IF :N = 1 [OP :X]
OP WORD :X DUP :N-1 :X
END
```

Die umgewandelte Summenformel wird automatisch analysiert, und danach wird die Graphik gezeichnet. Und hier zwei Beispiele für die Anwendung dieser Grammatik:

CH3-CH(CH3)-CH3
Methyl-Propan

CH3-C(CH3)2-CH2-CH(CH3)-(CH2)3-CH3
2.2.4-Trimethyl-Oktan

Formelmanipulation

Auch arithmetische Ausdrücke, wie sie eingangs beschrieben wurden, können mit wenigen Regeln definiert werden:

```
<AUSDRUCK>   = { <TERM> { { + | - } <TERM> }* }
<TERM>       = { <FAKTOR> { { * | / } <FAKTOR> }* }
<FAKTOR>     = { ( <AUSDRUCK> ) | <KONST> | <VAR> }
<KONST>      = { [ASSERT [NUMBERP NEXT]] % }
<VAR>        = { [ASSERT [NOT MEMBERP NEXT [+-*/()]] % }
```

Für den Ausdruck (a+b)/2 entstehen nach den obigen Definitionen die folgenden Ableitungen:

```
a = VAR
a = FAKTOR
a = TERM
b = VAR
b = FAKTOR
b = TERM
a + b = AUSDRUCK
( a + b ) = FAKTOR
2 = KONST
2 = FAKTOR
( a + b ) / 2 = TERM
( a + b ) / 2 = AUSDRUCK
```

Durch entsprechende semantische Aktionen kann der Ausdruck zum Beispiel in die sogenannte Postfix-Form umgewandelt werden. Bei der Postfix-Schreibweise steht der Operator immer hinter seinen Operanden, zum Beispiel ab+ statt a+b oder 2x1+* statt 2*(x+1). Die folgende Grammatik dient zur Umwandlung eines Ausdrucks in die Postfix-Form:

```
<POSTFIX>   = { <AUSDRUCK>
                  [(PR COMBINE :TXT.AUSDRUCK [=] :RET.AUSDRUCK)]}
<AUSDRUCK>  = { <TERM>        [RETURN :RET.TERM]
                {+<TERM>[RETURN (SE :RET.AUSDRUCK :RET.TERM [+])]
                |-<TERM>
                     [RETURN (SE :RET.AUSDRUCK :RET.TERM [-])]}*}
<TERM>      = {<FAKTOR>        [RETURN :RET.FAKTOR]
                {*<FAKTOR>
                      [RETURN (SE :RET.TERM :RET.FAKTOR [*])]
                |/<FAKTOR>
                      [RETURN (SE :RET.TERM :RET.FAKTOR [/])]}*}
<FAKTOR>    = {(<AUSDRUCK>) [RETURN :RET.AUSDRUCK]
                | <KONST>       [RETURN :TXT.KONST]
                | <VAR>         [RETURN :TXT.VAR]}
<KONST>     = { [ASSERT [NUMBERP NEXT]] % }
<VAR>       = { [ASSERT [NOT MEMBERP NEXT [+-*/()]]] % }
```

Der in Postfix-Schreibweise umgewandelte Ausdruck, Term und Faktor wird
auf den lokalen Variablen RET.AUSDRUCK, RET.TERM und RET.FAKTOR
geliefert und mittels Sentence (SE) zusammengesetzt. Dabei wird der jeweilige Operator immer hinter die beiden Operanden gestellt. Die folgenden
Ausdrücke können zum Beispiel durch die Grammatik umgewandelt werden:

(a+b)/c = a b + c /
(x+1)/(x−1) = x 1 + x 1 − /
1/(a*b)+c = 1 a b * / c +

Durch eine ähnliche Grammatik kann der Wert eines Ausdrucks − sofern er
nur aus Konstanten besteht − gleich berechnet werden:

```
<WERT>      = { <AUSDRUCK>
                [(PR COMBINE :TXT.AUSDRUCK [=] :RET.AUSDRUCK)]}
<AUSDRUCK> = { <TERM>       [RETURN :RET.TERM]
               {+ <TERM>    [RETURN :RET.AUSDRUCK + :RET.TERM]
               |- <TERM>    [RETURN :RET.AUSDRUCK - :RET.TERM]}*}
<TERM>      = { <FAKTOR>    [RETURN :RET.FAKTOR]
               {* <FAKTOR> [RETURN :RET.TERM * :RET.FAKTOR]
               |/ <FAKTOR> [RETURN :RET.TERM / :RET.FAKTOR]}*}
<FAKTOR>    = {(<AUSDRUCK>) [RETURN :RET.AUSDRUCK]
               | <KONST>     [RETURN FIRST :TXT.KONST]}
<KONST>     = { [ASSERT [NUMBERP NEXT]] % }
```

Jeder Interpreter berechnet die Ausdrücke im Prinzip auf die gleiche Weise!
Hier einige Beispiele:

3*4−5 = 7
9−2*3 = 3
(7−2)/2 = 2.5

Mit Hilfe der folgenden Grammatik kann ein Ausdruck algebraisch nach der
Variablen x differenziert werden:

```
<DIFF>     = {<AUSDRUCK>
              [(PR [d\/dx] COMBINE :TXT.AUSDRUCK [=]
                          COMBINE :RET.AUSDRUCK)]}
<AUSDRUCK> = {<TERM>    [RETURN :RET.TERM]
              {+<TERM> [RETURN ADD :RET.AUSDRUCK :RET.TERM]
              |-<TERM> [RETURN SUB :RET.AUSDRUCK :RET.TERM]}*}
```

```
<TERM>      = {<FAKTOR> [RETURN :RET.FAKTOR
                        LOCAL "LOC.TERM MAKE "LOC.TERM :RES]

              { {*<FAKTOR>
                      [RETURN ADD MUL :LOC.TERM :RET.FAKTOR
                              MUL :RET.TERM :TXT.FAKTOR]

              |/<FAKTOR>
                      [RETURN QOT SUB MUL :RET.TERM :TXT.FAKTOR

                              MUL :RET.FAKTOR :LOC.TERM

                          POT :TXT.FAKTOR [2]]}
                      [MAKE "LOC.TERM :RES]}*}
<FAKTOR>    = { (<AUSDRUCK>) [RETURN :RET.AUSDRUCK]
              | <VAR>        [RETURN [1]]
              | <KONST>      [RETURN [0]]}
<VAR>       = { X | x }
<KONST>     = {[ASSERT [NOT MEMBERP NEXT [+-*/^()]]] % }
```

Die Ableitung des entsprechenden Teilausdruckes wird jeweils mittels RETURN als Ergebnis zurückgeliefert. Zur Ableitung eines Faktors werden zum Beispiel die folgenden Regeln angewendet:

1) Ist der Faktor eine Konstante, so ist dessen Ableitung Null.
2) Ist der Faktor eine Variable, so ist die Ableitung 1. (In diesem Sinn ist nur x eine Variable - alle anderen Namen bezeichnen Konstanten!)
3) Ist der Faktor ein Ausdruck, so ist seine Ableitung gleich der Ableitung dieses Ausdrucks.

Die Ableitungen von Summen, Differenzen, Produkten und Quotienten werden nach den entsprechenden Rechenregeln gebildet, wobei die algebraischen Grundrechnungsarten durch die Funktionen ADD, SUB, MUL und QOT bewerkstelligt werden.

Die mit der Vorsilbe RET. gekennzeichneten Variablen enthalten die jeweiligen Ableitungen. Die Originalausdrücke stehen auf den Variablen mit der Vorsilbe TXT. zur Verfügung. Im Falle eines Terms ist der Text des linken Faktors auf der lokalen Variablen LOC.TERM gespeichert.

Um die gebildeten Ableitungen zu vereinfachen, werden in den Funktionen ADD, SUB, MUL und QOT einfache "Optimierungen" durchgeführt. Die Funktion ADD zum Beispiel überprüft, ob einer der beiden Summanden Null ist, oder ob zufällig beide Summanden Zahlen sind – in diesem Fall kann das Ergebnis sofort berechnet werden. Sind beide Summanden gleich, so wird der Summand verdoppelt. Nur wenn keiner dieser Sonderfälle vorliegt, wird ein Satz mit dem +-Operator zwischen den beiden Summanden gebildet:

```
TO ADD :X :Y
IF :X = [0] [OP :Y]
IF :Y = [0] [OP :X]
IF AND ZAHL :X ZAHL :Y
   [OP (SE (FIRST :X) + (FIRST :Y))]
IF EQUALP :X :Y [OP MUL [2] :X]
OP (SE :X [+] :Y)
END
```

Die Funktion ZAHL überprüft, ob der Operand numerisch ist und nur aus
einem Wort besteht:

```
TO ZAHL :X
OP AND NUMBERP FIRST :X EMPTYP BF :X
END
```

Ähnlich wie die Addition erfolgt die Subtraktion:

```
TO SUB :X :Y
IF :Y = [0] [OP :X]
IF AND ZAHL :X ZAHL :Y
   [OP (SE (FIRST :X) - (FIRST :Y))]
IF EQUALP :X :Y [OP [0]]
OP (SE :X [-] KLAMMER.SUM :Y)
END
```

Falls der Subtrahend Y selbst eine Summe oder eine Differenz ist, muß dieser
in runde Klammern gesetzt werden. Die Funktion KLAMMER.SUM überprüft
durch eine neuerliche Analyse, ob es sich um eine Summe oder Differenz
handelt, und setzt gegebenenfalls die nötigen Klammern:

```
TO KLAMMER.SUM :X
IF ANALYSE "§SUM :X [OP ( SE [(] :X [)] )]
OP :X
END
```

Eine einfache Grammatik erlaubt die notwendige Analyse:

```
<SUM>  = {-<FAK>|<PROD> {+|-} {<PROD>|<SUM>} }
<PROD> = {<FAK>{ {*|/} <FAK>}*}
<FAK>  = {({<SUM>|<PROD>}) |<VAR>|<KONST>}
```

Die Funktionen MUL und QOT für die algebraische Multiplikation und
Division sind ähnlich aufgebaut:

```
TO MUL :X :Y
IF :X = [0] [OP [0]]
IF :Y = [0] [OP [0]]
IF :X = [1] [OP :Y]
IF :Y = [1] [OP :X]
IF AND ZAHL :X ZAHL :Y
   [OP (SE (FIRST :X) * (FIRST :Y))]
IF EQUALP :X :Y [OP POT :X [2]]
OP (SE KLAMMER.SUM :X [*] KLAMMER.SUM :Y)
END
```

```
TO QOT :X :Y
IF :X = [0] [OP [0]]
IF :Y = [1] [OP :X]
IF AND ZAHL :X ZAHL :Y
  [OP (SE (FIRST :X) / (FIRST :Y))]
IF EQUALP :X :Y [OP [1]]
OP (SE KLAMMER.SUM :X [/] KLAMMER.FAK :Y)
END
```

Der Divisor muß immer dann geklammert werden, wenn es sich dabei nicht um einen Faktor handelt. Die Funktion KLAMMER.FAK überprüft dies ebenfalls mit Hilfe einer Analyse:

```
TO KLAMMER.FAK :X
IF ANALYSE "§FAK :X [OP :X]
OP (SE [(] :X [)])
END
```

Auch beim Potenzieren muß die Basis geklammert werden, falls es sich dabei nicht um einen Faktor handelt:

```
TO POT :X :Y
IF :X = [0] [OP [0]]
IF :Y = [0] [OP [1]]
IF :X = [1] [OP [1]]
IF :Y = [1] [OP :X]
IF AND ZAHL :X ZAHL :Y
  [OP (SE POWER FIRST :X FIRST :Y)]
OP (SE KLAMMER.FAK :X [^] :Y)
END
```

Manche der auf diese Weise gebildeten Ableitungen sehen ganz passabel aus:

d/dx a*x*x+b*x+c = 2*a*x+b
d/dx 1/(x+1) = -1/(x+1)^2
d/dx 3*(x−1)/2 = 1.5

Die "Optimierungen" erfolgen jedoch nur lokal und berücksichtigen weder das Kommutativ- noch das Assoziativ- oder Distributiv-Gesetz:

d/dx 3*x*x−2*x = 2*3*x−2
d/dx a*x/2 = a*2/4
d/dx (x+1)/(x−1) = ((x−1)-(x+1))/(x−1)^2

Auch die Klammersetzung läßt zu wünschen übrig:

d/dx x+1/x = 1+−1/x^2
d/dx a/x = (0−a)/x^2

Die letzten Mängel lassen sich durch Einführung eines negativen Vorzeichens leicht beheben. Mit einer Funktion NEG zur Überprüfung, ob ein negatives Vorzeichen vorhanden ist,

```
TO NEG :X
IF NUMBERP FIRST :X [OP (FIRST :X) < 0]
OP EQUALP FIRST :X "-
END
```

und einer Funktion BETRAG, die dieses Vorzeichen eliminiert,

```
TO BETRAG :X
OP SE BF FIRST :X BF :X
END
```

kann zum Beispiel in der Funktion ADD bei negativen Summanden subtrahiert werden:

```
IF NEG :X [OP SUB :Y BETRAG :X]
IF NEG :Y [OP SUB :X BETRAG :Y]
```

Hat in der Funktion SUB der linke Operand den Wert Null, so wird der rechte Operand Y mit −1 multipliziert. Bei negativem Operanden wird aus einer Subtraktion eine Addition:

```
IF :X = [0] [OP MUL [-1] :Y]
IF NEG :X [OP MUL [-1] ADD BETRAG :X :Y]
IF NEG :Y [OP ADD :X BETRAG :Y]
```

Sind in der Funktion MUL beide Operanden negativ, so werden ihre Beträge multipliziert, ist nur ein Operand negativ, so wird mit dem Betrag dieses Operanden multipliziert und das Ergebnis negativ gesetzt:

```
IF AND NEG :X NEG :Y [OP MUL BETRAG :X BETRAG :Y]
IF NEG :X [OP SE [-] MUL BETRAG :X :Y]
IF NEG :Y [OP SE [-] MUL :X BETRAG :Y]
```

Ähnlich wird bei einer Division in der Funktion QOT vorgegangen:

```
IF AND NEG :X NEG :Y [OP QOT BETRAG :X BETRAG :Y]
IF NEG :X [OP SE [-] QOT BETRAG :X :Y]
IF NEG :Y [OP SE [-] QOT :X BETRAG :Y]
```

Anstatt der bemängelten Ergebnisse werden jetzt annehmbare Ausdrücke geliefert:

d/dx x+1/x = 1−1/x^2
d/dx a/x = (−a)/x^2

Eine weitergehende "Optimierung" der berechneten Formeln ist ein interessantes, aber mühsames Unterfangen und soll hier nicht weiter verfolgt werden. Anstelle dessen darf auf eine andere reizvolle Erweiterung hingewiesen werden:

Durch eine Ergänzung der grammatikalischen Regeln für einen <FAKTOR> können auch die Ableitungen von Funktionen gebildet werden:

```
<FAKTOR> = { (<AUSDRUCK>)    [RETURN :RET.AUSDRUCK]
           | sin <AUSDRUCK>
             [RETURN MUL :RET.AUSDRUCK SE [cos] :TXT.AUSDRUCK]
           | exp <AUSDRUCK>
             [RETURN MUL :RET.AUSDRUCK SE [exp] :TXT.AUSDRUCK]
           | ln  <AUSDRUCK>
             [RETURN QOT :RET.AUSDRUCK  :TXT.AUSDRUCK]
           | <VAR>           [RETURN [1]]
           | <KONST>         [RETURN [0]]}
```

Die Regeln für die Ableitung einer Funktion sind hier beispielhaft für die Sinus-Funktion, die Exponential-Funktion und den natürlichen Logarithmus illustriert. Dabei wird die Ableitung der Funktion mit der Ableitung ihres jeweiligen Argumentes multipliziert.

Mit einer entsprechenden Ergänzung der Regeln für die Klammersetzung

```
<SUM>  = {<PROD> {+|-} {<PROD>|<SUM>} }
<PROD> = {<FUN><PROD>|<FAK>{ {*|/} <FAK>}*}
<FAK>  = { (({<SUM>|<PROD>})|<VAR>|<KONST>}
<FUN>  = { sin | exp | ln }
```

lassen sich ganz anspruchsvolle Ausdrücke ableiten:

$d/dx\ \sin(a*x) = a*\cos(a*x)$
$d/dx\ \ln(x+1) = 1/(x+1)$
$d/dx\ \exp(1/x) = -1/x^2*\exp(1/x)$
$d/dx\ \ln(\sin(1-x)) = -\cos(1-x)/(\sin(1-x))$

7.10. ENTWICKLUNG EINES "EXPERTENSYSTEMS"

Mit Hilfe von Propertylisten und der im vorigen Kapitel beschriebenen Analyse eines Textes durch eine Grammatik kann nun ein einfaches Modell eines Expertensystems entwickelt werden. Dieses System soll in der Lage sein, Wissen zu speichern und auf Grund dieser "Wissensbasis" einfache Fragen zu beantworten. Da die Ansprüche an ein solches "wissensbasiertes" System ziemlich komplex sind, wollen wir die Probleme zuerst an Hand eines "Mini-Expertensystems" illustrieren und dieses danach schrittweise verbessern.

Sogenanntes "Faktenwissen" der Form SNOOPY IST EIN HUND, PARIS LIEGT AN DER SEINE oder ISIDOR LACHT LAUT kann sehr leicht mit Hilfe von Propertylisten gespeichert werden. Der Name der Propertyliste kann dabei der Einfachheit halber genauso gewählt werden, wie das Subjekt (zum Beispiel SNOOPY). Das Verb (zum Beispiel IST) hingegen bezeichnet die Property, und das Objekt (zum Beispiel EIN HUND) ist der zugehörige Wert dieser Property.

Die Befehle

```
PPROP "SNOOPY "IST [EIN HUND]
PPROP "SNOOPY "HAT [EINEN KNOCHEN]
```

zum Beispiel speichern in der Propertyliste mit dem Namen SNOOPY zu der Eigenschaft IST den Wert EIN HUND und zu der Eigenschaft HAT den Wert EINEN KNOCHEN. Mit Hilfe der Funktion GPROP kann ein solcher Wert wieder geholt werden; zum Beispiel druckt

```
PR GPROP "SNOOPY "HAT
```

den Text EINEN KNOCHEN.

Unter Verwendung dieser Propertylisten kann nun leicht eine "Wissensbasis" angelegt werden. Die Eingabe von "Faktenwissen" soll durch Sätze der Bauart <SUBJEKT><PRAEDIKAT> erfolgen, wobei ein <PRAEDIKAT> aus <VERB> und <OBJEKT> besteht. Die Prozedur FAKT zerlegt einen Satz S in die drei Bestandteile <SUBJEKT>, <VERB> und <OBJEKT> und speichert den Text des Objektes in einer Propertyliste:

```
TO FAKT :S
PPROP FIRST :S FIRST BF :S BF BF :S
END
```

Die Prozedur FRAGE liefert eine Antwort auf eine Frage der Form WAS
<VERB> <SUBJEKT>:

```
TO FRAGE :S
IF EMPTYP GPROP LAST :S FIRST :S
  [PR [DAS WEISS ICH NICHT] STOP]
(PR LAST :S FIRST :S GPROP LAST :S FIRST :S)
END
```

Falls in der Propertyliste unter der jeweiligen Property kein Wert gespeichert ist, liefert GPROP ein leeres Ergebnis, und es wird der Text DAS
WEISS ICH NICHT gedruckt.

Beginnen Fragen immer mit einem Fragewort, zum Beispiel WAS, WO oder
WOHIN, so kann damit das "kleinste Expertensystem der Welt" aufgebaut
werden:

```
TO SATZ :S
IF MEMBERP FIRST :S [WAS WO WOHIN] [FRAGE BF :S STOP]
FAKT :S
END
```

Mit dem "Rahmenprogramm" EXPERT

```
TO EXPERT
SATZ RL
EXPERT
END
```

kann bereits ein einfacher Dialog geführt werden:

```
SNOOPY IST EIN HUND
SNOOPY HAT EINEN KNOCHEN
SNOOPY SITZT AUF DEM DACH
WAS IST SNOOPY
SNOOPY IST EIN HUND
WAS HAT SNOOPY
SNOOPY HAT EINEN KNOCHEN
WO SITZT SNOOPY
SNOOPY SITZT AUF DEM DACH
WAS DENKT SNOOPY
DAS WEISS ICH NICHT
```

Ausbaufähiger wird das System, wenn die eingegebenen Sätze mittels einer Grammatik analysiert werden:

```
<SATZ> ={<FRAGE>|<FAKT>
         |[PR [DIESEN SATZ VERSTEHE ICH NICHT!]]}
<FAKT> ={<SBJ><VERB><OBJ>[PUT.FAKT]}
<SBJ>  ={<ART><NOM>}
<OBJ>  ={<PRAEP><ART><NOM>}
<ART>  ={ DER | DIE | DAS | EIN | EINE |EINEM |EINEN |EINER |}
<PRAEP>={ IN | IM | MIT | AUF | AN | AM | UM | ZU | }
<NOM>  ={<WORT>}
<VERB> ={<WORT>}
<FRAGE>={<WAS><VERB><SBJ>[GET.OBJ]}
<WAS>  ={ WAS | WIE | WANN | WO | WOHIN | WOHER | WOMIT | WEN
         | WEM }
```

Die Prozedur PUT.FAKT braucht nur den Text des Objektes TXT.OBJEKT in einer Propertyliste zu speichern,

```
TO PUT.FAKT
PPROP LAST :TXT.SBJ LAST :TXT.VERB :TXT.OBJ
END
```

um ihn mit der Funktion GET.OBJ wieder auszugeben.

```
TO GET.OBJ
LOCAL "ERG
MAKE "ERG GPROP LAST :TXT.SBJ LAST :VERB
IF EMPTYP :ERG
  [(PR [ICH WEISS NICHT,] :TXT.WAS :TXT.SBJ :TXT.VERB) STOP]
(PR :TXT.SBJ :TXT.VERB :ERG)
END
```

Und schon kann das System aus Aussagen "Faktenwissen" lernen. Die Prozedur EXPERT liefert den dazu nötigen Rahmen:

```
TO EXPERT
ANALYSE "SATZ RL
EXPERT
END
```

Da die Funktion ANALYSE wegen der vorgesehenen Fehlermeldung auf jeden Fall den Wert TRUE liefert, wurde sie der Einfachheit halber zu einer Prozedur umgestaltet:

```
TO ANALYSE :#SYM :#TXT
IF ANALYSE.SYM WORD "§ :#SYM []
END
```

Gleichzeitig wurden alle Parameter und lokale Variablen der Analyse-Funktionen durch das Zeichen # gekennzeichnet. Dadurch werden unerwünschte Namensgleichheiten mit anderen Variablen von vornherein vermieden.

Nach dem Aufruf des Systems durch EXPERT kann zum Beispiel der folgende Dialog geführt werden:

```
EIN HUND HAT EINEN SCHWANZ
DIE DONAU FLIESST IN DAS MEER
DAS KONZERT BEGINNT MIT EINEM PAUKENSCHLAG
WAS HAT EIN HUND
EIN HUND HAT EINEN SCHWANZ
WOHIN FLIESST DIE DONAU
DIE DONAU FLIESST IN DAS MEER
WOMIT BEGINNT DAS KONZERT
DAS KONZERT BEGINNT MIT EINEM PAUKENSCHLAG
WANN KOMMT GODOT
ICH WEISS NICHT, WANN GODOT KOMMT
```

Selbstverständlich können auch Fragen gestellt werden, die mitunter unerwartete Antworten nach sich ziehen, wie zum Beispiel

```
WANN BEGINNT DAS KONZERT
DAS KONZERT BEGINNT MIT EINEM PAUKENSCHLAG
WOHER FLIESST DIE DONAU
DIE DONAU FLIESST IN DAS MEER
```

Werden zu einem Subjekt unter dem gleichen Verb mehrere Objekte zugeordnet, so überschreibt immer das zuletzt gespeicherte Objekt das vorherige, zum Beispiel

```
PARIS LIEGT IN FRANKREICH
PARIS LIEGT AN DER SEINE
WO LIEGT PARIS
PARIS LIEGT AN DER SEINE
```

Um zu einem Verb mehrere Objekte speichern zu können, genügt es, beim Speichern eines Objektes dieses an die Liste aller bisherigen Objekte anzufügen:

```
TO PUT.FAKT
PPROP LAST :TXT.SBJ LAST :TXT.VERB
     FPUT :TXT.OBJ GPROP LAST :TXT.SBJ LAST :TXT.VERB
END
```

Soll auf die Frage WO LIEGT PARIS mit PARIS LIEGT AN DER SEINE UND IN FRANKREICH geantwortet werden, so genügt es, die mit GET.FAKT gewonnene Liste mittels einer Funktion TXT.SEQ entsprechend aufzubereiten:

```
TO TXT.SEQ :X
IF EMPTYP BF :X [OP FIRST :X]
IF EMPTYP BF BF :X
   [OP (SE FIRST :X [und] LAST :X)]
OP (SE FIRST :X [,] TXT.SEQ BF :X)
END
```

Der Aufruf dieser Funktion erfolgt beim Zusammenbau der Antwort in der Prozedur GET.OBJ:

```
TO GET.OBJ
LOCAL "RES
MAKE "RES GPROP LAST :TXT.SBJ LAST :VERB
IF EMPTYP :RES
   [(PR [ICH WEISS NICHT,] :TXT.WAS :TXT.SBJ :TXT.VERB) STOP]
(PR :TXT.SBJ :TXT.VERB TXT.SEQ :RES)
END
```

Auch eine Frage der Form LIEGT PARIS AN DER SEINE? kann mit vertretbarem Aufwand beantwortet werden. Da diese Frage nicht durch ein Fragewort eingeleitet wird, ist es für das System allerdings schwer, Fragen von Fakten zu unterscheiden. Das Fragezeichen am Ende des Satzes kann jedoch zur Unterscheidung herangezogen werden. Allerdings ist es notwendig, es vom Ende des letzten Wortes zu trennen, um es bei der Sprachanalyse überprüfen zu können.

Die Funktion SCAN trennt gleich alle etwaigen Satzzeichen von den davorstehenden Wörtern eines Satzes:

```
TO SCAN :X
IF EMPTYP :X [OP []]
IF MEMBERP LAST FIRST :X [. , ? !]
   [OP (SE BL FIRST :X LAST FIRST :X SCAN BF :X]
OP SE FIRST :X SCAN BF :X
END
```

Wird die Funktion SCAN vor der Analyse eines Satzes aufgerufen,

```
TO EXPERT
ANALYSE "SATZ SCAN RL
EXPERT
END
```

so können die Satzzeichen zum Beispiel in der Regel für <FAKT> und <FRAGE> berücksichtigt werden:

```
<FAKT>  = {<SBJ><VERB><OBJ>{ . | ! | }[PUT.FAKT]}
<FRAGE> = {<WER><VERB><SBJ>?[GET.OBJ]}
```

Zusätzlich dazu können bereits in der Regel für einen <SATZ> die Weichen
zwischen <FAKT> und <FRAGE> gestellt werden:

```
<SATZ>   = { {[ASSERT [EQUALP LAST :#TXT "?]]<FRAGE>|<FAKT>}
             [ASSERT [EMPTYP NEXT]]
             |[PR [Diesen Satz verstehe ich nicht!]]}
```

Nun steht einer Berücksichtigung einer aus <VERB><SBJ><OBJ> aufge-
bauten Entscheidungsfrage nichts mehr im Wege:

```
<FRAGE>  = {<WER><VERB><SBJ>?[GET.OBJ]
            |<VERB><SBJ><OBJ>?[TEST] }
```

Die Überprüfung der Entscheidungsfrage selbst ist mit Hilfe der Wissensbasis denkbar einfach:

```
TO TEST
IF MEMBERP :TXT.OBJ GPROP LAST :TXT.SBJ LAST :TXT.VERB
  [(PR [JA,] :TXT.SBJ :TXT.VERB :TXT.OBJ) STOP]
(PR {ICH WEISS NICHT, OB] :TXT.SBJ :TXT.OBJ :TXT.VERB)
END
```

Auf die Frage

```
LIEGT PARIS AN DER SEINE?
```

liefert das System jetzt die Antwort

```
JA, PARIS LIEGT AN DER SEINE.
```

Die Antwort auf die Frage

```
LIEGT WIEN AN DER DONAU?
```

ist jedoch bei ungenügender Wissensbasis

```
ICH WEISS NICHT, OB WIEN AN DER DONAU LIEGT.
```

So verblüffend einfach sich auf diese Weise einfaches Faktenwissen speichern
und wieder abfragen läßt, so deutlich zeigen sich jedoch auch die Mängel und
Grenzen dieses "Mini-Expertensystems". So erlaubt die pseudo-natürlich-
sprachliche Systemoberfläche weder eine Groß- und Kleinschreibung noch
die Berücksichtigung der Ein- oder Mehrzahl von Substantiven und Verben.
Aber auch an die interne Verarbeitung können höhere Ansprüche gestellt
werden. So wäre es wünschenswert, Negationen der Form SNOOPY MAG
KEINE KATZEN. oder Vererbungen, wie etwa:

```
SNOOPY IST EIN HUND.
JEDER HUND HAT EINEN SCHWANZ.
HAT SNOOPY EINEN SCHWANZ?
```

richtig zu verarbeiten.

Auch Fragen nach dem Subjekt, wie etwa

```
WELCHE HAUPTSTADT LIEGT AN DER SEINE?
WER HAT EINEN SCHWANZ?
```

sind wünschenswert. Nicht zuletzt sollen auch Regeln der Form

```
EIN VIERECK IST EIN QUADRAT,
WENN ES GLEICHSEITIG IST UND ES RECHTWINKELIG IST.
```

angegeben werden können, die vom System auf ihre Anwendbarkeit hin überprüft und gegebenenfalls zu Schlußfolgerungen herangezogen werden. Falls der Wissensstand zur Beantwortung einer Frage nicht ausreicht, sollen vom System auch zielführende Rückfragen, wie etwa

```
IST DAS VIERECK GLEICHSEITIG?
```

gestellt werden. Darüber hinaus soll der Benutzer die Möglichkeit haben, sich vom System die Schlußfolgerungen erklären zu lassen.

Besonders interessant ist es, in den Aussagen, Bedingungen und Fragen zu unterscheiden, ob sie für alle oder nur für einige der Subjekte beziehungsweise Objekte gültig sind. Damit lassen sich dann sogar Schlüsse ziehen, wie sie die Scholastiker bereits im Mittelalter in ihren Schlußfiguren (Syllogismen) untersucht haben. So folgt zum Beispiel aus

```
ALLE FEIERTAGE SIND SCHULFREI.
EINIGE FEIERTAGE SIND SAMSTAGE.

EINIGE SAMSTAGE SIND SCHULFREI.
```

oder aus

```
ALLE SPEISEPILZE SIND ESSBAR.
EINIGE PILZE SIND NICHT ESSBAR.

EINIGE PILZE SIND KEINE SPEISEPILZE.
```

Um zu zeigen, wie ein solches Expertensystem aufgebaut sein kann und wie der Schlußfolgerungsmechanismus funktioniert, soll nun unser "Mini-Expertensystem" stufenweise weiter ausgebaut werden.

1. Schritt: Wissensrepräsentation

Zunächst soll die Speicherung des Faktenwissens und der Regeln an die komplexen Anforderungen angepaßt werden. Da die Fakten offensichtlich äußerst symmetrisch aufgebaut sind – sie bestehen aus Subjekt, Verb und Objekt, wobei dem Verb die zentrale Bedeutung einer Beziehung (Relation) zwischen den beiden Substantiven zukommt – und bei fast allen Fragen an das System das Verb gegeben ist, ist es naheliegend, alle zu einem Verb gehörigen Fakten gemeinsam in einer Liste zu speichern. Ob die Beziehung gilt, zum Beispiel

```
SNOOPY HAT EINEN KNOCHEN
```

oder ob sie nicht gilt, zum Beispiel

```
SNOOPY HAT KEINEN KNOCHEN
```

kann durch eine "Negation" des Verbs ausgedrückt werden, zum Beispiel in der Form

```
SNOOPY +HABEN KNOCHEN
SNOOPY -HABEN KNOCHEN
```

Sowohl die Verben als auch die Nomen können dabei durch einen Code dargestellt werden, der als Schlüssel für einen einheitlichen Zugriff geeignet und für Einzahl und Mehrzahl derselbe ist. Die folgende Funktion INF versucht zum Beispiel, ein Verb in die Nennform (Infinitiv) umzuwandeln. Die Nennform unregelmäßiger Verben wird dabei einer Propertyliste entnommen. Bei regelmäßigen Verben werden die Endungen "st","e" und "t" durch "en" ersetzt:

```
TO INF :VERB
LOCAL "RES
MAKE "RES GPROP "INF :VERB
IF NOT EMPTYP :RES [OP :RES]
IF EQUALP WORD LAST BL :VERB LAST :VERB "st
  [OP WORD BL BL :VERB "en]
IF MEMBERP LAST :VERB [e t]
  [OP WORD BL :VERB "en]
OP :VERB
END
```

Einige der häufigsten unregelmäßigen Verben können in Form von Propertylisten gespeichert werden, zum Beispiel

```
PPROP "INF "bin     "sein
PPROP "INF "bist    "sein
PPROP "INF "ist     "sein
PPROP "INF "sind    "sein
PPROP "INF "hast    "haben
PPROP "INF "hat     "haben
PPROP "INF "kann    "koennen
PPROP "INF "kannst  "koennen
PPROP "INF "will    "wollen
PPROP "INF "willst  "wollen
PPROP "INF "musst   "muessen
PPROP "INF "mag     "moegen
PPROP "INF "magst   "moegen
PPROP "INF "isst    "essen
PPROP "INF "frisst  "fressen
PPROP "INF "weiss   "wissen
PPROP "INF "weisst  "wissen
PPROP "INF "heisst  "heissen
PPROP "INF "hasst   "hassen
```

Ähnlich werden Hauptwörter durch die Funktion SING in ihre Einzahl
umgewandelt:

```
TO SING :NOM
IF (COUNT :NOM) < 3 [OP :NOM]
MAKE "NOM OHNE.UMLAUT :NOM
IF AND NOT MEMBERP LAST BL BL :NOM [a e i o u]
   MEMBERP WORD LAST BL :NOM LAST :NOM [er en] [OP BL BL :NOM]
IF AND NOT MEMBERP LAST BL :NOM [a e i o u]
   MEMBERP LAST :NOM [e s] [OP BL :NOM]
OP :NOM
END
```

Die Endungen "er", "en", "e" und "s" werden nach Konsonanten einfach weggelassen. Selbstverständlich kann diese einfache, vornehm als "Heuristik"
bezeichnete Faustregel niemals alle Regeln der Grammatik berücksichtigen.
Es kommt ja aber auch nicht darauf an, daß die grammatikalisch richtige
Einzahl gebildet wird, sondern daß möglichst alle Formen desselben Wortes
zum gleichen Schlüssel führen. Diesem Zweck dient auch die Funktion
OHNE.UMLAUT, die Umlaute in einem Wort durch den Vokal ersetzt:

```
TO OHNE.UMLAUT :NOM
IF EMPTYP :NOM [OP "]
IF EMPTYP BF :NOM [OP :NOM]
IF MEMBERP WORD FIRST :NOM FIRST BF :NOM [ae oe ue]
   [OP WORD FIRST :NOM OHNE.UMLAUT BF BF :NOM]
OP WORD FIRST :NOM OHNE.UMLAUT BF :NOM
END
```

Um Unterschiede zwischen Groß- und Kleinschreibung zu vermeiden, empfiehlt es sich, alle Schlüssel intern durch Großbuchstaben darzustellen. Diesem Zweck dient die Funktion BLOCK, die Kleinbuchstaben mit ASCII-Code > 96 durch Subtraktion von 32 in Großbuchstaben umwandelt:

```
TO BLOCK :X
IF EMPTYP :X [OP "]
IF LISTP :X [OP BLOCK FIRST :X]
IF (ASCII FIRST :X)>96
  [OP WORD CHAR ((ASCII FIRST :X)-32) BLOCK BF :X]
OP WORD FIRST :X BLOCK BF :X
END
```

Der Schlüssel für ein als Liste gespeichertes, positives Verb wird durch die Funktion KEY.VERB gebildet:

```
TO KEY.VERB :VERB
OP WORD "\+ INF BLOCK :VERB
END
```

Falls das Verb verneint ist, kann sein Schlüssel mittels KOMP.KEY komplementiert werden:

```
TO KOMP.KEY :KEY
IF EQUALP FIRST :KEY "\+ [OP WORD "\- BF :KEY]
OP WORD "\+ BF :KEY
END
```

Um bei Hauptwörtern zu unterscheiden, ob die Beziehung für alle oder nur für einige gilt, kann deren Schlüssel ebenfalls mit dem Präfix "+" oder "-" versehen werden, wobei "+" "für alle" und "-" "für einige" bedeuten soll. "+" entspricht dabei dem All-Quantor und "-" dem Existenz-Quantor der Prädikatenlogik. Ob "für alle" oder "für einige" gemeint ist, wird in der deutschen Sprache oft nicht eindeutig unterschieden; so weiß man zum Beispiel in den Sätzen

```
EIN HUND HAT EINEN KNOCHEN.
EIN HUND HAT EINEN SCHWANZ.
```

nur auf Grund der inhaltlichen Bedeutung, ob ein einziger Hund oder alle Hunde gemeint sind. In der folgenden Grammatik wird versucht, den Quantor für das Subjekt und das Prädikat eines Satzes mittels einer Variablen ALL zu ermitteln, die durch die Prozeduren EX auf den Wert FALSE und ALL auf den Wert TRUE gesetzt wird. Parallel dazu wird mittels der Variablen POS und POS.NOM festgestellt, ob die Behauptung positiv oder negativ gemeint ist. Die Prozedur INIT initialisiert und die Prozedur KOMP negiert dabei die Variablen POS und POS.NOM:

```
TO ALL
MAKE "ALL "TRUE
END

TO EX
MAKE "ALL "FALSE
END

TO INIT
MAKE "POS "TRUE
MAKE "POS.NOM "TRUE
END

TO KOMP
MAKE "POS NOT :POS
MAKE "POS.NOM NOT :POS.NOM
END
```

Da bei Subjekten im Zweifelsfall eher "für alle" und bei Objekten eher "für einige" gemeint ist, wird die Variable ALL vor der Analyse eines Subjekts auf + und vor der Analyse eines Objekts auf – gesetzt:

```
<SATZ>  = { {[INIT ASSERT [EQUALP LAST :TXT "?]]<FRAGE>
            |<FAKT>} [ASSERT [EMPTYP NEXT]]]
            |[PR [Diesen Satz verstehe ich nicht!]]}
<FAKT>  = {<SBJ><VERB><OBJ>{ . | ! | }[FIX PUT.FAKT]}
<SBJ>   = {[ALL]<NEG><ART><NOM>[PUT.SBJ]}
<OBJ>   = {[EX]<NEG><PRAEP><ART><NOM><NEG>[PUT.OBJ]}
<NEG>   = { nicht [KOMP]| }
<ART>   = { { der | die | das | dem | den
              | ein | eine | einen | einem | einer }
            | { kein | keine | keinen | keinem | keiner }
              [EX KOMP]
            | { alle | jeder | jede | jedes | jedem
                | jeden }[ALL]
            | { mancher | manche | manches | irgendein
                | irgendeine | irgendwelche | einige }[EX]| }
<PRAEP> = { in | im | mit | auf | bei | nach | fuer | aus
            | an | um zu | um | zu | }
<NOM>   = {[ASSERT [WORTP]]<WORT>| }
<VERB>  = {[ASSERT [WORTP]]<WORT>[PUT.VERB]}
```

Um auch leere Objekte, wie etwa in der Behauptung "Snoopy bellt", zuzulassen, enthält <NOM> auch eine leere Alternative, die dann zutrifft, wenn die Funktion WORTP den Wert FALSE liefert:

```
TO WORTP
IF EMPTYP NEXT [OP "FALSE]
IF MEMBERP NEXT [. , ! ? ] [OP "FALSE]
OP "TRUE
END
```

Mittels der Prozeduren PUT.SBJ, PUT.VERB und PUT.OBJ werden die entsprechenden Schlüssel KEY.OBJ, KEY.VERB und KEY.OBJ berechnet

```
TO PUT.SBJ
MAKE "KEY.SBJ KEY.NOM :TXT.NOM
MAKE "POS.NOM "TRUE
END

TO PUT.VERB
MAKE "KEY.VERB KEY.VERB :TXT.WORT
END

TO PUT.OBJ
MAKE "KEY.OBJ "\+
IF NOT EMPTYP :TXT.NOM
   [MAKE "KEY.OBJ KEY.NOM FIRST :TXT.NOM]
MAKE "POS.NOM "TRUE
END
```

und in der Prozedur PUT.FAKT in die Wissensbasis eingetragen. Da der Vorgang unabhängig von der Reihenfolge von Subjekt, Verb und Objekt funktionieren soll, bei Verneinungen jedoch aus "für alle" "für einige" wird und umgekehrt, wird die Negation für Subjekt und Objekt bei der Bildung des Schlüssels getrennt berücksichtigt:

```
TO KEY.NOM :NOM
IF :ALL = :POS.NOM [OP WORD "\+ BLOCK SING :NOM]
OP WORD "\- BLOCK SING :NOM
END
```

Das Verb kann gegebenenfalls erst im Anschluß an die Analyse des gesamten Satzes in der Prozedur FIX negiert werden:

```
TO FIX
IF NOT :POS [MAKE "KEY.VERB KOMP.KEY :KEY.VERB]
IF NOT EMPTYP BF :TXT.SBJ
   [MAKE "TXT.SBJ KLEIN :TXT.SBJ]
MAKE "TXT.VERB KLEIN :TXT.VERB
MAKE "KEY (LIST :KEY.SBJ :KEY.VERB :KEY.OBJ)
MAKE "TXT (LIST :TXT.SBJ :TXT.VERB :TXT.OBJ)
END
```

Dort werden die Schlüssel und die Texte von Subjekt, Verb und Objekt zur Speicherung und weiteren Verarbeitung zusammengesetzt. Die Funktion KLEIN ersetzt einen Großbuchstaben am Anfang eines Textes durch einen Kleinbuchstaben:

```
TO KLEIN :X
IF LISTP :X [OP FPUT KLEIN FIRST :X BF :X]
IF (ASCII FIRST :X)<91
   [OP WORD CHAR ((ASCII FIRST :X)+32) BF :X]
OP :X
END
```

Zur Veranschaulichung der Analyse einige Beispiele für Schlüssel und die
zugehörigen Texte, wie sie in den Listen KEY und TXT dargestellt sind:

```
[+HUND +HABEN -SCHWANZ][[jeder Hund][hat][einen Schwanz]]
[-HUND +HASSEN +KATZ]  [[manche Hunde][hassen][alle Katzen]]
[-HUND -HABEN +KNOCH]  [[einige Hunde][haben][keinen Knochen]]
[-HUND -FRESSEN -BROT] [[nicht jeder Hund][frisst][Brot]]
```

In der Prozedur PUT.FAKT werden nun diese Listenpaare unter dem Propertynamen des Verb-Schlüssels mit der Prozedur PUT.SLOT eingetragen:

```
TO PUT.FAKT
PUT.SLOT VERB :KEY (LIST :KEY :TXT)
END

TO PUT.SLOT :X :Y
PPROP :BASIS :X FPUT :Y GPROP :BASIS :X
END
```

Die Variable BASIS enthält dabei die Bezeichnung für die gesamte Wissensbasis. Durch eine Zuweisung, zum Beispiel

```
MAKE "BASIS "GEOMETRIE
```

kann der tatsächliche Name des Wissensgebietes festgelegt werden. Dadurch
ist es leicht möglich, ein Wissensgebiet zu wechseln, zu speichern oder zu
löschen.

Zum Zugriff zu der Wissensbasis wird eine Funktion GET.FRAME verwendet, welche die Liste aller zu einem Verb gespeicherten Fakten liefert:

```
TO GET.FRAME :X
OP GPROP :BASIS :X
END
```

Um auch zu den gespeicherten Bestandteilen eines Faktums wieder bequem
zugreifen zu können, werden ebenfalls Zugriffsfunktionen verwendet. So liefert die Funktion KEY den Schlüssel und TXT den Text eines Faktums,
während die Funktionen SBJ, VERB und OBJ die einzelnen Bestandteile
des Schlüssels beziehungsweise Textes herausgreifen:

```
TO KEY :X
OP FIRST :X
END

TO TXT :X
OP FIRST BF :X
END
```

```
TO SBJ :X
OP FIRST :X
END

TO VERB :X
OP FIRST BF :X
END

TO OBJ :X
OP LAST :X
END
```

Mit `SBJ KEY :FAKT` kann somit zum Beispiel der Schlüssel des Subjektes, oder mit `VERB TXT :FAKT` der Text des Verbs herausgegriffen werden.

2. Schritt: Benutzerschnittstelle

Mit Hilfe der Zugriffsfunktionen ist es möglich, aus den gespeicherten Fakten mit den Funktionen `TXT.FAKT`, `TXT.EXP`, `TXT.SCHLUSS` und `TXT.FRAGE` Texte für Behauptungen, Erklärungen, Schlußfolgerungen oder Fragen zusammenzusetzen:

```
TO TXT.FAKT :TXT
OP (SE SBJ :TXT VERB :TXT OBJ :TXT)
END

TO TXT.EXP :TXT
OP (SE SBJ :TXT OBJ :TXT VERB :TXT)
END

TO TXT.SCHLUSS :TXT
OP (SE [daher] VERB :TXT SBJ :TXT OBJ :TXT)
END

TO TXT.FRAGE :TXT
OP (SE VERB :TXT SBJ :TXT OBJ :TXT "?)
END
```

Hat zum Beispiel `FAKT` den Wert

```
[[+GARFIELD +LIEGEN -SOFA]
[[Garfield] [liegt] [auf dem Sofa]]]
```

so liefert der Aufruf `PR GROSS SATZ TXT.FRAGE TXT :FAKT`

den Text

```
Liegt Garfield auf dem Sofa?
```

Die Funktion `GROSS` hat dabei die der Funktion `KLEIN` entgegengesetzte Aufgabe, nämlich den Anfangsbuchstaben des Satzes groß zu machen:

```
TO GROSS :X
IF LISTP :X [OP FPUT GROSS FIRST :X BF :X]
IF (ASCII FIRST :X)>96
   [OP WORD CHAR ((ASCII FIRST :X)-32) BF :X]
OP :X
END
```

Die Funktion SATZ dient zum Anfügen eines Satzzeichens an das davor-
stehende Wort und hat damit die umgekehrte Aufgabe wie die Funktion
SCAN:

```
TO SATZ :X
IF EMPTYP :X [OP []]
IF EMPTYP BF :X [OP :X]
IF MEMBERP FIRST BF :X [. , ? !]
   [OP SE WORD FIRST :X FIRST BF :X SATZ BF BF :X]
OP SE FIRST :X SATZ BF :X
END
```

Die Prozedur PR.ANT dient zur einheitlichen Ausgabe einer Antwort. Um
die Antworten des Systems deutlich von den Eingaben des Benutzers zu
unterscheiden, wird an den Beginn jeder Antwort ein spezielles Zeichen
ANT.CHAR gestellt. Der darauffolgende Satz beginnt immer mit einem
Großbuchstaben:

```
TO PR.ANT :X
(PR :ANT.CHAR GROSS SATZ :X)
END
```

Das Zeichen ANT.CHAR kann beim Start des Systems gemeinsam mit dem
Namen der Wissensbasis festgelegt werden:

```
TO START
MAKE "PROMPT "?\
MAKE "ANT.CHAR "•
MAKE "TRACE "FALSE
MAKE "BASIS "SNOOPY
PR [• Viel Spaß mit dem SNOOPY-EXPERT-SYSTEM!]
EXPERT
END
```

Gleichzeitig mit `ANT.CHAR` kann auch ein Zeichen `PROMPT` festgelegt werden, das den Benutzer am Beginn einer Zeile zur Eingabe eines Textes auffordert. Dieses `PROMPT`-Zeichen wird in der Prozedur `EXPERT` vor der Analyse jeder Eingabe ausgegeben:

```
TO EXPERT
TYPE :PROMPT
ANALYSE "SATZ SCAN BF RL
EXPERT
END
```

Besonders einfach ist es, durch eines der Personalpronomen "er", "sie" oder "es" anstelle des Nomens einen Bezug auf das zuletzt verwendete Subjekt herzustellen. Es genügt, in der Prozedur `FIX` die Schlüssel und Texte für Subjekt und Objekt gegebenenfalls durch die zuletzt verwendeten Werte zu ersetzen:

```
IF MEMBERP :TXT.SBJ [[er][sie][es][ihn][ihm][ihr][ihnen]]
   [MAKE "KEY.SBJ SBJ :KEY MAKE "TXT.SBJ SBJ :TXT]
IF MEMBERP :TXT.OBJ [[er][sie][es][ihn][ihm][ihr][ihnen]]
   [MAKE "KEY.OBJ OBJ :KEY MAKE "TXT.OBJ OBJ :TXT]
```

Damit werden Sätze der Form

```
? Snoopy ist ein Hund
? Er hat einen Schwanz
```

richtig verarbeitet.

Gelegentlich müssen Behauptungen verneint werden. Zum Beispiel soll aus `Snoopy hat einen Knochen` der verneinte Text • `Snoopy hat keinen Knochen` gebildet werden. Gleichzeitig soll jedoch aus `Jede Katze frisst Maeuse` der Satz • `Nicht jede Katze frisst Maeuse` gemacht werden. Mit Hilfe einer Funktion `TXT.SUBST` können einzelne Wörter eines Textes in einem als Propertyliste gespeicherten "Lexikon" nachgesehen und gegebenenfalls ersetzt werden:

```
TO TXT.SUBST :NAME :TXT
IF EMPTYP :TXT [OP []]
LOCAL "RES MAKE "RES GPROP :NAME FIRST :TXT
IF EMPTYP :RES [OP SE FIRST :TXT TXT.SUBST :NAME BF :TXT]
OP SE :RES BF :TXT
END
```

In der Propertyliste NEG sind alle negativen Wörter mit ihrem positiven
Äquivalent gespeichert:

```
PPROP "NEG "nicht          "
PPROP "NEG "kein           [ein]
PPROP "NEG "keine          [eine]
PPROP "NEG "keinen         [einen]
PPROP "NEG "keinem         [einem]
PPROP "NEG "keiner         [einer]
```

Die Propertyliste POS enthält jene positiven Wörter, die sich für eine Ver-
neinung anbieten:

```
PPROP "POS "ein            [kein]
PPROP "POS "eine           [keine]
PPROP "POS "einen          [keinen]
PPROP "POS "einem          [keinem]
PPROP "POS "einer          [keiner]
PPROP "POS "alle           [nicht alle]
PPROP "POS "jeder          [nicht jeder]
PPROP "POS "jede           [nicht jede]
PPROP "POS "jedes          [nicht jedes]
PPROP "POS "jedem          [nicht jedem]
PPROP "POS "jeden          [nicht jeden]
PPROP "POS "manche         [keine]
PPROP "POS "irgendein      [kein]
PPROP "POS "irgendeine     [keine]
PPROP "POS "irgendwelche   [keine]
PPROP "POS "einige         [keine]
```

Durch die Prozedur TXT.KOMP werden nun Subjekt und Objekt zuerst auf
negative, dann auf negierbare Textbausteine hin untersucht und gegebenenfalls modifiziert. Falls die Suche erfolglos ist, wird an das Ende oder an den
Anfang des Objektes das Wort "nicht" gestellt:

```
TO TXT.KOMP :X
LOCAL "RES
MAKE "RES TXT.SUBST "NEG SBJ :X
IF NOT EQUALP :RES SBJ :X [OP (LIST :RES VERB :X OBJ :X)]
MAKE "RES TXT.SUBST "NEG OBJ :X
IF NOT EQUALP :RES OBJ :X [OP (LIST SBJ :X VERB :X :RES)]
MAKE "RES TXT.SUBST "POS SBJ :X
IF NOT EQUALP :RES SBJ :X [OP (LIST :RES VERB :X OBJ :X)]
MAKE "RES TXT.SUBST "POS OBJ :X
IF NOT EQUALP :RES OBJ :X [OP (LIST SBJ :X VERB :X :RES)]
IF EMPTYP BF OBJ :X
  [OP (LIST SBJ :X VERB :X LPUT "nicht OBJ :X)]
OP (LIST SBJ :X VERB :X FPUT "nicht OBJ :X)
END
```

Zur Illustration einige Beispiele für Verneinungen von Fakten:

```
PR.ANT TXT.FAKT TXT.KOMP [[alle Hunde][haben][einen Schwanz]]
• Nicht alle Hunde haben einen Schwanz
PR.ANT TXT.FAKT TXT.KOMP [[Katzen][moegen][manche Hunde]]
• Katzen moegen keine Hunde
PR.ANT TXT.FAKT TXT.KOMP [[Garfield][frisst][irgendeine Maus]]
• Garfield frisst keine Maus
PR.ANT TXT.FAKT TXT.KOMP [[Snoopy][mag][Garfield]]
• Snoopy mag Garfield nicht
PR.ANT TXT.FAKT TXT.KOMP [[Snoopy][ist][zu Hause]]
• Snoopy ist nicht zu Hause
PR.ANT TXT.FAKT TXT.KOMP [[Snoopy][bellt][]]
• Snoopy bellt nicht
```

Eine andere grammatikalische Schwierigkeit besteht in der richtigen Ver-
arbeitung von in der ersten oder zweiten Person Einzahl gemachten
Behauptungen. Die Behauptung Ich bin ein Mensch bedeutet aus der
Sicht des Systems nämlich Du bist ein Mensch. Ebenso bedeutet Du
bist ein Computer für das System Ich bin ein Computer. Auch
im Objekt muß "mich" durch "dich" ersetzt werden und umgekehrt. Die
Ersetzungen der Nomen kann mittels einer Prozedur PUT.NOM innerhalb der
Grammatik vorgenommen werden:

```
<NOM>    = {[ASSERT [WORTP]]<WORT>[PUT.NOM]| }
```

Auch hier kann das Ergebnis mittels der Funktion TXT.SUBST und einer
Propertyliste PERS als "Lexikon" ersetzt werden:

```
TO PUT.NOM
LOCAL "RES MAKE "RES TXT.SUBST "PERS FIRST :TXT.WORT
IF NOT EQUALP :RES :TXT.WORT [MAKE "#RES :RES]
END

PPROP "PERS "ich  "Du
PPROP "PERS "mich "Dich
PPROP "PERS "Du   "ich
PPROP "PERS "Dich "mich
```

Die dazugehörigen Verben können mit der Funktion KONJ umgewandelt
werden:

```
TO KONJ :VERB :SBJ
IF EQUALP :SBJ [ich] [OP 1.PERS INF FIRST :VERB]
IF EQUALP :SBJ [Du] [OP 2.PERS INF FIRST :VERB]
OP :VERB
END
```

Die Funktionen 1.PERS, 2.PERS und 3.PERS dienen dabei zur
Umwandlung eines Verbs aus der Nennform in die erste, zweite
beziehungsweise dritte Person. Ähnlich wie bei der Funktion INF sind die
wichtigsten unregelmäßigen Verben in einer Propertyliste gespeichert:

```
PPROP "1.PERS "SEIN       [bin]
PPROP "1.PERS "KOENNEN    [kann]
PPROP "1.PERS "WOLLEN     [will]
PPROP "1.PERS "MUESSEN    [muss]
PPROP "1.PERS "MOEGEN     [mag]
PPROP "1.PERS "WISSEN     [weiss]

PPROP "2.PERS "SEIN       [bist]
PPROP "2.PERS "HABEN      [hast]
PPROP "2.PERS "KOENNEN    [kannst]
PPROP "2.PERS "WOLLEN     [willst]
PPROP "2.PERS "MUESSEN    [musst]
PPROP "2.PERS "MOEGEN     [magst]
PPROP "2.PERS "ESSEN      [isst]
PPROP "2.PERS "FRESSEN    [frisst]
PPROP "2.PERS "WISSEN     [weisst]
PPROP "2.PERS "HEISSEN    [heisst]
PPROP "2.PERS "RATEN      [raetst]
PPROP "2.PERS "STOSSEN    [stoesst]
PPROP "2.PERS "LAUFEN     [laeufst]
PPROP "2.PERS "GEBEN      [gibst]
PPROP "2.PERS "BEFEHLEN   [befiehlst]

PPROP "3.PERS "SEIN       [ist]
PPROP "3.PERS "HABEN      [hat]
PPROP "3.PERS "KOENNEN    [kann]
PPROP "3.PERS "WOLLEN     [will]
PPROP "3.PERS "MUESSEN    [muss]
PPROP "3.PERS "MOEGEN     [mag]
PPROP "3.PERS "ESSEN      [isst]
PPROP "3.PERS "FRESSEN    [frisst]
PPROP "3.PERS "WISSEN     [weiss]
PPROP "3.PERS "HEISSEN    [heisst]
PPROP "3.PERS "RATEN      [raet]
PPROP "3.PERS "STOSSEN    [stoesst]
PPROP "3.PERS "GEBEN      [gibt]
PPROP "3.PERS "BEFEHLEN   [befiehlt]
```

Bei regelmäßigen Verben wird zur Bildung der ersten Person Einzahl der letzte Buchstabe der Nennform weggelassen:

```
TO 1.PERS :VERB
LOCAL "RES
MAKE "RES GPROP "1.PERS :VERB
IF NOT EMPTYP :RES [OP :RES]
OP (LIST BL :VERB)
END
```

Um aus der Nennform die zweite Person zu bilden, werden die beiden letzten Buchstaben der Nennform durch "st" ersetzt:

```
TO 2.PERS :VERB
LOCAL "RES
MAKE "RES GPROP "2.PERS :VERB
IF NOT EMPTYP :RES [OP :RES]
OP (LIST WORD BL BL :VERB "st)
END
```

Die dritte Person wird gebildet, indem die beiden letzten Buchstaben der Nennform durch "t" ersetzt werden:

```
TO 3.PERS :VERB
LOCAL "RES
MAKE "RES GPROP "3.PERS :VERB
IF NOT EMPTYP :RES [OP :RES]
OP (LIST WORD BL BL :VERB "t)
END
```

Die Funktion KONJ liefert die zu dem Subjekt passende Konjugation des Verbs:

```
TO KONJ :VERB :SBJ
IF EQUALP :SBJ [ich] [OP 1.PERS INF FIRST :VERB]
IF EQUALP :SBJ [Du] [OP 2.PERS INF FIRST :VERB]
OP :VERB
END
```

Die Funktion KONJ muß selbstverständlich bei allen Textbausteinen verwendet werden:

```
TO TXT.FAKT :TXT
OP (SE SBJ :TXT KONJ VERB :TXT SBJ :TXT OBJ :TXT)
END
```

```
TO TXT.EXP :TXT
OP (SE SBJ :TXT OBJ :TXT KONJ VERB :TXT SBJ :TXT)
END
```

```
TO TXT.SCHLUSS :TXT
OP (SE [daher] KONJ VERB :TXT SBJ :TXT SBJ :TXT OBJ :TXT)
END
```

```
TO TXT.FRAGE :TXT
OP (SE KONJ VERB :TXT SBJ :TXT SBJ :TXT OBJ :TXT "?)
END
```

Mit diesen Textbausteinen kann zum Beispiel das gesamte gespeicherte Faktenwissen zu Kontrollzwecken durch den Aufruf der Prozedur DUMP PLIST :BASIS wieder ausgegeben werden:

```
TO DUMP :P
IF EMPTYP :P [STOP]
IF MEMBERP FIRST FIRST :P [+ -] [DUMP.FRAME FIRST BF :P]
DUMP BF BF :P
END
```

```
TO DUMP.FRAME :FRAME
IF EMPTYP :FRAME [STOP]
PR.ANT TXT.FAKT TXT FIRST :FRAME
DUMP.FRAME BF :FRAME
END
```

Diese Kontrollausgabe kann selbst wieder durch einen Befehl der Benutzer-
oberfläche ausgelöst werden:

```
<BEFEHL>= { Was weisst Du ? [DUMP PLIST :BASIS]}
```

Werden Befehle in die Grammatik eingebaut

```
<SATZ>   = { {<BEFEHL>
             |[INIT ASSERT [EQUALP LAST :TXT"?]]<FRAGE>
             |<FAKT>} [ASSERT [EMPTYP NEXT]]
             |[PR.ANT [Diesen Satz verstehe ich nicht!]]}
```

so kann das eingegebene Wissen jederzeit überprüft werden:

```
? Ich bin ein Mensch
? Ich heisse Helmut
? Du bist ein Computer
? Computer haben kein Bewusstsein
? Was weisst Du?
• Ich bin ein Computer
• Du bist ein Mensch
• Du heisst Helmut
• Computer haben kein Bewusstsein
```

Zusätzlich zum Dump-Befehl können natürlich leicht beliebige weitere
Befehle eingebaut werden. Zum Beispiel kann es wünschenswert sein, irr-
tümlich eingegebene Fakten wieder zu löschen. Der Vergiss-Befehl macht
dies möglich:

```
<BEFEHL>= { Was weisst Du ? [DUMP PLIST :BASIS]
           | Vergiss { das
           | , dass  [INIT]<SBJ><OBJ><VERB>[FIX]}[DEL.FAKT]}
```

Die Funktion `DEL.FAKT` sucht die zu löschende Eintragung auf Grund ihres
Schlüssels:

```
TO DEL.FAKT
PPROP :BASIS VERB :KEY DEL.SLOT GET.FRAME VERB :KEY
END

TO DEL.SLOT :FRAME
IF EMPTYP :FRAME
   [PR.ANT (SE [Ich weiss ja gar nicht, daß] TXT.EXP :TEXT "!)
OP :FRAME]
IF EQUALP KEY FIRST :FRAME :KEY [OP BF :FRAME]
OP FPUT FIRST :FRAME DEL.SLOT BF :FRAME
END
```

Die zuletzt gemachte Behauptung kann mit "Vergiss das" wieder gelöscht werden. Ebenso kann jede beliebige Behauptung gelöscht werden:

```
? Garfield ist ein Hund
? Snoopy ist eine Katze
? Vergiss das
? Vergiss, dass Garfield ein Hund ist
```

Weiters kann es zweckmäßig sein, das Thema zu wechseln. Durch Angabe des Namens einer Wissensbasis ist das leicht möglich:

```
<BEFEHL>= { Was weisst Du ? [DUMP PLIST :BASIS]
          | Vergiss { das
          | , dass  [INIT]<SBJ><OBJ><VERB>[FIX]}[DEL.FAKT]
          | Thema <WORT> [INIT.BASIS FIRST :TXT.WORT]}
```

Die Prozedur INIT.BASIS dient dabei zum Initialisieren der neuen Wissensbasis:

```
TO INIT.BASIS :NAME
MAKE "BASIS :NAME
END
```

Durch ähnliche Befehle können auch Wissensbasen auf Disketten gespeichert und wieder geladen werden.

3. Schritt: Vererbungsmechanismen

Mit Hilfe des Verbs SIND können Beziehungen zwischen Objekten ausgedrückt werden, die zu einem Netz von übergeordneten und untergeordneten Elementen führen. Zum Beispiel wird durch die Fakten

```
[[+KATZ +SEIN -TIER]        [[alle Katzen][sind][Tiere]]]
[[+HUND +SEIN -TIER]        [[jeder Hund][ist][ein Tier]]]
[[+HUND -MOEGEN +KATZ]      [[Hunde][moegen][keine Katzen]]]
[[+GARFIELD +SEIN -KATZ]    [[Garfield][ist][eine Katze]]]
[[+SNOOPY +SEIN -HUND]      [[Snoopy][ist][ein Hund]]]
[[-KATZ +FRESSEN +MAUS]     [[manche Katzen][fressen]
                             [jede Maus]]]
[[+HUND +HABEN -SCHWANZ]    [[Hunde] [haben] [einen Schwanz]]]
```

eine Hierarchie beschrieben, in der sich alle Eigenschaften eines Tieres auf alle Hunde und Katzen vererben. Wenn alle Hunde einen Schwanz haben, so hat auch Snoopy einen Schwanz. Umgekehrt haben einige Tiere einen Schwanz und fressen einige Tiere Mäuse. Diese Beziehungen können durch ein sogenanntes semantisches Netz veranschaulicht werden:

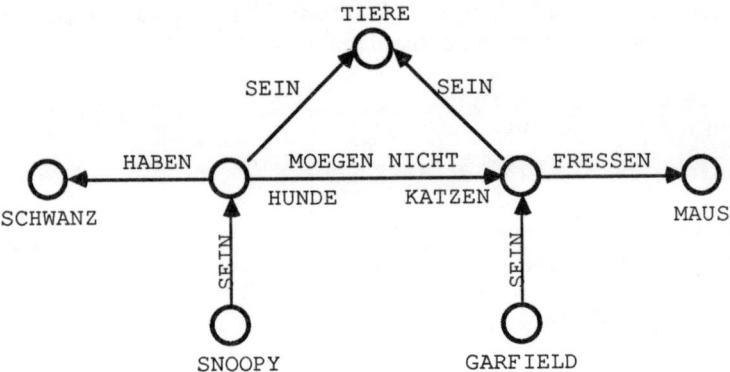

Um nun die richtigen Schlüsse ziehen zu können, ist es notwendig, zu einem gegebenen Element alle Vorgänger- und alle Nachfolgerelemente zu bestimmen. Da die Vorgänger- und Nachfolgerbeziehungen transitiv sind, das heißt, wenn a Vorgänger von b ist und b Vorgänger von c ist, so ist a auch Vorgänger von c, werden diese Mengen als transitive Hüllen bezeichnet. Alle als Vorgänger und Nachfolger in Frage kommenden Elemente sind in der Wissensbasis unter dem Schlüssel +SEIN als Liste gespeichert. Die folgende Funktion GET.PRED liefert zum Beispiel die Menge aller Vorgänger eines Elementes, dessen Schlüssel KEY.NOM gegeben ist:

```
TO GET.PRED :KEY.NOM
LOCAL "COUNT MAKE "COUNT 0
OP BL GET.PRED.IND GET.FRAME "\+SEIN (LIST (LIST :KEY.NOM)) []
END


TO GET.PRED.IND :X :Y :Z
IF EMPTYP :X
   [IF :COUNT = COUNT :Y [OP :Y]
    MAKE "COUNT COUNT :Y
    OP GET.PRED.IND :Z :Y []]
IF OR EQUALP FIRST SBJ KEY FIRST :X "\-
      MEMBER OBJ KEY FIRST :X :Y
   [OP GET.PRED.IND BF :X :Y :Z]
IF MEMBER SBJ KEY FIRST :X :Y
   [OP GET.PRED.IND BF :X
       FPUT (LIST OBJ KEY FIRST :X OBJ TXT FIRST :X) :Y :Z]
OP GET.PRED.IND BF :X :Y FPUT FIRST :X :Z
END
```

Die Funktion GET.PRED dient nur dazu, die Funktion GET.PRED.IND mit den Parametern zu versorgen. Die Funktion GET.PRED.IND hat die Aufgabe, zu den in der Liste y gespeicherten Elementen jene Elemente der Liste y hinzuzufügen, die direkte Vorgänger eines der Elemente von y sind. Elemente, die zwar keine direkten Vorgänger, aber mögliche Kandidaten für indirekte Vorgänger sind, werden in die Liste z übertragen. Zu diesem

Zweck werden in der Funktion GET.PRED.IND die Elemente von x nach folgenden drei Gesichtspunkten überprüft:

1) Wenn die durch das Element x ausgedrückte Beziehung nur "für einige" gilt, oder das Objekt des Elementes von x bereits in y enthalten ist, so wird dieses ignoriert; dadurch wird vermieden, daß in der Liste y Elemente mehrfach auftreten. Gleichzeitig wird dadurch sichergestellt, daß Zyklen in der Vorgängerbeziehung nicht zu endlosen Durchläufen führen:

```
IF OR EQUALP FIRST SBJ KEY FIRST :X "\-
       MEMBER OBJ KEY FIRST :X :Y
   [OP GET.PRED.IND BF :X :Y :Z]
```

2) Wenn das Subjekt des Elementes von x bereits in y enthalten ist, so ist das zugehörige Objekt des Elementes von x ein direkter Nachfolger und wird in die Liste y übernommen:

```
IF MEMBER SBJ KEY FIRST :X :Y
   [OP GET.PRED.IND BF :X
        FPUT (LIST OBJ KEY FIRST :X OBJ TXT FIRST :X) :Y :Z]
```

3) Wenn das Subjekt des Elementes von x nicht in y enthalten ist, so wird dieses in die Liste z der Kandidaten für indirekte Vorgänger übernommen:

```
OP GET.PRED.IND BF :X :Y FPUT FIRST :X :Z
```

Sobald die Liste x leer ist, wird dieser Vorgang mit der Liste z der möglichen indirekten Vorgänger anstelle von x wiederholt:

```
OP GET.PRED.IND :Z :Y []
```

Nur wenn kein einziges Element von x direkter Vorgänger von y ist, bricht das Verfahren ab und liefert das in der Liste y aufgesammelte Ergebnis aller Vorgänger. Ob kein einziges Element von x direkter Vorgänger von y ist, kann nach einem vollständigen Überprüfen aller Elemente von x dadurch erkannt werden, daß sich die Ergebnisliste y nicht verändert hat. Dies kann zum Beispiel durch die Anzahl der Elemente von y festgestellt werden:

```
IF EMPTYP :X
   [IF :COUNT = COUNT :Y [OP :Y]
    MAKE "COUNT COUNT :Y
    OP GET.PRED.IND :Z :Y []]
```

Die Funktion GET.PRED initialisiert die Liste x mit der Liste aller Beziehungen +SEIN aus der Wissensbasis, die Liste y mit dem gegebenen Element mit dem Schlüssel KEY.NOM und die Liste z mit der leeren Liste:

```
TO GET.PRED :KEY.NOM
LOCAL "COUNT MAKE "COUNT 0
OP BL GET.PRED.IND GET.FRAME "\+SEIN (LIST (LIST :KEY.NOM)) []
END
```

Damit nur die Vorgänger des Elementes mit dem Schlüssel KEY.NOM im Ergebnis enthalten sind, wird das zuerst in die Liste y eingetragene Element wieder mit BL entfernt.

Die Funktion MEMBER überprüft, ob der Schlüssel x in der Liste y enthalten ist:

```
TO MEMBER :NOM :Y
IF EMPTYP :Y [OP "FALSE]
IF EQUALP BF :NOM BF KEY FIRST :Y [OP "TRUE]
OP MEMBER :NOM BF :Y
END
```

Der Quantor der Schlüssel bleibt dabei unberücksichtigt.

Das Ergebnis der Funktion GET.PRED ist eine Liste, deren Elemente selbst wieder aus den Schlüsseln und dem Text der Vorgänger bestehen. Zum Beispiel liefert der Aufruf GET.PRED "\+SNOOPY im Falle der obigen Wissensbasis die Ergebnisliste

```
[[-TIER [ein Tier]] [-HUND [ein Hund]]]
```

Durch konsequentes Vertauschen von SBJ und OBJ können nach demselben Verfahren anstelle der Vorgänger alle Nachfolger eines Elementes ermittelt werden. Eine entsprechende Funktion GET.SUCC, auf den Schlüssel "\+TIER angewandt, liefert im vorherigen Beispiel dann die Ergebnisliste

```
[[+SNOOPY [Snoopy]] [+GARFIELD [Garfield]]
 [+HUND [jeder Hund]] [+KATZ [alle Katzen]]]
```

Mit Hilfe der durch GET.PRED und GET.SUCC ermittelten Vorgänger- und Nachfolgerlisten lassen sich Fragen der Art "Mag Snoopy Garfield?" leicht beantworten. Es genügt, alle zu dem gegebenen Verb, zum Beispiel "moegen", gehörigen Fakten auf ihre Anwendbarkeit hin zu überprüfen. Diese Anwendbarkeit hängt vom gegebenen Schlüssel KEY.X der Frage und dem entsprechenden im Faktum gespeicherten Schlüssel KEY.Y ab. Lautet zum Beispiel die Frage "Mag Snoopy Garfield?", und ist das Faktum "Hunde moegen keine Katzen", so hat KEY.X den Wert +SNOOPY und KEY.Y den Wert +HUND, und das Faktum ist deswegen anwendbar, weil HUND in der Liste der Vorgänger von SNOOPY enthalten ist.

Grundsätzlich gelten die folgenden Regeln für die Anwendbarkeit eines Faktums y zur Beantwortung einer Frage x:

1) Gilt das Faktum für "alle y", dann ist es anwendbar, wenn x gleich y ist oder y Vorgänger von x ist.

2) Das Faktum ist auf "einige x" anwendbar, wenn x gleich y ist oder y Nachfolger von x ist.

Die Funktion MATCH liefert genau dann als Ergebnis TRUE, wenn y auf x anwendbar ist:

```
TO MATCH :KEY.X :KEY.Y :PRED.X :SUCC.X
IF EQUALP FIRST :KEY.Y "\+
   [IF EQUALP BF :KEY.X BF :KEY.Y [OP "TRUE]
    IF MEMBER :KEY.Y :PRED.X [OP "TRUE]]
IF EQUALP FIRST :KEY.X "\-
   [IF EQUALP BF :KEY.X BF :KEY.Y [OP "TRUE]
    IF MEMBER :KEY.Y :SUCC.X [OP "TRUE]]
OP "FALSE
END
```

Zur Überprüfung, ob eine aus Subjekt, Verb und Objekt zusammengesetzte Behauptung etwa der Form Mag Snoopy Garfield? zutrifft, braucht jetzt nur noch nachgesehen werden, ob es ein anwendbares Faktum gibt:

```
TO TEST.POS :KEY
LOCAL "PRED.SBJ MAKE "PRED.SBJ GET.PRED SBJ :KEY
LOCAL "PRED.OBJ MAKE "PRED.OBJ GET.PRED OBJ :KEY
LOCAL "SUCC.SBJ MAKE "SUCC.SBJ GET.SUCC SBJ :KEY
LOCAL "SUCC.OBJ MAKE "SUCC.OBJ GET.SUCC OBJ :KEY
OP TEST.ANY GET.FRAME VERB :KEY
END
```

```
TO TEST.ANY :FAKT.LIST
IF EMPTYP :FAKT.LIST [OP "FALSE]
IF NOT MATCH SBJ :KEY SBJ KEY FIRST :FAKT.LIST :PRED.SBJ
   :SUCC.SBJ
   [OP TEST.ANY BF :FAKT.LIST]
IF NOT MATCH OBJ :KEY OBJ KEY FIRST :FAKT.LIST :PRED.OBJ
   :SUCC.OBJ
   [OP TEST.ANY BF :FAKT.LIST]
OP "TRUE
END
```

Falls TEST.POS das Ergebnis TRUE liefert, ist sicher, daß die durch KEY repräsentierte Behauptung stimmt. Ist jedoch das Ergebnis von TEST.POS gleich FALSE, so kann es sein, daß die Behauptung falsch ist oder daß sich die Behauptung auf Grund des gespeicherten Wissens nicht überprüfen läßt.

Um nun feststellen zu können, ob die Behauptung falsch ist, kann die Gegen-
probe gemacht werden. Zu diesem Zweck wird einfach überprüft, ob die
komplementierte Behauptung erfüllt ist.

Zum Komplementieren eines Schlüssels müssen sämtliche Komponenten
komplementiert werden, das Verb wird verneint, und aus jedem "für alle"
wird ein "für einige" und umgekehrt. Schließlich genügt es, zur Widerlegung
der Behauptung "Alle Hunde mögen jede Wurst" irgendeinen Hund zu finden,
der irgendeine Wurst nicht mag!

```
TO KEY.KOMP :KEY
OP (LIST KOMP.KEY SBJ :KEY KOMP.KEY VERB :KEY
         KOMP.KEY OBJ :KEY)
END
```

Die Funktion TEST.INT liefert somit als Ergebnis einen von drei Werten,
nämlich "ja", "nein" und "weiß nicht", die durch [+], [−] und [?] dargestellt
werden:

```
TO TEST.INT :KEY :TXT
IF TEST.POS :KEY [OP [+]]
IF TEST.POS KEY.KOMP :KEY [OP [-]]
OP [?]
END
```

Die Auswertung des Ergebnisses in der Benutzerschnittstelle erfolgt durch
Aufruf einer Prozedur TEST in der Grammatik:

```
<FRAGE> = {<VERB><SBJ><OBJ>?[SUBST FIX TEST]}
```

Die Prozedur TEST selbst stellt auf Grund des Ergebnisses von TEST.INT
die entsprechenden Antworten zusammen:

```
TO TEST
MAKE "RES.TEST TEST.INT :KEY
IF :RES.TEST = [+] [PR.ANT (SE [Ja,] TXT.FAKT :TXT "!) STOP]
IF :RES.TEST = [-]
   [PR.ANT (SE [Nein,] TXT.FAKT TXT.KOMP :TXT "!) STOP]
PR.ANT (SE [Ich weiß nicht, ob] TXT.EXP :TEXT "!)
END
```

Damit kann zum Beispiel der folgende Dialog geführt werden:

```
? Mag Snoopy Garfield?
• Nein, Snoopy mag Garfield nicht!
? Hat Snoopy einen Schwanz?
• Ja, Snoopy hat einen Schwanz!
? Fressen manche Tiere Maeuse?
• Ja, manche Tiere fressen Maeuse!
? Frisst Garfield eine Maus?
• Ich weiss nicht, ob Garfield eine Maus frisst!
```

Auch einige der Syllogismen lassen sich bereits beweisen:

```
? Alle Speisepilze sind essbar
? Einige Pilze sind nicht essbar
? Sind einige Pilze keine Speisepilze?
• Ja, einige Pilze sind keine Speisepilze!
```

Bei jeder an das System gestellten Frage muß die Menge der Vorgänger und Nachfolger der betrachteten Schlüssel neu berechnet werden. Werden diese Mengen gespeichert, so kann Rechenzeit gespart werden. Zur Speicherung bieten sich Propertylisten mit den Namen PRED und SUCC an, deren Properties die jeweiligen Schlüssel sind. Durch eine Ergänzung in den Funktionen GET.PRED und GET.SUCC wird vor jeder Neuberechnung nachgesehen, ob das Ergebnis schon vorhanden ist. Jedes neu berechnete Ergebnis hingegen wird gespeichert:

```
TO GET.PRED :KEY.NOM
LOCAL "SET MAKE "SET GPROP "PRED :KEY.NOM
IF NOT EMPTYP :SET [OP :SET]
LOCAL "COUNT MAKE "COUNT 0
MAKE "SET BL GET.PRED.IND GET.FRAME "\+SEIN
     (LIST (LIST :KEY.NOM [] [])) []
PPROP "PRED :KEY.NOM :SET
OP :SET
END
```

Analog dazu kann auch die Funktion GET.SUCC ergänzt werden. Da sich bei jeder Veränderung der Wissensbasis auch die Vorgänger und Nachfolger verändern können, werden die Propertylisten PRED und SUCC bei jeder Eintragung durch die Prozedur PUT.FAKT und bei jedem Entfernen durch DEL.FAKT gelöscht:

```
TO PUT.FAKT
MAKE "RES.TEST TEST.INT :KEY
PUT.SLOT VERB :KEY (LIST :KEY :TEXT)
DEL "PRED DEL "SUCC
END
```

```
TO DEL.FAKT
PPROP :BASIS VERB :KEY DEL.SLOT GET.FRAME VERB :KEY
DEL "PRED DEL "SUCC
END
```

Zum Löschen einer ganzen Propertyliste wird eine Prozedur DEL verwendet:

```
TO DEL :NAME
DEL.PROP PLIST :NAME
END
```

```
TO DEL.PROP :P
IF EMPTYP :P [STOP]
REMPROP :NAME FIRST :P
DEL.PROP BF BF :P
END
```

Freilich wäre es auch wünschenswert, Fragen der Art "Was hat Snoopy?",
"Wer hat einen Schwanz?" oder "Welche Tiere moegen keine Katzen?"
zuzulassen. Mit der soeben entworfenen Funktion TEST.POS ist es leicht
möglich, beliebige Subjekte oder Objekte auf ihre Anwendbarkeit hin zu
überprüfen. Der Aufruf entsprechender Funktionen GET.OBJ, GET.SBJ
und GET.MATCH, welche die entsprechenden Objekte oder Subjekte liefern,
in der Grammatik ist einfach:

```
<FRAGE>  = {<WAS><VERB><SBJ><NEG>?[GET.OBJ]
           | Wer <VERB><OBJ>?[GET.SBJ]
           |<WELCH><SBJ><VERB><OBJ>?[GET.MATCH]
           |<VERB><SBJ><OBJ>?[SUBST FIX TEST]}
<WAS>    = { Was | Wie | Wann | Wo | Wohin | Woher | Womit
           | Wen | Wem }
<WELCH>  = { Welcher | Welche | Welches }
```

Um zum Beispiel alle Objekte zu finden, die zu einem gegebenen Verb und
Subjekt auf Grund des Faktenwissens anwendbar sind, werden in der
Funktion GET.OBJ alle in Frage kommenden Objekte mittels TEST.POS
überprüft:

```
TO GET.OBJ
SUBST FIX CLEAR "RES.GET
FOREACH "Z GET.FRAME VERB :KEY
  [IF TEST.POS LPUT OBJ KEY :Z BL :KEY LPUT OBJ TXT :Z BL :TXT

    [PUSH OBJ TXT :Z "RES.GET]]
IF EMPTYP :RES.GET
  [PR.ANT (SE [Ich weiß nicht,]
     KLEIN :TXT.WAS :TXT.SBJ KONJ :TXT.VERB :TXT.SBJ "!) STOP]
PR.ANT (SE :TXT.SBJ KONJ :TXT.VERB :TXT.SBJ TXT.SEQ :RES.GET)
END
```

Die Prozedur PUSH fügt ein Element genau dann an eine Liste an, wenn es
nicht schon in dieser Liste enthalten ist:

```
TO PUSH :X :Y
IF MEMBERP :X THING :Y [STOP]
MAKE :Y FPUT :X THING :Y
END
```

Gegebenenfalls müssen die in der Ergebnisliste RES.GET enthaltenen Objekte mittels der Funktion NEG.SEQ negiert werden:

```
TO NEG.SEQ :X
IF EMPTYP :X [OP []]
LOCAL "RES MAKE "RES TXT.SUBST "POS FIRST :X
IF NOT EQUALP :RES FIRST :X [OP FPUT :RES NEG.SEQ BF :X]
IF EMPTYP BF FIRST :X
   [OP FPUT LPUT "nicht FIRST :X NEG.SEQ BF :X]
OP FPUT LPUT "nicht FIRST :X NEG.SEQ BF :X
END
```

Werden die in Frage kommenden Subjekte ebenso gespeichert, so kann die Funktion GET.SBJ analog zu GET.OBJ aufgebaut werden:

```
TO GET.SBJ
SUBST FIX CLEAR "RES.GET
FOREACH "Z GET.FRAME VERB :KEY
  [IF TEST.POS FPUT SBJ KEY :Z BF :KEY FPUT SBJ TXT :Z BF :TXT

    [PUSH :EXP "EXP.GET PUSH SBJ TXT :Z "RES.GET]]
IF EMPTYP :RES.GET
  [PR.ANT (SE [Ich weiß nicht, wer] :TXT.OBJ :TXT.VERB "!)
   STOP]
IF NOT EMPTYP BF :RES.GET
  [PR.ANT (SE TXT.SEQ :RES.GET PLUR :TXT.VERB :TXT.OBJ) STOP]
PR.ANT (SE TXT.SEQ :RES.GET KONJ :TXT.VERB LAST :RES.GET
        :TXT.OBJ)
END
```

In der Funktion GET.MATCH können auf Grund des gegebenen Subjekts die in Frage kommenden Subjekte als Nachfolger dieses gegebenen Subjekts ermittelt werden:

```
TO GET.MATCH
MAKE "KEY.SBJ WORD "\- BF :KEY.SBJ
SUBST FIX CLEAR "RES.GET
FOREACH "Z GET.SUCC SBJ :KEY
  [IF TEST.POS FPUT KEY :Z BF :KEY
    [MAKE "RES.GET FPUT TXT :Z :RES.GET]]
IF EMPTYP :RES.GET
  [PR.ANT (SE [Ich weiß nicht,] KLEIN :TXT.WELCH :TXT.SBJ
                               :TXT.OBJ :TXT.VERB "!) STOP]
PR.ANT (SE TXT.SEQ :RES.GET KONJ :TXT.VERB :RES.GET :TXT.OBJ)
END
```

Mit dieser Erweiterung läßt sich zum Beispiel folgender Dialog führen:

```
? Snoopy ist ein Hund
? Jeder Hund hat einen Schwanz
? Alle Hunde sind Tiere
? Was haben manche Tiere?
• Manche Tiere haben einen Schwanz
? Welche Tiere haben einen Schwanz?
• Alle Hunde und Snoopy haben einen Schwanz
? Garfield ist eine Katze
? Hunde moegen keine Katzen
? Wer mag Garfield nicht?
• Snoopy und jeder Hund moegen Garfield nicht
? Katzen koennen nicht bellen
? Was koennen manche Tiere nicht?
• Manche Tiere koennen nicht bellen

? Die Donau ist ein Fluss
? Wien liegt an der Donau
? Wien ist eine Hauptstadt
? Budapest liegt an der Donau
? Budapest ist eine Hauptstadt
? Passau liegt an der Donau
? Passau ist eine Stadt
? Jede Hauptstadt ist eine Stadt
? Welche Hauptstaedte liegen an einem Fluss?
• Budapest und Wien liegen an einem Fluss
? Welche Staedte liegen an der Donau?
• Passau, Budapest und Wien liegen an der Donau

? Du bist ein Computer
? Computer haben keinen Verstand
? Was hast Du nicht?
• Ich habe keinen Verstand
```

Selbstverständlich kann es leicht passieren, daß widersprüchliche oder überflüssige Fakten eingegeben und in der Wissensbasis gespeichert werden. Um dem vorzubeugen, kann vor jeder Eintragung überprüft werden, ob die jeweilige Behauptung schon erfüllt ist:

```
TO PUT.FAKT
MAKE "RES.TEST TEST.INT :KEY
IF :RES.TEST = [+]
   [PR.ANT (SE [Ich weiß schon, daß] TXT.EXP :TXT "!) STOP]
IF :RES.TEST = [-]
   [PR.ANT (SE [Daß] TXT.EXP :TXT [, ist unmöglich!]) STOP]
PUT.SLOT VERB :KEY (LIST :KEY :TXT)
PUSH.SLOT "SBJ LIST SBJ :KEY TXT.SUBST "NEG SBJ :TXT
PUSH.SLOT "OBJ LIST OBJ :KEY TXT.SUBST "NEG OBJ :TXT
IF EQUALP VERB :KEY "\+SEIN
   [PUSH.SLOT "OBJ LIST SBJ :KEY TXT.SUBST "NEG SBJ :TXT]
DEL "PRED DEL "SUCC
END
```

Der folgende Dialog zeigt die Wirksamkeit dieser Überprüfung:

```
? Snoopy ist ein Hund
? Hunde fressen keine Zitronen
? Snoopy frisst keine Zitronen
• Ich weiß schon, daß Snoopy keine Zitronen frisst!
? Snoopy mag Garfield
? Garfield ist eine Katze
? Hunde moegen keine Katzen
• Daß Hunde keine Katzen moegen, ist unmöglich!
```

Nun wäre es doch nett, wenn das System darüber Auskunft geben könnte, warum es dieser Meinung ist.

4. Schritt: Erklärungskomponente

Eine hinlänglich bekannte Schwierigkeit bei Erklärungen ist, daß sie weder zu kurz noch lähmend langatmig sein sollen. Eine griffige Erklärung für die Schlußfolgerungen des Systems bietet sich jedoch durch den Text jenes Faktums an, das für den Schluß herangezogen wurde. Es genügt daher, dieses Faktum, zum Beispiel mittels einer Variablen EXP, in der Funktion TEST.ANY zu speichern, damit es gegebenenfalls für eine Erklärung zur Verfügung steht:

```
TO TEST.ANY :FAKT.LIST
IF EMPTYP :FAKT.LIST [OP "FALSE]
IF NOT MATCH SBJ :KEY SBJ KEY FIRST :FAKT.LIST :PRED.SBJ
   :SUCC.SBJ
   [OP TEST.ANY BF :FAKT.LIST]
IF NOT MATCH OBJ :KEY OBJ KEY FIRST :FAKT.LIST :PRED.OBJ
   :SUCC.OBJ
   [OP TEST.ANY BF :FAKT.LIST]
MAKE "EXP FIRST :FAKT.LIST
OP "TRUE
END
```

Eine Erklärung, die sich auf die letzte Frage bezieht, kann zum Beispiel durch das Fragewort "Warum?" ausgelöst und durch die Prozedur EXP.TEST ausgegeben werden. Zusätzlich soll jedoch auch gezielt, zum Beispiel in der Form "Warum hat Snoopy einen Schwanz?", gefragt werden können. In der entsprechenden Grammatik genügt es zu diesem Zweck, durch eine Prozedur GET.EXP die Antwort ANT und die Erklärung EXP neu zu berechnen:

```
<FRAGE> = {<WAS><VERB><SBJ><NEG>?[GET.OBJ]
         | Wer <VERB><OBJ>?[GET.SBJ]
         |<WELCH><SBJ><VERB><OBJ>?[GET.MATCH]
         | Warum { ?[EXP.TEST]|<VERB><SBJ><OBJ>?[GET.EXP]}
         |<VERB><SBJ><OBJ>?[SUBST FIX TEST]}
```

Die Prozedur EXP.TEST stellt die Antworten entsprechend den Variablen
RES.TEST und EXP zusammen:

```
TO EXP.TEST
IF EQUALP KEY :EXP :KEY
   [PR.ANT (SE [Du hast mir ja gesagt, daß]
   TXT.EXP TXT :EXP "!) STOP]
IF :RES.TEST = [+]
   [PR.ANT (SE TXT.FAKT TXT :EXP TXT.SCHLUSS :TEXT "!) STOP]
IF :RES.TEST = [-]
   [PR.ANT (SE TXT.FAKT TXT :EXP
   [, daher stimmt es nicht, daß] TXT.EXP :TEXT "!) STOP]
PR.ANT (SE [Du hast mir nicht gesagt, ob] TXT.EXP :TEXT "!)
END
```

GET.EXP unterscheidet sich von EXP.TEST nur durch die Neuberechnung
der Antwort ANT:

```
TO GET.EXP
SUBST FIX MAKE "RES.TEST TEST.INT :KEY
EXP.TEST
END
```

Damit können zum Beispiel folgende Erklärungen gegeben werden:

```
? Snoopy ist ein Hund
? Snoopy mag Garfield
? Garfield ist eine Katze
? Hunde moegen Katzen nicht
• Daß Hunde Katzen nicht moegen, ist unmöglich!
? Warum?
• Snoopy mag Garfield
• Daher moegen Hunde Katzen !
```

Ist eine Erklärung zu wenig detailliert, so kann genauer nachgefragt werden:

```
? Snoopy ist ein Hund
? Hunde sind Tiere
? Alle Tiere sind liebenswert
? Ist Snoopy liebenswert?
• Ja, Snoopy ist liebenswert!
? Warum?
• Snoopy ist ein Hund
• Daher ist Snoopy liebenswert!
? Warum sind Hunde liebenswert?
• Hunde sind Tiere
• Daher sind Hunde liebenswert!
? Warum sind Tiere liebenswert?
• Hunde sind Tiere
• Alle Tiere sind liebenswert
• Daher sind Tiere liebenswert!
```

Etwas anspruchsvoller ist es, wenn das System alle Voraussetzungen (Prämissen) für seine Schlußfolgerungen preisgibt. Dazu müssen jedoch schon beim Aufsammeln aller Vorgänger und Nachfolger die jeweiligen Vererbungsfolgen mitgespeichert werden. Da diese Vererbungsfolge für jeden Vorgänger und Nachfolger eine andere sein kann, wird sie einfach zu jedem Element der Ergebnisliste der Funktion GET.PRED und GET.SUCC als dritte Komponente neben Schlüssel und Text dazugefügt. Die programmiertechnischen Ergänzungen werden für die Vorgängerermittlung gezeigt, sie gelten für die Ermittlung der Nachfolger analog.

Unter der Annahme, daß die Funktion MEMBER nicht nur überprüft, ob ein Element mit gegebenem Schlüssel in der Liste y enthalten ist, sondern die Vorgänger des gefundenen Elementes von y auf der Liste SET zurückliefert, braucht diese gegebenenfalls, nur um das jeweilige Element der x-Liste ergänzt (LPUT FIRST :X :SET), im Element der Ergebnisliste eingetragen zu werden:

```
TO GET.PRED.IND :X :Y :Z
IF EMPTYP :X
   [IF :COUNT = COUNT :Y [OP :Y]
   MAKE "COUNT COUNT :Y
   OP GET.PRED.IND :Z :Y []]
IF OR EQUALP FIRST SBJ KEY FIRST :X "\-
      MEMBER OBJ KEY FIRST :X :Y
   [OP GET.PRED.IND BF :X :Y :Z]
IF MEMBER SBJ KEY FIRST :X :Y
   [OP GET.PRED.IND BF :X
   FPUT (LIST OBJ KEY FIRST :X OBJ TXT FIRST :X LPUT FIRST :X
             :SET) :Y :Z]
OP GET.PRED.IND BF :X :Y FPUT FIRST :X :Z
END
```

Um in der Funktion MEMBER die Liste SET zu bilden, braucht dieser nur die Liste der Vorgänger des gefundenen Elementes zugewiesen zu werden:

```
TO MEMBER :NOM :Y
IF EMPTYP :Y [OP "FALSE]
IF EQUALP BF :NOM BF KEY FIRST :Y [MAKE "SET SET FIRST :Y OP
"TRUE]
OP MEMBER :NOM BF :Y
END
```

Die Funktion SET dient dabei als Zugriffsfunktion und liefert einfach die letzte Komponente des Elementes:

```
TO SET :X
OP LAST :X
END
```

Da die Liste `SET` nur für die Berechnung der Vorgänger benötigt wird, kann sie lokal zur Funktion `GET.PRED` vereinbart werden:

```
TO GET.PRED :KEY.NOM
LOCAL "SET LOCAL "COUNT MAKE "COUNT 0
OP BL GET.PRED.IND GET.FAKT "\+SEIN
   (LIST (LIST :KEY.NOM [] [])) []
END
```

In dieser Funktion muß gleichzeitig auch die y-Liste mit einem Element mit leerer Vorgängerliste initialisiert werden.

In der Funktion `TEST.ANY` müssen nun die zutreffenden Erklärungen für das passende Subjekt und das passende Objekt aus den jeweiligen Vorgänger- und Nachfolgerlisten herausgegriffen und zusammengesetzt werden. Da die Erklärungen für das Subjekt und das Objekt getrennt erfolgen sollen, erhält die Funktion `MATCH` einen Parameter `RES`, der den Namen der Ergebnisliste festlegt:

```
TO MATCH :KEY.X :KEY.Y :PRED.X :SUCC.X :RES
IF EQUALP FIRST :KEY.Y "\+
   [IF EQUALP BF :KEY.X BF :KEY.Y [CLEAR :RES OP "TRUE]
    IF MEMBER :KEY.Y :PRED.X [MAKE :RES :SET OP "TRUE]]
IF EQUALP FIRST :KEY.X "\-
   [IF EQUALP BF :KEY.X BF :KEY.Y [CLEAR :RES OP "TRUE]
    IF MEMBER :KEY.Y :SUCC.X [MAKE :RES :SET OP "TRUE]]
OP "FALSE
END
```

Wenn die Schlüssel unmittelbar übereinstimmen, so ist die Ergebnisliste leer, ansonsten wird das von `MEMBER` ermittelte Ergebnis weitergereicht.

Nun müssen diese Ergebnislisten nur noch in der Funktion `TEST.ANY` zu einer einzigen Erklärung zusammengesetzt werden:

```
TO TEST.ANY :FAKT.LIST
IF EMPTYP :FAKT.LIST [OP "FALSE]
LOCAL "EXP.SBJ
IF NOT MATCH SBJ :KEY SBJ KEY FIRST :FAKT.LIST :PRED.SBJ
   :SUCC.SBJ "EXP.SBJ
   [OP TEST.ANY BF :FAKT.LIST]
LOCAL "EXP.OBJ
IF NOT MATCH OBJ :KEY OBJ KEY FIRST :FAKT.LIST :PRED.OBJ
   :SUCC.OBJ "EXP.OBJ
   [OP TEST.ANY BF :FAKT.LIST]
MAKE "EXP LPUT FIRST :FAKT.LIST SE :EXP.SBJ :EXP.OBJ
OP "TRUE
END
```

Die Erklärungsliste `EXP` besteht jetzt aus drei Bestandteilen: den Erklärungen, warum das Subjekt beziehungsweise das Objekt anwendbar ist, und dem angewendeten Faktum.

Um diese detailliertere Erklärung auch ansprechend ausgeben zu können, wird eine Prozedur `PR.EXP` verwendet:

```
TO PR.EXP :EXP
FOREACH "FAKT :EXP [PR.ANT SE TXT.FAKT TXT :FAKT]
END
```

Sobald diese Prozeduren in die Benutzerschnittstelle eingebaut sind, steht detaillierten Erklärungen nichts mehr im Wege:

```
TO EXP.TEST
IF EQUALP KEY FIRST BF :EXP :KEY
   [PR.ANT (SE [Du hast mir ja gesagt, daß]
   TXT.EXP TXT FIRST BF :EXP "!) STOP]
IF :ANT = [+]
   [PR.EXP :EXP PR.ANT (SE TXT.SCHLUSS :TXT "!) STOP]
IF :ANT = [-]
   [PR.EXP :EXP PR.ANT (SE TXT.SCHLUSS TXT.KOMP :TXT "!) STOP]
PR.ANT (SE [Du hast mir nicht gesagt, ob] TXT.EXP :TXT "!)
END
```

Nun einige Beispiele für Erklärungen:

```
? Hunde moegen Katzen nicht
• Daß Hunde Katzen nicht moegen, ist unmöglich!
? Warum?
• Snoopy ist ein Hund
• Garfield ist eine Katze
• Snoopy mag Garfield
• Daher moegen Hunde Katzen !

? Warum frisst Snoopy Karotten?
• Snoopy ist ein Hund
• Karotten sind ein Gemuese
• Jeder Hund frisst jedes Gemuese
• Daher frisst Snoopy Karotten!

? Warum sind manche Parallelogramme Deltoide?
• Jedes Rechteck ist ein Parallelogramm
• Jedes Quadrat ist ein Rechteck
• Jeder Rhombus ist ein Deltoid
• Jedes Quadrat ist ein Rhombus
• Daher sind manche Parallelogramme Deltoide!
```

Nach demselben Verfahren können natürlich auch alle Was-, Wer- und Welche-Antworten mit Erklärungen versehen werden:

```
TO GET.OBJ
SUBST FIX CLEAR "EXP.GET CLEAR "RES.GET
FOREACH "Z GET.FRAME "OBJ
  [IF TEST.POS LPUT KEY :Z BL :KEY
    [MAKE "EXP.GET FPUT :EXP :EXP.GET MAKE "RES.GET FPUT TXT :Z
    :RES.GET]]
IF EMPTYP :RES.GET
  [PR.ANT (SE [Ich weiß nicht,]
    KLEIN :TXT.WAS :TXT.SBJ KONJ :TXT.VERB :TXT.SBJ "!) STOP]
PR.ANT (SE :TXT.SBJ KONJ :TXT.VERB :TXT.SBJ TXT.SEQ :RES.GET)
END

TO GET.SBJ
SUBST FIX CLEAR "EXP.GET CLEAR "RES.GET
FOREACH "Z GET.FRAME "SBJ
  [IF TEST.POS FPUT KEY :Z BF :KEY
    [MAKE "EXP.GET FPUT :EXP :EXP.GET MAKE "RES.GET FPUT TXT :Z
    :RES.GET]]
IF EMPTYP :RES.GET
  [PR.ANT (SE [Ich weiß nicht, wer] :TXT.OBJ :TXT.VERB "!)
    STOP]
IF NOT EMPTYP BF :RES.GET
  [PR.ANT (SE TXT.SEQ :RES.GET PLUR :TXT.VERB :TXT.OBJ) STOP]
PR.ANT (SE TXT.SEQ :RES.GET KONJ :TXT.VERB LAST :RES.GET
  :TXT.OBJ)
END

TO GET.MATCH
MAKE "KEY.SBJ WORD "\- BF :KEY.SBJ
SUBST FIX CLEAR "EXP.GET CLEAR "RES.GET
FOREACH "Z GET.SUCC SBJ :KEY
  [IF TEST.POS FPUT KEY :Z BF :KEY
    [MAKE "EXP.GET FPUT :EXP :EXP.GET MAKE "RES.GET FPUT TXT :Z
    :RES.GET]]
IF EMPTYP :RES.GET
  [PR.ANT (SE [Ich weiß nicht,] KLEIN :TXT.WELCH :TXT.SBJ
                        :TXT.OBJ :TXT.VERB "! ) STOP]
IF NOT EMPTYP BF :RES.GET
  [PR.ANT (SE TXT.SEQ :RES.GET PLUR :TXT.VERB :TXT.OBJ) STOP]
PR.ANT (SE TXT.SEQ :RES.GET KONJ :TXT.VERB LAST :RES.GET
  :TXT.OBJ)
END
```

Selbstverständlich muß diese neue Struktur der Ergebnisse auch bei der Erstellung der Antworten in der Funktion PR.GET berücksichtigt werden:

```
TO PR.GET :GET
FOREACH "X :GET [PR.ANT TXT.FAKT TXT FIRST BF :X]
END
```

Soll auf die Frage "Warum?" die Erklärung der letzten Frage gegeben werden, so muß zuvor ermittelt werden, ob die Erklärung auf der Liste EXP oder GET zu finden ist. Werden beide Listen vor jeder neuen Frage in der Prozedur FIX gelöscht, so ist immer eine der beiden Listen leer. Die Prozedur EXPL macht von dieser Unterscheidung Gebrauch:

```
TO EXPL
IF NOT EMPTYP :EXP [EXP.TEST STOP]
IF NOT EMPTYP :GET [FOREACH "X :GET [PR.EXP :X] STOP]
END
```

Auf die Frage "Warum?" wird einfach diese Prozedur EXPL aufgerufen:

```
<FRAGE> = {<WAS><VERB><SBJ><NEG>?[GET.OBJ]
          | Wer <VERB><OBJ>?[GET.SBJ]
          |<WELCH><SBJ><VERB><OBJ>?[GET.MATCH]
          | Warum { ?[EXPL]|<VERB><SBJ><OBJ>?[GET.EXP]}
          |<VERB><SBJ><OBJ>?[FIX TEST]}
```

Nun sind zu den zuvor gegebenen Antworten auch Erklärungen möglich:

```
? Welche Tiere fressen Tiere?
• Manche Katzen fressen Maeuse
? Warum?
• Katzen sind Tiere
• Alle Maeuse sind Tiere
• Daher fressen manche Katzen Maeuse
```

5. Schritt: Regeln

Als nächster Schritt soll das System dahingehend erweitert werden, daß Fakten von Bedingungen abhängig gemacht werden können, zum Beispiel "Snoopy bellt, wenn die Schuessel leer ist". Bedingungen sollen auch durch "und" und "oder" zusammengesctzt werden können, wie zum Bcispiel "Snoopy geht baden, wenn das Wetter schoen ist und wenn Snoopy Lust hat" oder "Max bleibt zu Hause, wenn Max muede ist oder im Fernsehen ein Krimi spielt".

Die durch "und" und "oder" zusammengesetzten Bedingungen können wie ein ein arithmetischer Ausdruck als Liste gespeichert werden. Unterstellt man, daß "und" – ähnlich wie die Multiplikation – stärker bindet wie "oder" – das sich mit der Addition vergleichen läßt –, so können alle aufeinanderfolgend durch "und" verbundenen Bestandteile zu Listen zusammengefaßt werden, die selbst wieder durch "oder" verbundene Listen bilden. Die Bedingungen der obigen Beispiele werden dann durch die folgenden Listen repräsentiert:

```
[[[[+SCHUSSEL +SEIN -LE] [[die Schuessel] [ist] [leer]]]]]

[[[[+WETT +SEIN -SCHON] [[das Wetter] [ist] [schoen]]]
  [[+SNOOPY +HABEN -LUST] [[Snoopy] [hat] [Lust]]]]]

[[[[+FERNSEH +SPIELEN -KRIMI] [[im Fernsehen][spielt]
                                            [ein Krimi]]]]

 [[[+MAX +SEIN -MUD] [[Max] [ist] [muede]]]]]
```

Der Unterschied zwischen "und" und "oder" kommt in der Darstellung nur durch die Klammerstruktur zum Ausdruck!

Diese Bedingungslisten können während der Satzanalyse mittels der folgenden Ergänzung zur Grammatik aufgebaut werden:

```
<KOND>  = { { , wenn | wenn }[LOCAL "KEY LOCAL "TXT]
            <BED>[MAKE "BED (LIST (LIST KOND))]
            { oder <BED>[MAKE "BED LPUT (LIST KOND) :BED]
            | und  <BED>
            [MAKE "BED LPUT LPUT KOND LAST :BED BL :BED]}*}
```

Damit das Objekt leer sein kann, ist es notwendig, die Wörter "wenn", "und" und "oder" als Nomen zu verbieten:

```
TO NOMP
IF EMPTYP NEXT [OP "FALSE]
IF MEMBERP NEXT [. , ! ? wenn und oder] [OP "FALSE]
OP "TRUE
END
```

Schlüssel und Text können mittels der Funktion KOND auf denkbar einfache Weise zusammengesetzt werden:

```
TO KOND
FIX
OP LIST :KEY :TEXT
END
```

Die Grammatik für <FAKT> muß nur noch um den Konditionalteil <KOND> ergänzt werden:

```
<FAKT>  = {<SBJ><VERB><OBJ>[SUBST FIX]
            {<KOND>|[MAKE "BED [[]]]}
            { . | ! | }[PUT.FAKT]}
```

Nun muß die mühsam aufgebaute Bedingung nur noch in die Wissensbasis aufgenommen werden. Eine Möglichkeit dafür besteht darin, die Bedingung BED als dritten Bestandteil neben KEY und TXT im Faktum zu speichern. Zu diesem Zweck muß die Bedingung BED beim Eintragen eines Faktums berücksichtigt werden:

```
PUT.SLOT VERB :KEY ( LIST :KEY :TXT :BED )
```

Die Zugriffsfunktionen KEY und TXT werden von dieser Erweiterung nicht berührt. Daher bleiben auch alle bisherigen Programme unverändert verwendbar! Um diesen großen Vorteil der Zugriffsfunktionen weiterhin auszunützen, soll auch auf die Bedingung ausschließlich mit einer Funktion BED zugegriffen werden:

```
TO BED :FAKT
OP LAST :FAKT
END
```

Als nächstes können wir darangehen, die Bedingungen auch auszuwerten. Diesem Zweck sollen Funktionen dienen, die als Ergebnis wieder [+], [-] oder [?] liefern. Um die Ergebnisse dieser Funktionen richtig durch "und" und "oder" zusammenzusetzen, sind zwei Hilfsfunktionen UND und ODER nützlich, welche die Regeln der dreiwertigen Logik berücksichtigen:

```
TO UND :X :Y
IF :X = [-] [OP [-]]
IF :X = [+] [OP :Y]
IF :Y = [-] [OP [-]]
OP [?]
END

TO ODER :X :Y
IF :X = [+] [OP [+]]
IF :X = [-] [OP :Y]
IF :Y = [+] [OP [+]]
OP [?]
END
```

In dieser Verknüpfungsvorschrift kommt zum Ausdruck, daß etwa die "und"-Verknüpfung einer erfüllten [+]-Bedingung und einer nicht entscheidbaren [?]-Bedingung nicht entscheidbar ist, die "oder"-Verknüpfung hingegen sehr wohl.

Zur Auswertung einer als Liste gespeicherten Bedingung kann nun eine Funktion TEST.BED verwendet werden, die alle ihre Elemente durch "oder" verknüpft. Die leere Bedingung ist immer erfüllt:

```
TO TEST.BED :BED
IF EMPTYP :BED [OP [+]]
OP ODER TEST.UND FIRST :BED TEST.BED BF :BED
END
```

Ähnlich können die durch "und" verknüpften Teillisten mit einer Funktion TEST.UND ausgewertet werden:

```
TO TEST.UND :BED
IF EMPTYP :BED [OP [+]]
OP UND TEST.INT KEY FIRST :BED TEST.UND BF :BED
END
```

Damit wird die Auswertung einer Bedingung letztlich auf das bereits bekannte Testen eines Faktums zurückgeführt!

Bevor wir allerdings die gespeicherten Bedingungen an den entscheidenden Stellen unseres Programms auswerten, wollen wir diese Auswertung noch etwas optimieren. Die Auswertung einer Teilbedingung ist nämlich dann überflüssig, wenn auf Grund der bisherigen Auswertung bereits klar ist, welches Ergebnis die Gesamtbedingung haben wird. Ist zum Beispiel eine einzige der durch "oder" verknüpften Teilbedingungen erfüllt, ist das Gesamtergebnis ebenfalls erfüllt. Ebenso genügt es, daß eine einzige der durch "und" verknüpften Teilbedingungen nicht erfüllt oder nicht entscheidbar ist, um das Gesamtergebnis ebenfalls nicht erfüllt oder nicht entscheidbar werden zu lassen. Programmiertechnisch bedeutet das, daß in den Funktionen UND und ODER der zweite Parameter y nur dann ausgewertet wird, wenn es notwendig ist. Eine unnötige Auswertung läßt sich vermeiden, wird der zweite Parameter als Liste übergeben, die man – falls notwendig – mittels RUN auswertet:

```
TO UND :X :Y.LIST
IF :X = [-] [OP [-]]
LOCAL "Y MAKE "Y RUN :Y.LIST
IF :X = [+] [OP :Y]
IF :Y = [-] [OP [-]]
OP [?]
END
```

```
TO ODER :X :Y.LIST
IF :X = [+] [OP [+]]
LOCAL "Y MAKE "Y RUN :Y.LIST
IF :X = [-] [OP :Y]
IF :Y = [+] [OP [+]]
OP [?]
END
```

Bei allen Aufrufen von UND und ODER muß der zweite Parameter jetzt in Listenklammern gesetzt werden, um seine Auswertung zu verhindern:

```
TO TEST.BED :BED
IF EMPTYP :BED [OP [+]]
OP ODER TEST.UND FIRST :BED [TEST.BED BF :BED]
END
```

```
TO TEST.UND :BED
IF EMPTYP :BED [OP [+]]
OP UND TEST.INT KEY FIRST :BED [TEST.UND BF :BED]
END
```

Die Funktion TEST.BED muß jetzt nur noch überall dort aufgerufen werden, wo auf Fakten aus der Wissensbasis zugegriffen wird und für diese Schluß-folgerungen verwendet werden. Dies ist zum Beispiel bei der Funktion TEST.ANY der Fall, die jetzt auf die "oder"-Verknüpfung zurückgreifen kann:

```
TO TEST.ANY :FAKT.LIST
IF EMPTYP :FAKT.LIST [OP [-]]
OP ODER TEST.FAKT FIRST :FAKT.LIST [TEST.ANY BF :FAKT.LIST]
END
```

Außer der Bedingung des jeweiligen Faktums, müssen auch alle etwaigen Bedingungen für die Vererbungskette von Subjekt und Objekt erfüllt sein. Alle diese Bedingungen sind jedoch in den Listen EXP.SBJ und EXP.OBJ enthalten und brauchen nur mit einer Funktion TEST.ALL ausgewertet und "und"-verknüpft zu werden:

```
TO TEST.ALL :X
IF EMPTYP :X [OP [+]]
OP UND TEST.BED BED FIRST :X [TEST.ALL BF :X]
END

TO TEST.FAKT :FAKT
LOCAL "EXP.SBJ
IF NOT MATCH SBJ :KEY SBJ KEY :FAKT :PRED.SBJ :SUCC.SBJ
    "EXP.SBJ [OP [-]]
LOCAL "EXP.OBJ
IF NOT MATCH OBJ :KEY OBJ KEY :FAKT :PRED.OBJ :SUCC.OBJ
    "EXP.OBJ [OP [-]]
OP UND TEST.ALL :EXP.SBJ
      [UND TEST.ALL :EXP.OBJ
          [TEST.BED :FAKT]]
END
```

Damit steht etwas anspruchsvolleren Recherchen nichts mehr im Wege:

```
? Jedes Viereck ist ein Rhombus, wenn alle Seiten gleich sind
? Jeder Rhombus ist ein Parallelogramm
? Ein Viereck ist ein Rechteck, wenn alle Winkel rechte sind
? Ein Rechteck ist ein Quadrat, wenn alle Seiten gleich sind
? Alle Seiten sind gleich
? Ist das Viereck ein Parallelogramm?
• Ja, das Viereck ist ein Parallelogramm!
? Ist das Viereck ein Quadrat?
• Ich weiß nicht, ob das Viereck ein Quadrat ist!
? Alle Winkel sind rechte
? Ist das Viereck ein Quadrat?
• Ja, das Viereck ist ein Quadrat!
? Warum?
• Das Viereck ist ein Rechteck
• Das Rechteck ist ein Quadrat
• Daher ist das Viereck ein Quadrat!
```

Selbstverständlich können die Erklärungen auch durch die jeweiligen Bedingungen ergänzt werden. Eine Funktion TXT.BED leistet bei der Formulierung einer Bedingung gute Dienste:

```
TO TXT.BED :BED
IF :BED = [[]] [OP []]
OP SE [, wenn] TXT.ODER :BED
END

TO TXT.ODER :X
IF EMPTYP :X [OP []]
IF EMPTYP BF :X [OP TXT.UND FIRST :X]
OP (SE TXT.UND FIRST :X [oder] TXT.ODER BF :X)
END

TO TXT.UND :X
IF EMPTYP :X [OP []]
IF EMPTYP BF :X [OP TXT.EXP FIRST :X]
OP (SE TXT.EXP FIRST :X [und] TXT.UND BF :X)
END
```

Ein Aufruf

```
PR TXT.BED [[[[+SEIT +SEIN -GLEICH] [[alle Seiten] [sind]
[gleich]]]
              [[+WINKEL +SEIN -RECHT] [[alle Winkel] [sind]
[rechte]]]]]
```

liefert zum Beispiel das Ergebnis "Wenn alle Seiten gleich sind und alle Winkel rechte sind". Mit den entsprechenden Aufrufen in der Prozedur PR.EXP werden die Erklärungen durch die Prämissen ergänzt:

```
TO PR.EXP :EXP
FOREACH "FAKT :EXP
  [PR.ANT SE TXT.FAKT TXT :FAKT TXT.BED BED :FAKT]
END
```

Die Erklärung des oben geführten Schlusses lautet dann

```
? Warum ist das Viereck ein Quadrat?
• Alle Winkel sind rechte
• Ein Viereck ist ein Rechteck, wenn alle Winkel rechte sind
• Alle Seiten sind gleich
• Ein Rechteck ist ein Quadrat, wenn alle Seiten gleich sind
• Daher ist das Viereck ein Quadrat!
```

Selbstverständlich können die Erklärungen auch durch die jeweiligen Bedingungen ergänzt werden. Zu diesem Zweck müssen allerdings die Erklärungen beider Operanden einer "und"-Verknüpfung weitergegeben und die Erklärung eines nicht erfüllten Operanden einer "oder"-Verknüpfung gelöscht werden:

```
TO UND :X :Y.LIST
IF :X = [-] [OP [-]]
LOCAL "LOC.EXP MAKE "LOC.EXP :EXP CLEAR "EXP
LOCAL "Y MAKE "Y RUN :Y.LIST
IF :X = [+] [MAKE "EXP SE :LOC.EXP :EXP OP :Y]
IF :Y = [-] [OP [-]]
OP [?]
END

TO ODER :X :Y.LIST
IF :X = [+] [OP [+]]
CLEAR "EXP
LOCAL "Y MAKE "Y RUN :Y.LIST
IF :X = [-] [OP :Y]
IF :Y = [+] [OP [+]]
OP [?]
END
```

6. Schritt: Fragen

Anstatt bei unvollständiger Information mit der Meldung "Ich weiß nicht, ob
..." das Handtuch zu werfen, soll ein anspruchsvolles Expertensystem zweck-
dienliche Fragen stellen. Eine Frage bietet sich immer dann an, wenn eine
Bedingung nicht entscheidbar ist, das heißt, wenn die Funktion TEST.INT
das Ergebnis [?] liefert.

```
TO TEST.INT :KEY :TXT
IF TEST.POS :KEY [OP [+]]
IF TEST.POS KEY.KOMP :KEY [OP [-]]
IF NOT MEMBERP :KEY GET.FRAME "TABU.LIST
   [MAKE "FRAGE LIST :KEY :TXT]
OP [?]
END
```

Wird die Funktion TEST.INT mit einem zusätzlichen Parameter TXT
ausgestattet, so können Schlüssel und Text der offenen Frage einfach der
Variablen FRAGE zugewiesen werden. Allerdings muß es möglich sein,
manche Fragen auszuschließen. Die Schlüssel solcher Fragen, die nicht
gestellt werden dürfen, sind in der Liste TABU.LIST enthalten, die
Bestandteil unserer Wissensbasis ist. Bevor in der Prozedur TEST eine Frage
überprüft wird, wird deren Schlüssel in die Liste der verbotenen Fragen
eingetragen. Dadurch wird verhindert, daß das System eine gestellte Frage an
den Benutzer zurückgibt.

```
TO TEST
CLEAR "FRAGE
PUT.FRAME "TABU.LIST LPUT :KEY BL GET.FRAME "TABU.LIST
MAKE "RES.TEST TEST.INT :KEY :TXT
IF :RES.TEST = [+] [PR.ANT (SE [Ja,] TXT.FAKT :TXT "!) STOP]
IF :RES.TEST = [-]
   [PR.ANT (SE [Nein,] TXT.FAKT TXT.KOMP :TXT "!) STOP]
IF AND :RES.TEST = [?] EMPTYP :FRAGE
   [PR.ANT (SE [Ich weiß nicht, ob] TXT.EXP :TXT "!) STOP]
FRAGE
TEST
END
```

Die Prozedur PUT.TABU dient zum Eintragen des Schlüssels in die Liste der
verbotenen Fragen:

```
TO PUT.TABU :FRAGE
PUT.SLOT "TABU.LIST KEY :FRAGE
END
```

Die Prozedur FRAGE stellt die gewünschte Frage und analysiert mit Hilfe der
Grammatik <ANT> die vom Benutzer gegebene Antwort:

```
TO FRAGE
LOCAL "KEY LOCAL "TXT
PR.ANT TXT.FRAGE TXT :FRAGE
TYPE :PROMPT
ANALYSE "ANT SCAN BF RL
END
```

Die Grammatik <ANT> erlaubt "Ja", "Nein", "Das weiss ich nicht" oder einen
beliebigen Satz als Antwort:

```
<ANT>   = { Ja [PUT.ANT.POS :FRAGE]
          | Nein [PUT.ANT.NEG :FRAGE]
          | Das weiss ich nicht [PUT.TABU :FRAGE]
          |<SATZ>}
```

Lautet die Antwort "Ja", so wird die Frage als neues Faktum in die
Wissensbasis eingetragen:

```
TO PUT.ANT.POS :FRAGE
PUT.SLOT VERB KEY :FRAGE LPUT [[]] :FRAGE
END
```

Lautet die Antwort des Benutzers "Nein", so muß die verneinte Frage
gespeichert werden:

```
TO PUT.ANT.NEG :FRAGE
PUT.SLOT KOMP.KEY VERB KEY :FRAGE
   (LIST KEY.KOMP KEY :FRAGE TXT.KOMP TXT :FRAGE [[]])
END
```

Ist die Antwort "Das weiss ich nicht", so wird die Frage an die Liste der verbotenen Fragen angefügt. Gegebenenfalls kann auch ein beliebiger Satz eingegeben werden, der vielleicht zur Beantwortung der Frage beiträgt. In jedem Fall wird jedoch dieselbe Überprüfung durch den rekursiven Aufruf von TEST mit dem erweiterten Wissensstand wiederholt.

Genaugenommen ist es wünschenswert, daß das System nicht zufällig die letzte Frage stellt, die es nicht beantworten kann, sondern eine solche, die hoffentlich zur Lösung der gestellten Aufgabe beiträgt. Eine "Daumenregel" zur Auswahl der Frage kann in den Prozeduren UND und ODER angewendet werden:

```
TO UND :X :Y.LIST
IF :X = [-] [OP [-]]
LOCAL "Z MAKE "Z :FRAGE CLEAR "FRAGE
LOCAL "Y MAKE "Y RUN :Y.LIST
IF :X = [+] [OP :Y]
IF :Y = [-] [OP [-]]
IF NOT EMPTYP :Z [MAKE "FRAGE :Z]
OP [?]
END

TO ODER :X :Y.LIST
IF :X = [+] [OP [+]]
LOCAL "Z MAKE "Z :FRAGE CLEAR "FRAGE
LOCAL "Y MAKE "Y RUN :Y.LIST
IF :X = [-] [OP :Y]
IF :Y = [+] [OP [+]]
IF NOT EMPTYP :Z [MAKE "FRAGE :Z]
OP [?]
END
```

Hier wird die vom Parameter x gelieferte Frage auf der lokalen Variablen z gespeichert und entweder die gespeicherte oder die neue Frage weitergegeben.

Und nun wieder einige Beispiele für den Dialog:

```
? Ein Viereck ist ein Rechteck, wenn alle Winkel rechte sind
? Ein Rechteck ist ein Quadrat, wenn alle Seiten gleich sind
? Ist das Viereck ein Quadrat?
• Sind alle Winkel rechte?
? Ja
• Sind alle Seiten gleich?
? Ja
• Ja, das Viereck ist ein Quadrat!
? Warum?
• Alle Winkel sind rechte
• Ein Viereck ist ein Rechteck, wenn alle Winkel rechte sind
• Alle Seiten sind gleich
• Ein Rechteck ist ein Quadrat, wenn alle Seiten gleich sind
• Daher ist das Viereck ein Quadrat!
```

```
? Das Wetter wird schoen, wenn Abend ist und Schaeferwoelkchen
zu sehen sind
? Das Wetter wird schoen, wenn Abend ist und Abendrot zu sehen
ist
? Das Wetter wird schoen, wenn Nachmittag ist und ein
Regenbogen zu sehen ist
? Das Wetter wird schoen, wenn Morgen ist und der Himmel grau
ist
? Wird das Wetter schoen?
• Ist Morgen?
? Nein
• Ist Nachmittag?
? Nein
• Ist Abend?
? Ja
• Ist Abendrot zu sehen?
? Schaeferwoelkchen sind zu sehen!
• Ja, das Wetter wird schoen!
? Warum?
• Abend ist
• Schaeferwoelkchen sind zu sehen
• Das Wetter wird schoen, wenn Abend ist und Schaeferwoelkchen
zu sehen sind
• Daher wird das Wetter schoen!
```

7. Schritt: Parameter

Sobald bedingte Fakten der Form "Jeder Hund jagt jede Katze, wenn er sie
sieht" verwendet und diese vererbt werden, kann es vorkommen, daß sich die
Bedingung nicht auf beliebige Subjekte oder Objekte bezieht, sondern genau
auf jene, auf die die Bedingungen vererbt wurden. Wenn "Snoopy ein Hund"
und "Garfield eine Katze" ist, so ist gemeint, daß "Snoopy Garfield jagt"
sobald "Snoopy Garfield sieht" und nicht "irgendein Hund""irgendeine
Katze" sieht. Der Sachverhalt entspricht einer Parametrisierung der Bedingung, wobei die persönlichen Fürwörter "er", "sie" und "es" innerhalb einer
Bedingung als Platzhalter oder Parameter für die tatsächlich gemeinten
Subjekte und Objekte dienen.

Anstatt die persönlichen Fürwörter mittels der Prozedur SUBST durch die
zuletzt verwendeten Subjekte oder Objekte zu ersetzen, werden deren
Schlüssel in einer Bedingung durch ein Fragezeichen ersetzt:

```
TO KOND
PAR "KEY.SBJ
PAR "KEY.OBJ
FIX OP LIST :KEY :TXT
END

TO PAR :KEY
IF MEMBERP BF THING :KEY [ER SIE ES IHN IHM IHR IHNEN]
   [MAKE :KEY "?]
END
```

Vor der Auswertung einer Bedingung in der Funktion TEST.UND müssen die durch ein Fragezeichen gekennzeichneten Parameter durch die Schlüssel und Texte der aktuellen Subjekte oder Objekte mittels der Funktion TEST.PAR ersetzt werden:

```
TO TEST.UND :BED
IF EMPTYP :BED [MAKE "EXP ( LIST :FAKT ) OP [+]]
OP UND TEST.PAR KEY FIRST :BED TXT FIRST :BED [TEST.UND BF
:BED]
END

TO TEST.PAR :KEY.BED :TXT.BED
IF EQUALP SBJ :KEY.BED "?
  [MAKE "KEY.BED FPUT SBJ :KEY BF :KEY.BED
   MAKE "TXT.BED FPUT SBJ :TXT BF :TXT.BED]
IF EQUALP OBJ :KEY.BED "?
  [MAKE "KEY.BED LPUT OBJ :KEY BL :KEY.BED
   MAKE "TXT.BED LPUT OBJ :TXT BL :TXT.BED]
OP TEST.INT :KEY.BED :TXT.BED
END
```

Der folgende Dialog illustriert die Verwendung von Parametern:

```
? Snoopy ist ein Hund
? Jeder Hund jagt jede Katze, wenn er sie sieht
? Garfield ist eine Katze
? Jagt Snoopy Garfield?
• Sieht Snoopy Garfield?
? Ja
• Ja, Snoopy jagt Garfield!
? Warum?
• Snoopy ist ein Hund
• Garfield ist eine Katze
• Snoopy sieht Garfield
• Jeder Hund jagt jede Katze, wenn er sie sieht
• Daher jagt Snoopy Garfield!
```

Auch die Klassifizierung der Vielecke läßt sich mit Parametern eleganter formulieren:

```
? Ein Parallelogramm ist ein Rechteck, wenn es rechtwinkelig
ist
? Ein Rechteck ist ein Quadrat, wenn es gleichseitig ist
? Ein Parallelogramm ist ein Rhombus, wenn es gleichseitig ist
? Ein Rhombus ist ein Quadrat, wenn er rechtwinkelig ist
? X ist ein Parallelogramm
? Ist X ein Quadrat?
• Ist X rechtwinkelig?
? Ja
• Ist X gleichseitig?
? Ja
• Ja, X ist ein Quadrat!
? Was ist X?
• X ist ein Rechteck, ein Rhombus, ein Quadrat,
ein Parallelogramm, rechtwinkelig und gleichseitig
```

8. Schritt: Induktives Lernen

Obwohl vor dem Eintragen von Fakten in die Wissensbasis überprüft wird, ob sich die neue Eintragung mit dem bereits gespeicherten Wissen widerspricht, kann es auf Grund der Reihenfolge der Eintragungen vorkommen, daß widersprüchliches oder überflüssiges Wissen gespeichert wird. Im folgenden Fall wird zum Beispiel der offensichtliche Widerspruch nicht entdeckt:

```
? Snoopy mag Garfield
? Hunde moegen keine Katzen
? Snoopy ist ein Hund
? Garfield ist eine Katze
```

Dennoch ist es möglich, den Fehler zu erkennen. Zu diesem Zweck muß allerdings die gesamte Wissensbasis durchforstet werden. Durch einen Aufruf der Prozedur CHECK mit der Propertyliste der gesamten Wissensbasis als Parameter wird einfach jede Eintragung durch DEL.FAKT gelöscht und gleich anschließend mittels PUT.FAKT wieder eingetragen. Da vor jeder Eintragung automatisch überprüft wird, ob das Faktum oder sein Gegenteil bereits bekannt ist, werden widersprüchliche oder überflüssige Fakten auf diese Weise aus der Wissensbasis eliminiert:

```
TO CHECK :P
IF EMPTYP :P [STOP]
IF MEMBERP FIRST KEY FIRST :P [+ -]
  [CHECK.FRAME FIRST BF :P]
CHECK BF BF :P
END

TO CHECK.FRAME :FRAME
IF EMPTYP :FRAME [STOP]
CHECK.FAKT FIRST :FRAME
CHECK.FRAME BF :FRAME
END

TO CHECK.FAKT :FAKT
LOCAL "KEY MAKE "KEY KEY :FAKT
LOCAL "TXT MAKE "TXT TXT :FAKT
LOCAL "BED MAKE "BED BED :FAKT
DEL.FAKT PUT.FAKT
END
```

Die Überprüfung kann zum Beispiel während einer Pause im Dialog durch den Befehl "Test" in der Grammatik ausgelöst werden:

```
<BEFEHL>= { Was weisst Du ? [DUMP PLIST :BASIS]
          | Vergiss { das | , dass
            [INIT]<SBJ><OBJ><VERB>[SUBST FIX]}[DEL.FAKT]
          | Thema <WORT>    [INIT.BASIS FIRST :TXT.WORT]
          | Test            [CHECK PLIST :BASIS]}
```

Der Widerspruch im obigen Dialog kann jetzt durch den Test-Befehl erkannt und beseitigt werden:

```
? Snoopy mag Garfield
? Hunde moegen keine Katzen
? Snoopy ist ein Hund
? Garfield ist eine Katze
? Test
• Daß Snoopy Garfield mag, ist unmöglich!
```

Wenn bei umfangreicher Wissensbasis die durch den Test ausgelösten Überprüfungen lange dauern, kann es wünschenswert sein, die Tests kurz zu unterbrechen, um zwischendurch Anfragen an das System stellen zu können. Wird nach jeder Überprüfung mittels einer Prozedur LISTEN gefragt, ob inzwischen eine Taste gedrückt worden ist, so kann die Überprüfung gegebenenfalls zur Analyse der Eingabe unterbrochen werden:

```
TO LISTEN
IF KEYP [PR [] TYPE :PROMPT ANALYSE "SATZ SCAN BF RL]
END
```

Damit ist es prinzipiell möglich, umfangreiche Recherchen während der Leerzeiten – im sogenannten Hintergrund – abzuarbeiten.

Gleichzeitig mit der Überprüfung der Wissensbasis kann es reizvoll sein, das Expertensystem "lernfähig" zu machen. Aus den Fakten "Micky frisst Kaese" und "Micky ist eine Maus" wäre zum Beispiel – falls nicht andere Fakten dagegensprechen – die Vermutung gerechtfertigt, daß jede Maus Käse frißt. In der folgenden Erweiterung der Prozedur CHECK.FAKT stellt das System entsprechende Fragen an den Benutzer:

```
TO CHECK.FAKT :FAKT
LOCAL "KEY MAKE "KEY KEY :FAKT
LOCAL "TXT MAKE "TXT TXT :FAKT
LOCAL "BED MAKE "BED BED :FAKT
DEL.FAKT
FOREACH "Z GET.FRAME "\+SEIN
  [IF (AND NOT EQUALP :Z :FAKT EQUALP SBJ :KEY SBJ KEY :Z
      OR MEMBERP FIRST OBJ TXT :Z [ein eine]
        (ASCII FIRST FIRST OBJ TXT :Z) < 91)
  [IF EQUALP [?] TEST.INT FPUT WORD "\+ BF OBJ KEY :Z BF :KEY

                  TXT.ALL FPUT OBJ TXT :Z BF :TXT

  [FRAGE]]]
PUT.FAKT
LISTEN
END
```

Die Funktion TXT.ALL dient dabei ausschließlich dazu, die Verallgemeinerung mittels des All-Quantors in Form eines Textes grammatikalisch richtig zu formulieren:

```
TO TXT.ALL :X
IF EQUALP FIRST VERB :KEY "\-
  [IF EQUALP VERB TXT :Z [sind]
    [OP (LIST SE [keine] SBJ :X (LIST INF FIRST VERB :X)
       TXT.SUBST "NEG OBJ :X )]
    OP (LIST TXT.SUBST "POS SBJ :X 3.PERS INF FIRST VERB :X
       TXT.SUBST "NEG OBJ :X )]
IF AND EQUALP VERB TXT :Z [sind] EQUALP PLUR VERB :X VERB :X

  [OP FPUT SE [alle] LAST SBJ :X BF :X]
IF EQUALP FIRST SBJ :X "eine
  [OP (LIST SE [jede] LAST SBJ :X
              3.PERS INF FIRST VERB :X OBJ :X)]
OP (LIST SE [jede\(r,s\)] SING LAST SBJ :X
              3.PERS INF FIRST VERB :X OBJ :X)
END
```

Damit wird ein Dialog folgender Form möglich:

```
? Micky ist eine Maus
? Micky frisst Kaese
? Test
• Frisst jede Maus Kaese?
? Ja
• Ich weiß schon, daß Micky Kaese frisst!
```

Gleichzeitig wird das Faktum "Micky frisst Kaese" durch "Jede Maus frisst Kaese" ersetzt.

Die in diesem Kapitel gezeigten Komponenten eines Expertensystems ließen sich beliebig erweitern und fortsetzen. Um Fehlinterpretationen vorzubeugen, soll hier nochmals festgehalten werden, was die gezeigten Beispiele zum Ausdruck bringen sollen:

• Was immer ein Programm bewirkt, es bewirkt das, was durch das Programm beschrieben wird – nicht mehr und nicht weniger. (Ähnlichkeiten mit menschlichem Verhalten sind zwar nicht ganz zufällig, aber nur oberflächlich!)

• LOGO besteht nicht nur aus der Turtle-Geometrie! Anspruchsvollen Anwendungen der Text- und Listenverarbeitung sind keine Grenzen gesetzt.

• Die Grenzen des Programmierens in LOGO sind die Grenzen unserer eigenen intellektuellen Fähigkeiten.

ALPHABETISCHE BEFEHLSÜBERSICHT

AND

Syntax:

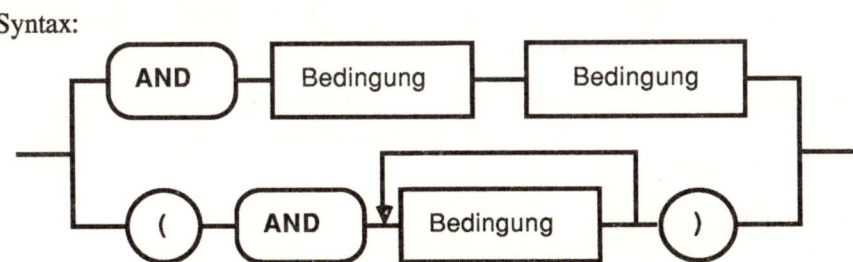

Wirkung: Der Funktionswert ist genau dann TRUE, wenn alle Bedingungen erfüllt sind, andernfalls FALSE.

ARCTAN

Syntax:

Wirkung: Der Funktionswert ist der Arkustangens des in Grad angegebenen Winkels.

ASCII

Syntax:

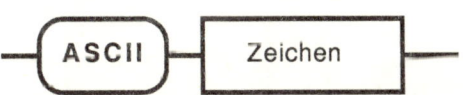

Wirkung: Der Funktionswert ist der ASCII-Code des jeweiligen Zeichens. (Dies ist die zu CHAR inverse Funktion.)

BACK (BK)

Syntax:

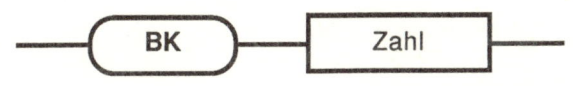

Wirkung: Die Turtle bewegt sich um die angegebene Anzahl von Schritten zurück.

BEFOREP

Syntax:

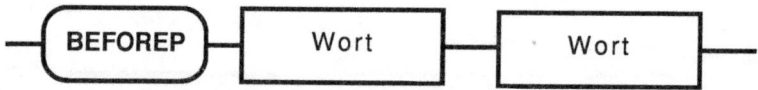

Wirkung: Der Funktionswert ist TRUE, wenn der erste Parameter in lexikographischer Reihenfolge vor dem zweiten Parameter zu stehen kommt, andernfalls FALSE.

BUTFIRST (BF)

Syntax:

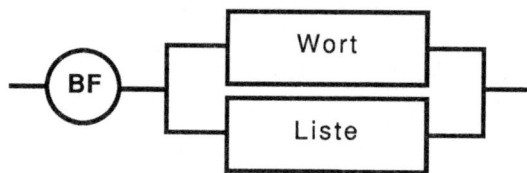

Wirkung: Der Funktionswert ist das Wort ohne das erste Zeichen bzw. jene Liste, die verbleibt, wenn von der ursprünglichen Liste das erste Element entfernt wurde.
Voraussetzung: Das Wort beziehungsweise die Liste darf nicht leer sein.

BUTLAST (BL)

Syntax :

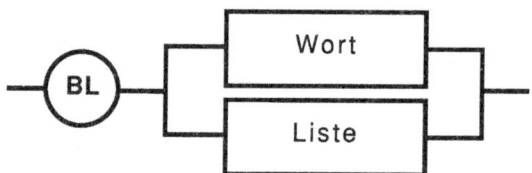

Wirkung: Der Funktionswert ist das Wort ohne das letzte Zeichen bzw. jene Liste, die verbleibt, wenn von der ursprünglichen Liste das letzte Element entfernt wurde.
Voraussetzung: Das Wort beziehungsweise die Liste darf nicht leer sein.

CHAR

Syntax:

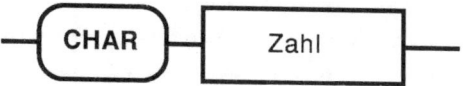

Wirkung: Funktionswert ist das Zeichen, dessen ASCII-Code der jeweiligen Zahl entspricht. (Dies ist die zu ASCII inverse Funktion.)

CLEARSCREEN (CS)

Syntax:

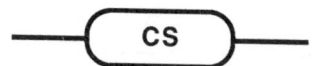

Wirkung: Der Bildschirm wird gelöscht und die Turtle in die Mitte positioniert (der Kopf der Turtle zeigt nach oben).

COS

Syntax:

Wirkung: Der Funktionswert ist der Cosinus des in Grad angegebenen Winkels.

COUNT

Syntax:

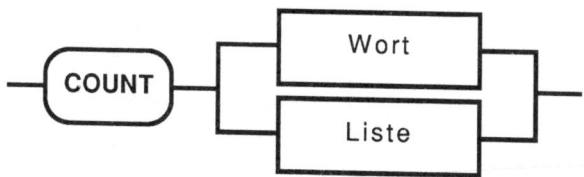

Wirkung: Der Funktionswert ist die Anzahl der Zeichen des jeweiligen Wortes bzw. die Anzahl der Elemente in der Liste.

DEFINE

Syntax:

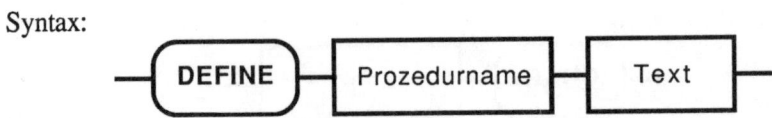

Wirkung: Die angegebene Prozedur wird dem Text entsprechend definiert.

DIV

Syntax:

Wirkung: Der Funktionswert ist der ganzzahlige Quotient der Division des ersten durch den zweiten Parameter.

DOT

Syntax:

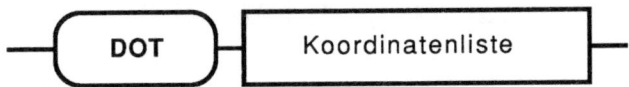

Wirkung: Die Turtle zeichnet den Punkt mit den in der Koordinatenliste angegebenen x- und y-Koordinaten[1].

EDIT (ED)

Syntax:

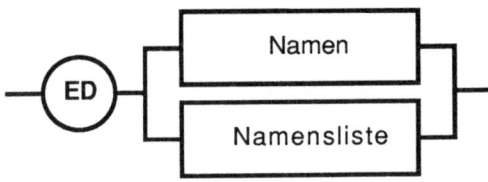

Wirkung: Die angegebene Prozedur bzw. alle in der Liste angegebenen Prozeduren und Funktionen werden gemeinsam in den Editor geladen.

---

[1] Der Befehl DOT ist nicht auf allen LOGO-Systemen verfügbar!

EDNS (Edit Names)

Syntax:

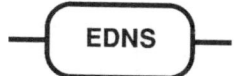

Wirkung: Alle gespeicherten Daten werden in den Editor geladen.

EMPTYP

Syntax:

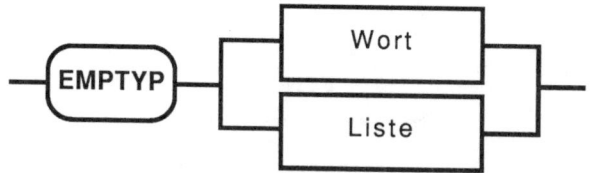

Wirkung: Der Funktionswert ist TRUE, wenn das Wort bzw. die Liste leer ist.

ERASE (ER)

Syntax:

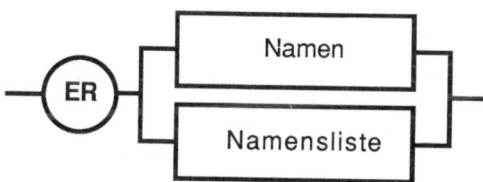

Wirkung: Die angegebene Prozedur bzw. alle in der Liste angegebenen Prozeduren und Funktionen werden gelöscht.

ERN (Erase Name)

Syntax:

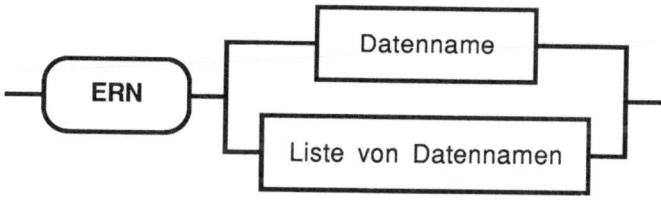

Wirkung: Die angegebenen Daten werden gelöscht.

EXP

Syntax:

Wirkung: Der Funktionswert ist die Exponentialfunktion der angegebenen Zahl.

FENCE

Syntax:

Wirkung: Der Versuch, die Turtle über den Rand des Bildschirms hinauszusteuern, führt zu einer Fehlermeldung.

FIRST

Syntax :

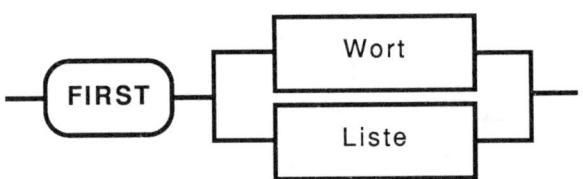

Wirkung: Der Funktionswert ist das erste Zeichen des Wortes bzw. das erste Element der Liste. Voraussetzung: Das Wort beziehungsweise die Liste darf nicht leer sein.

FORWARD (FD)

Syntax:

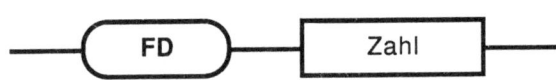

Wirkung: Die Turtle bewegt sich um die angegebene Anzahl von Schritten geradeaus (dadurch wird eine Strecke der angegebenen Länge gezeichnet).

FPUT

Syntax:

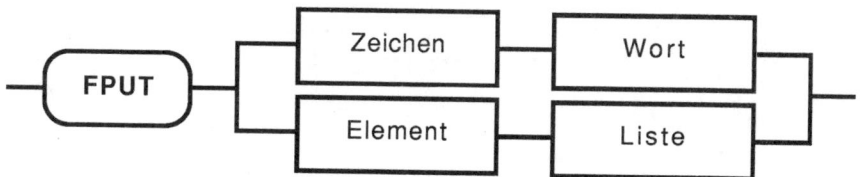

Wirkung: Der Funktionswert ist jenes Wort, das bzw. die entsteht, wenn an das ursprüngliche Wort ein Zeichen vorne angefügt wird bzw. jene Liste, die entsteht, wenn an die ursprüngliche Liste ein Element vorne angefügt wird. Das Element kann ein Wort oder selbst eine Liste sein.

FULLSCREEN

Syntax:

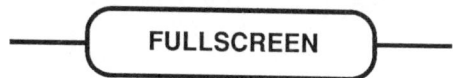

Wirkung: Am Bildschirm ist nur Graphik, kein Text sichtbar.

GPROP (Get Property)

Syntax:

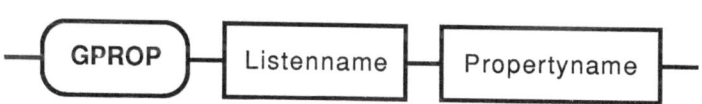

Wirkung: Als Ergebnis wird der zuletzt zugeordnete Wert der Property der jeweiligen Propertyliste geliefert.

HEADING

Syntax:

Wirkung: Der Funktionswert ist der Winkel, den die Richtung der Turtle gerade mit der positiven y-Achse einschließt.

HIDETURTLE (HT)

Syntax:

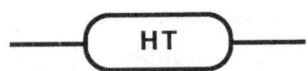

Wirkung: Die Turtle verschwindet vom Bildschirm.

IF

Syntax:

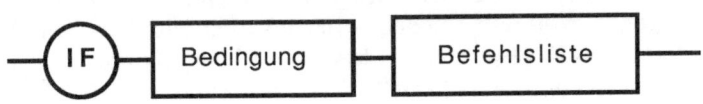

Wirkung: Die Befehlsliste wird nur dann ausgeführt, wenn die Bedingung erfüllt ist. (Manche LOGO-Versionen erlauben eine zweite Befehlsliste, die genau dann ausgeführt wird, wenn die Bedingung nicht erfüllt ist.)

INT

Syntax:

Wirkung: Der Funktionswert ist der ganzzahlige Anteil der angegebenen Zahl.

ITEM

Syntax:

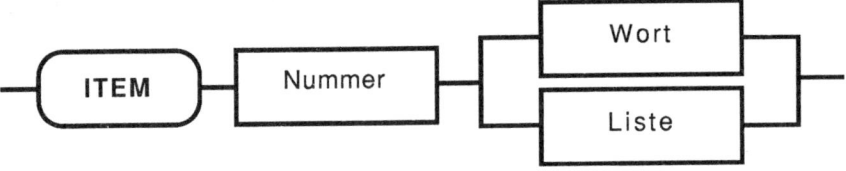

Wirkung: Der Funktionswert ist jenes Zeichen des Wortes bzw. Element der Liste mit der angegebenen Nummer.

KEYP

Syntax:

Wirkung: Der Funktionswert ist TRUE, wenn ein noch nicht verarbeitetes Zeichen im Eingabepuffer steht, andernfalls FALSE.

LAST

Syntax :

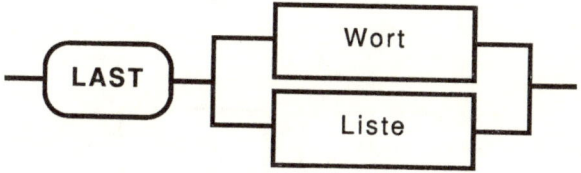

Wirkung: Der Funktionswert ist das letzte Zeichen des Wortes bzw. das letzte Element der Liste. Voraussetzung: Das Wort beziehungsweise die Liste darf nicht leer sein.

LIST

Syntax:

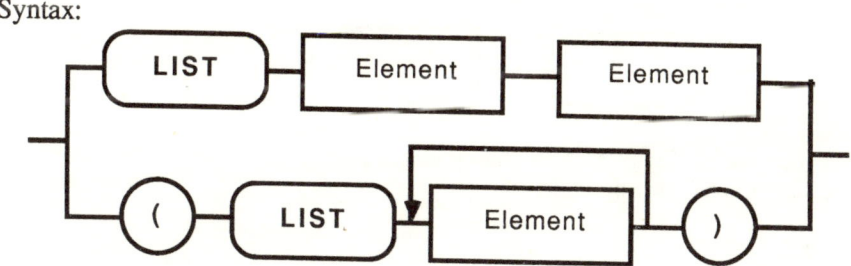

Wirkung: Der Funktionswert ist die aus allen Elementen zusammengesetzte Liste. (Die Elemente können selbst wieder Listen sein.)

LISTP

Syntax:

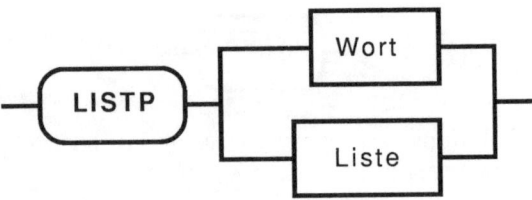

Wirkung: Die Funktion überprüft, ob der Parameter ein Wort oder eine Liste ist. Der Funktionswert ist genau dann TRUE, wenn die Funktion LISTP auf eine Liste angewendet wird.

LN

Syntax:

Wirkung: Die Funktion ist der Natürliche Logarithmus der angegebenen Zahl.

LOAD

Syntax:

Wirkung: Ladet die unter dem angegebenen Dateinamen gespeicherten Prozeduren in den Arbeitsspeicher.

LOCAL

Syntax:

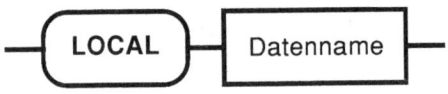

Wirkung: Der Gültigkeitsbereich der angegebenen Daten wird auf die Prozedur oder Funktion beschränkt, in der der LOCAL-Befehl ausgeführt wurde. (Manche LOGO-Versionen erlauben auch eine Liste von Datennamen.)

LPUT

Syntax:

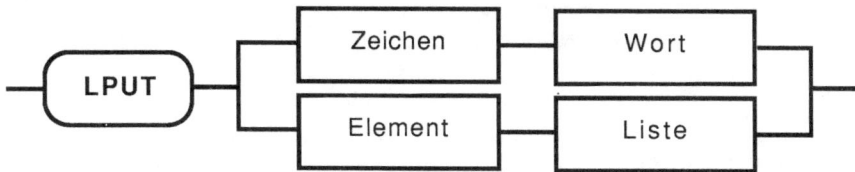

Wirkung: Der Funktionswert ist jenes Wort, das bzw. die entsteht, wenn an das ursprüngliche Wort ein Zeichen hinten angefügt wird bzw. jene Liste, die entsteht, wenn an die ursprüngliche Liste ein Element hinten angefügt wird. Das Element kann ein Wort oder selbst eine Liste sein.

LT (**LEFT**)

Syntax:

Wirkung: Die Turtle wird um die angegebene Gradanzahl nach links gedreht.

MAKE

Syntax:

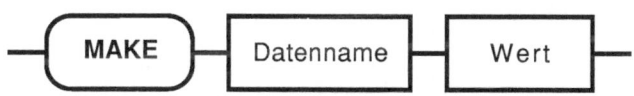

Wirkung: Der angegebene Wert wird gespeichert und kann unter dem zugehörigen Datennamen wieder zugegriffen werden.

MEMBERP

Syntax:

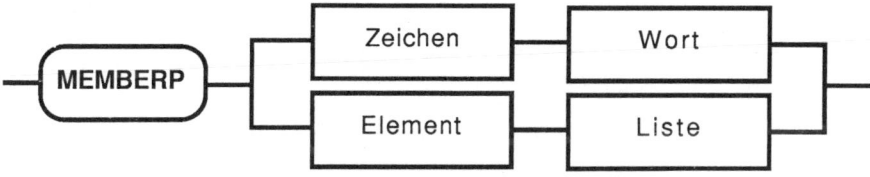

Wirkung: Der Funktionswert ist TRUE, falls das Zeichen im Wort bzw. das Element in der Liste enthalten ist, andernfalls FALSE.

NOT

Syntax:

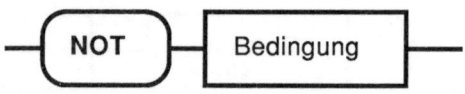

Wirkung: Der Funktionswert ist TRUE, wenn die Bedingung nicht erfüllt ist, andernfalls FALSE.

OR

Syntax:

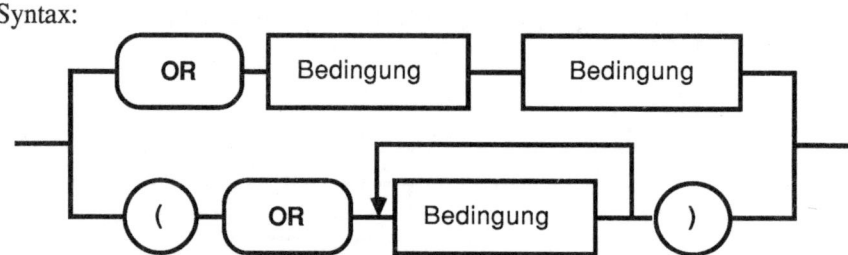

Wirkung: Der Funktionswert ist TRUE, wenn zumindest eine der Bedingungen erfüllt ist, andernfalls FALSE.

OUTPUT (OP)

Syntax:

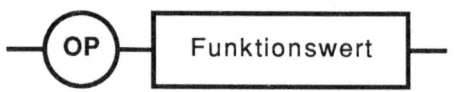

Wirkung: Der Funktionswert wird an die Stelle des Funktionsaufrufes zurückgeliefert. Gleichzeitig wird die Funktion abgebrochen.

PENDOWN (PD)

Syntax:

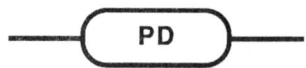

Wirkung: Senkt den Schreibstift – die Turtle zeichnet wieder.

PENERASE (PE)

Syntax:

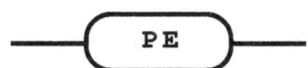

Wirkung: Anstelle eines Schreibstiftes wird ein "Radiergummi" eingespannt. Mit PENDOWN (PD) kann die Wirkung wieder aufgehoben werden.

PENUP (PU)

Syntax:

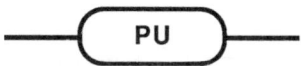

Wirkung: Hebt den Schreibstift – die Turtle zeichnet nicht mehr.

PLIST

Syntax:

Wirkung: In einer Liste werden abwechselnd die Propertynamen und die gespeicherten Werte der Properties geliefert.

POTS (Print Out Titles)

Syntax:

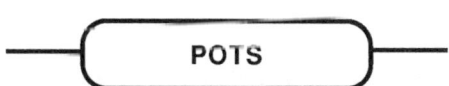

Wirkung: Schreibt die Namen aller im Arbeitsspeicher definierten Prozeduren auf den Bildschirm.

POWER

Syntax:

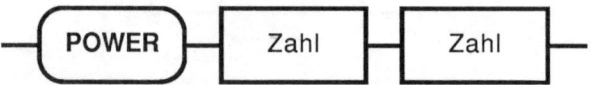

Wirkung: Der Funktionswert ist die Potenz des ersten Parameters "hoch" dem zweiten Parameter[2].

PPROP (Put Property)

Syntax:

Wirkung: Der Propertyliste wird unter dem jeweiligen Propertynamen der angegebene Wert zugeordnet.

PRINT (PR)

Syntax:

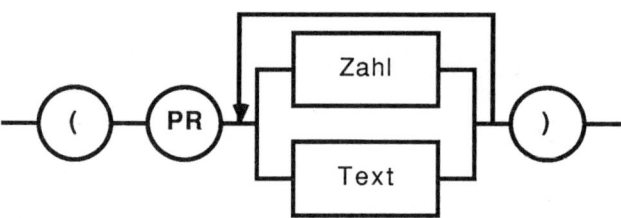

Wirkung: Alle angegebenen Zahlenwerte (können auch Ergebnisse von arithmetischen Ausdrücken sein) und Texte werden nebeneinander in eine Zeile geschrieben. Danach erfolgt ein Zeilenwechsel.
Bei mehreren Parametern wird der PRINT-Befehl zur Gänze in runde Klammern eingeschlossen, die bei einem einzigen aber weggelassen werden können.

---

[2] Der Befehl POWER ist nicht auf allen LOGO-Systemen verfügbar!

RANDOM

Syntax:

Wirkung: Der Aufruf RANDOM :N liefert eine ganze Zahl, die zufällig zwischen Null und :N-1 liegt.

READCHAR (RC)

Syntax:

Wirkung: Funktionsergebnis ist das nächste von der Tastatur eingegebene Zeichen.

READLIST (RL).

Syntax:

Wirkung: Funktionsergebnis ist die nächste Textzeile, die aus mehreren, von der Tastatur eingelesenen Wörtern bestehen kann und durch RETURN abgeschlossen wird .

REMAINDER

Syntax:

Wirkung: Der Funktionswert ist der Rest, der bei der ganzzahligen Division des ersten durch den zweiten Parameter verbleibt.

REMPROP (Remove Property)

Syntax:

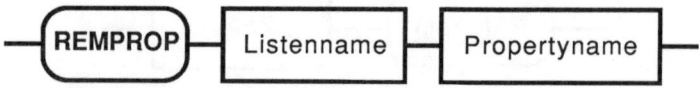

Wirkung: Der unter dem Listennamen angeführte Propertyname und der dazugehörige Wert der Property wird gelöscht.

REPEAT

Syntax:

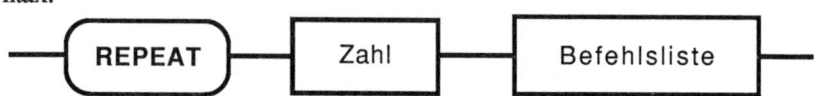

Wirkung: Die Befehlsliste wird so oft ausgeführt, als es der angegebenen Zahl entspricht.

RIGHT (RT)

Syntax:

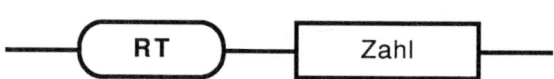

Wirkung: Die Turtle wird um die angegebene Gradanzahl nach rechts gedreht.

ROUND

Syntax:

Wirkung: Der Funktionswert ist die gerundete Zahl.

RUN

Syntax:

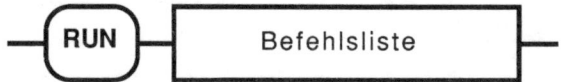

Wirkung: Alle in der Liste enthaltenen Befehle werden der Reihe nach ausgeführt. Falls durch die Befehlsliste ein Funktionswert berechnet wird, wird dieser als Ergebnis von RUN geliefert.

SAVE

Syntax:

Wirkung: Alle im Arbeitsspeicher enthaltenen Prozeduren werden unter dem angegebenen Dateinamen auf Diskette gespeichert.

SENTENCE (**SE**)

Syntax:

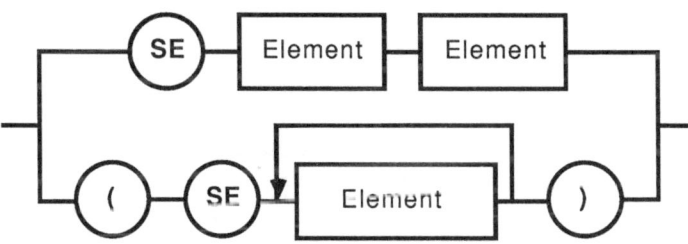

Wirkung: Der Funktionswert ist die aus allen Elementen zusammengesetzte Liste. Die Elemente können Wörter oder selbst wieder Listen sein. In diesem Fall werden die Elemente dieser Listen zu einer einzigen Liste zusammengesetzt.

SETPOS

Syntax:

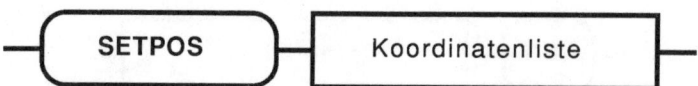

Wirkung: Die Turtle wird auf jenen Punkt positioniert, der die in der Koordinatenliste angegebenen x- und y-Koordinaten hat.

SHOWTURTLE (ST)

Syntax:

Wirkung: Die Turtle wird sichtbar.

SIN

Syntax:

Wirkung: Der Funktionswert ist der Sinus des angegebenen Winkels.

SPLITSCREEN

Syntax:

Wirkung: Am Bildschirm ist Text und Graphik sichtbar.

SQRT

Syntax:

Wirkung: Das Ergebnis ist die Quadratwurzel der positiven Zahl.

STOP

Syntax:

Wirkung: Die gerade aufgerufene Prozedur wird abgebrochen.

TEXT

Syntax:

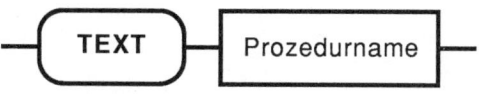

Wirkung: Die angegebene Prozedur wird in Form einer Liste geliefert.

TEXTSCREEN

Syntax:

Wirkung: Am Bildschirm ist nur Text, keine Graphik sichtbar.

THING

Syntax:

Wirkung: Der zuletzt unter dem Datennamen gespeicherte Wert wird als Ergebnis geliefert.

TOWARDS

Syntax:

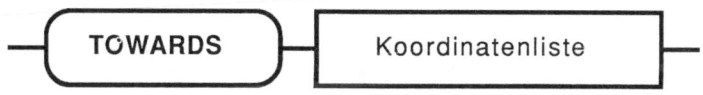

Wirkung: Diese Funktion liefert als Ergebnis die Richtung von der momentanen Position der Turtle zum Punkt mit den angegebenen x- und y-Koordinaten.

TYPE

Syntax:

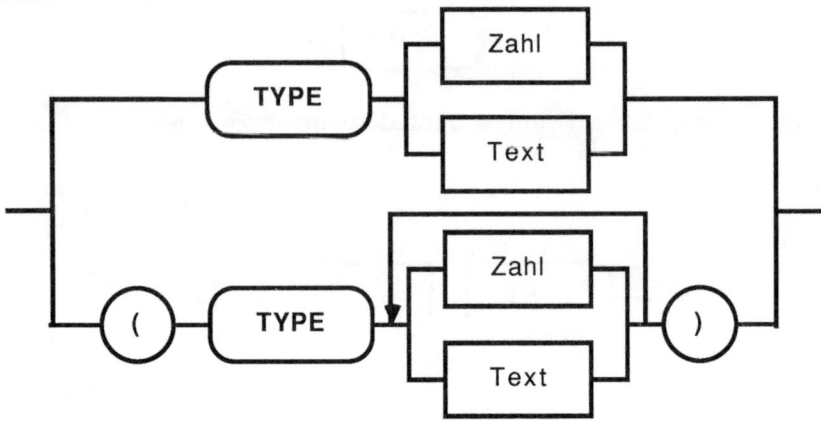

Wirkung: Alle angegebenen Zahlenwerte (auch Ergebnisse arithmetischer Ausdrücke) und Texte werden nebeneinander in eine Zeile geschrieben. Danach erfolgt kein Zeilenwechsel.

WINDOW

Syntax:

Wirkung: Die Turtle kann über den Rand des Bildschirms hinausgesteuert werden.

WORD

Syntax:

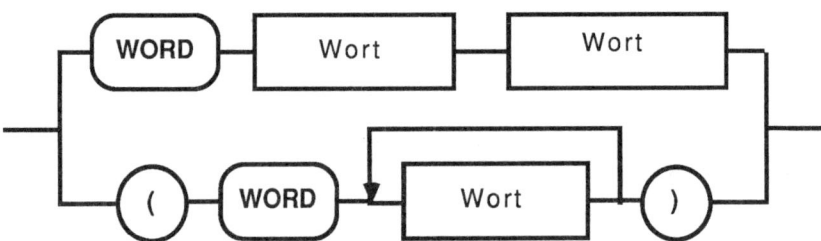

Wirkung: Der Funktionswert ist das aus allen Parametern zusammengesetzte Wort. Die Parameter können Zeichen oder selbst Wörter sein.

WRAP

Syntax:

Wirkung: Wird die Turtle über einen Rand des Bildschirms hinausgesteuert, so kommt sie am gegenüberliegenden Rand wieder in den Bildschirm hinein.

XCOR

Syntax:

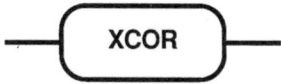

Wirkung: Das Ergebnis ist die Entfernung der Turtle rechts von der Bildschirmmitte (in der linken Bildschirmhälfte ist das Ergebnis negativ).

YCOR

Syntax:

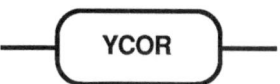

Wirkung: Das Ergebnis ist die Entfernung der Turtle oberhalb von der Bildschirmmitte (in der unteren Bildschirmhälfte ist das Ergebnis negativ).

SACHVERZEICHNIS

Druck: Novographic, Ing. Wolfgang Schmid, A-1230 Wien.

K. Desoyer, P. Kopacek, N. Girsule, R. Probst

Mechanik auf dem Bildschirm – mit dem C 64

1988. 278 Abbildungen. IX, 230 Seiten mit einer Programmdiskette für C 64.
Gebunden DM 85,–, öS 590,–
ISBN 3-211-82085-X
Preisänderungen vorbehalten

In der Kombination von Lehrbuch und Programmdiskette wird hier ein neuer Weg beschritten:
Der an der Mechanik Interessierte hat die Möglichkeit, die wesentlichen Grundlagen dieses Fachgebietes mit seinem C 64 an Hand ausgewählter Beispiele einzuüben und zu vertiefen. Diejenigen, die vor allem am Rechner selbst und seinen Anwendungsmöglichkeiten interessiert sind, können so ihr Gerät sinnvoll und effizient einsetzen. Die Gestaltung der Programme bietet darüber hinaus Möglichkeiten zur spielerischen Auflockerung der Lerneinheiten.

Es werden die wesentlichen Grundlagen aus den Teilgebieten Statik, Festigkeitslehre, Kinematik und Kinetik innerhalb des Fachgebiets der Mechanik enzyklopädisch erläutert. Der Bogen spannt sich dabei von der einführenden Mechanik innerhalb des Physikunterrichts in der Oberstufe der Gymnasien über die spezielle Mechanik, wie sie an Technischen Höheren Schulen unterrichtet wird, bis hin zu den einführenden Mechanik-Vorlesungen an den Technischen Universitäten.

Die Programmbeschreibungen wurden so aufgebaut, daß auch „Neueinsteiger" keine Probleme damit haben werden.

Springer-Verlag Wien New York

M. Peschel / F. Breitenecker

Mathematik – anschaulich mit dem Computer

Band 1:

Zahlen, Elementare Analysis, Geometrie

1988. Etwa 250 Seiten.
Mit einer Programmdiskette für C 64
Erscheint voraussichtlich Ende 1988

Das Buch will dem Leser die Elementarmathematik mit Hilfe des Computers nahebringen. Ein aufgelockerter Text wird begleitet von Demonstrationsprogrammen, die in verblüffend einfacher Form auch komplexe Phänomene der Mathematik erklären: Begriffe wie Konvergenz, Stetigkeit, Elementarfunktionen etc. werden in anschaulichen Programmen demonstriert, der Text folgt dem klassischen Aufbau der elementaren mathematischen Analysis. Die Programme laden den Leser ein, selbst mit anderen Parametern zu experimentieren und so Phänomene der Mathematik in anschaulicher Form kennenzulernen.
Ziel des Buches ist es, einen spielerischen Zugang auch zu formalen Begriffen der Mathematik zu finden und so dem Leser Freude an der zu Unrecht als trockene Wissenschaft bezeichneten Mathematik zu vermitteln. Die Programme sind in BASIC geschrieben und damit „offen", d. h. die Programme können vom Leser auch mitverfolgt und modifiziert werden, um ihre Anwendungsbreite zu erweitern bzw. zu ergänzen.

Band 2:

Analysis, Statistik

1989. Etwa 250 Seiten.
Mit einer Programmdiskette für C 64
In Vorbereitung

Springer-Verlag Wien New York